CLAUDE KLEIN

LA DÉMOCRATIE D'ISRAËL

ÉDITIONS DU SEUIL
27, rue Jacob, Paris VIe

« SCIENCE POLITIQUE »
COLLECTION DIRIGÉE PAR
XAVIER BROWAEYS, OLIVIER DUHAMEL,
JEAN-LUC PARODI, HENRI WEBER

ISBN 2-02-022778-9

Pour mes petits-enfants,

Tom, Tamar et Talya.

Cet ouvrage doit beaucoup à l'amitié. Et d'abord, bien entendu, à Olivier Duhamel qui m'en suggéra l'idée. Sa patience m'a beaucoup soutenu.
Je dois beaucoup à quelques proches, lecteurs amicaux mais sans indulgence, toujours disposés à m'accorder leur temps et leur attention. Michel Abitbol, Olivier Beaud, Françoise Dreyfus, Eva Telkes, Michel Troper se sont penchés sur plusieurs phases du manuscrit. Ils savent ce que je leur dois. Qu'ils en soient ici remerciés.
Je tiens aussi à remercier mon assistant de recherche Élie Mersel, dont l'aide m'a été précieuse.

Claude Klein,
Jérusalem, veille de *Roch Hachana* 5757,
septembre 1996.

Introduction

Depuis sa création, Israël ne cesse d'intriguer. Au-delà des guerres incessantes, du terrorisme des luttes fratricides qui ont pu provoquer jusqu'à l'assassinat d'un Premier ministre, l'aventure de la recréation d'un État juif est rarement perçue avec indifférence. Cependant, le regard porté sur Israël varie évidemment en fonction de celui qui le porte. Pour les Arabes, l'apparition de cet État au Moyen-Orient semble relever d'une profonde injustice historique et ils se considèrent comme les victimes du sionisme[1]. Pour les Juifs, la perception est plus complexe : elle peut varier de l'attachement indéfectible au rejet total. On oublie trop souvent qu'il existe également un antisionisme juif extrêmement virulent[2]. L'Occident, profondément marqué par la culture chrétienne, ne parvient pas, quant à lui, à rester neutre ou indifférent. Ses attitudes sont déterminées soit par rapport à ce qu'il fut longtemps convenu d'appeler la « question juive », soit encore par rapport au post-colonialisme ou plus précisément au monde arabe. Enfin, il faut également tenir compte de l'attitude des États, notamment

---

1. Selon une expression d'Edward Saïd, in *The Question of Palestine*, New York, Vintage Books, 1980 ; cf. 2e partie : « Zionism from the Standpoint of its Victims », p. 56.

2. Nous reviendrons sur cet aspect des relations entre Israël et la Diaspora, qui reste relativement peu connu. Cf. Michael Selzer (éd.), *Zionism Reconsidered. The Rejection of Jewish Normalcy*, Londres, The Macmillan Company, 1970, ainsi que le travail collectif (en hébreu) *Zionism and its Jewish Opponents*, Jérusalem, Hassifriya Hazionit, 1990.

européens, souvent simplement guidés par leurs intérêts bien compris.

En même temps, Israël et sa société peuvent aussi être conçus comme objet d'étude. Pour le sociologue, la société israélienne est une source permanente et intarissable d'étonnements et d'interrogations. Pour le constitutionnaliste comme pour le politologue, Israël peut être considéré comme un véritable laboratoire d'analyses où cohabitent deux logiques politiques et sociales : l'une proportionnelle, l'autre majoritaire. En effet, la coexistence d'une proportionnelle intégrale aux élections législatives et d'un système d'élection du chef de l'exécutif au suffrage universel et direct – qui reste cependant politiquement responsable devant la Chambre – constitue une véritable première à l'échelle mondiale qui mérite un examen approfondi. Cette expérience est certes encore bien récente, mais elle semble avoir eu des conséquences imprévues que nous nous proposons d'analyser dans cet ouvrage. Au demeurant, certains des termes de l'étude du régime et de sa transformation ne sont pas sans rappeler ceux des dernières années de la IVe République et des débuts de la Ve. Enfin, l'absence d'un document constitutionnel ne manque pas elle aussi d'étonner, tant on imagine toujours, en France notamment, que tout commence par une Constitution.

Israël donc intrigue. Comment s'opère la restauration d'une politique juive ? Comment s'intègre l'ultra-orthodoxie juive dans une démocratie moderne ? Comment se réalise la fusion des communautés, si tant est qu'elle soit possible ou tout simplement souhaitable ? Comment ce peuple de persécutés traite-t-il ses minorités ? Bien des questions se posent auxquelles ce livre tente d'apporter des éléments de réponse.

On voit bien que la neutralité ne sied pas à l'étude de ce pays. On lit ainsi alternativement l'éloge de ceux qui ont fait refleurir le désert ou la dénonciation de ceux qui parlent d'un racisme anti-arabe ou d'une spoliation à l'échelle d'un peuple. Et pourtant, les critiques les plus acerbes ne peuvent dénier ce fait si simple : au Proche-Orient, Israël est l'une des très rares démocraties. Pour d'aucuns, ce serait même la seule démocratie dans cette partie du monde. Une telle constatation n'exclut nullement une forte critique interne des structures et des modes de fonctionnement de l'ensemble de ce système, dont le scrutin du 29 mai 1996 n'a pas contribué à simplifier l'étude.

Sans vouloir prétendre à une très hypothétique objectivité, le présent ouvrage n'a pas été conçu dans un esprit polémique. Écrit de l'intérieur, par un universitaire juif et israélien, il n'en reste pas moins qu'il aborde l'étude de la démocratie sous un angle critique. Avant tout, nous avons voulu rendre compte de l'état de la société et de la démocratie au moment où, incontestablement, le pays entame une phase nouvelle de sa jeune et tumultueuse histoire. C'est pourquoi nous avons choisi d'ouvrir cette recherche par l'examen si particulier de ce qu'il est convenu d'appeler les « clivages de la société ». Nous nous proposons de distinguer entre l'analyse classique qui repose sur la notion de clivages et celle qui correspond peut-être davantage à l'état actuel de la société, en particulier au lendemain du scrutin du 29 mai 1996, et qui nous semble correspondre bien davantage à l'image d'une mosaïque sociale. Encore convient-il d'expliquer la signification que l'on attache à ces deux notions et les conséquences que l'on pourrait déduire de cette distinction.

On abordera ensuite l'étude des structures politiques et des institutions israéliennes, en mettant notamment l'accent sur l'extrême juridisation de la vie politique de ce pays, en particulier à travers l'analyse du grand débat constitutionnel qui a marqué profondément Israël depuis sa création, mais aussi en montrant le rôle exceptionnel joué par la Cour suprême.

Nous terminerons par une interrogation concernant l'évolution du pays à quelque temps de la célébration de son premier cinquantenaire : comment se perçoit-il aujourd'hui ? On sait que l'on assiste dans ce pays à deux mouvements en quelque sorte contradictoires : d'une part, la montée en force de certains courants orthodoxes qu'ailleurs on qualifierait volontiers d'intégristes ou de fondamentalistes ; d'autre part, l'apparition de courants intellectuels, notamment chez les historiens, remettant en cause les mythes fondateurs de l'État et du sionisme. Ce sont ces tensions qui seront étudiées, ainsi que celles qui accompagnent la perception d'un État qui se déclare à la fois « juif *et* démocratique [1] ».

Ce sont ces différents éléments qui nous ont amené à proposer le titre *La Démocratie d'Israël*, comme si ce pays avait été conduit à élaborer lentement et progressivement une formule démocratique originale dont l'étude fait précisément l'objet de ce livre.

Une dernière remarque concernant la méthode et l'orientation générale de cet ouvrage nous paraît s'imposer. Si la rédaction en a été entamée bien avant les élections du 29 mai 1996, elle n'a évidemment été achevée que quelques mois plus tard. Il est clair qu'il est largement tenu compte ici des résultats passablement surprenants de ce scrutin [2]. Cependant, la présente étude n'a nullement été conçue comme une illustration ou un commentaire de ces élections, mais plutôt comme une analyse plus en profondeur de la démocratie israélienne. C'est la raison pour laquelle nous nous proposons de nous dégager des contingences politiques immédiates, sans toutefois les ignorer. Ce sont d'ailleurs ces considérations qui expliquent l'importance de notre troisième partie, qui porte sur les idéologies et les débats qui agitent Israël.

Si notre analyse veut inviter à une réflexion prospective sur

1. Il faut remarquer que cette expression se retrouve dans plusieurs lois fondamentales adoptées en 1992, qui font l'objet de polémiques intenses depuis cette date. Cette problématique sera étudiée plus loin.

2. A notre sens, la surprise ne provient pas tant de l'élection de M. Netanyahou, alors que de nombreux observateurs avaient prévu celle de M. Peres (rappelons que la différence séparant les deux candidats n'était que de 30 000 voix, soit 0,8 %), que du renforcement des petits partis à la Knesset, au détriment de la représentation des deux grands blocs (Likoud à droite et travaillistes à gauche). Ce phénomène est analysé dans notre deuxième partie.

l'avenir de la démocratie en Israël, il nous paraît nécessaire de formuler quelques remarques concernant les territoires occupés.

Avant tout, on doit se rendre compte des questions morales suscitées par cette étrange situation qui perdure depuis 1967. Celles-ci sont fondamentales et nul, en Israël, n'a le droit de les ignorer. On peut choisir des angles aussi différents que la stratégie, l'histoire ou encore la religion. Or, paradoxalement, notre ouvrage ne traite que fort peu des territoires occupés. Non pas que l'importance de la matière puisse être sous-estimée. C'est notre propos qui, dès l'abord, est différent. Il ne s'agit pas ici de s'inscrire dans les polémiques autour d'Israël mais d'essayer de comprendre les rouages de cette démocratie si particulière, en nous interrogeant sur la société, ses institutions et ses affrontements idéologiques.

PREMIÈRE PARTIE

Démographie et démocratie : société de clivages ou mosaïque sociale ?

Le discours politique israélien est profondément imprégné de références démographiques. Peut-être n'est-il même pas exagéré de parler d'obsession de la démographie. La lecture de l'instrument de travail le plus précieux pour toute étude sur la société ou l'économie israélienne est édifiante à cet égard. Il s'agit de l'*Annuaire statistique*, publié avec régularité et ponctualité par l'Office central des statistiques[1]. Une partie importante de cet *Annuaire* est consacrée à la répartition de la population israélienne, en distinguant soigneusement Juifs et Arabes ou encore juifs, musulmans, chrétiens, Druzes ou enfin, parmi les Juifs, ceux nés en Asie-Afrique et ceux nés en Amérique et en Europe. Le lecteur français ne saurait manquer d'être décontenancé, voire choqué par cette étrange comptabilité ethnico-religieuse qui traverse l'ensemble de l'*Annuaire*. On verra d'ailleurs que ces décomptes vont bien au-delà de ce que l'on peut imaginer. Il est vrai que les spécialistes des pays multinationaux ou multilingues connaissent bien ce phéno-

1. Le titre exact en anglais est *Statistical Abstract of Israel*. Le volume utilisé principalement à l'heure où ces lignes sont écrites est celui qui, paru en décembre 1995, porte le n° 46. Cependant, nous avons fait souvent appel à des volumes précédents. Une habile présentation à double entrée permet la lecture des données de l'ouvrage en anglais et en hébreu. L'ensemble, qui porte sur tous les éléments de la vie publique et sur l'activité commerciale et industrielle du pays, forme un fort volume de plus de huit cents pages. Les données qu'il fournit concernant la population du pays ont été complétées par les premiers résultats du recensement général de la population effectué en novembre 1995 et publiés en brochure séparée en juin 1996.

mène, caractéristique de ce type d'États où le recensement prend figure de manifestation politique[1].

A notre sens, une étude de la démocratie israélienne ne saurait donc se concevoir qu'au terme d'une analyse relativement approfondie de sa démographie ou, plus précisément, de sa complexité démographique. Il semble même qu'une telle étude puisse être fondée presque entièrement sur la démographie si particulière de ce pays. En effet, seule la connaissance des clivages de la société israélienne permet une réelle compréhension des structures politiques israéliennes. Il apparaîtra de manière évidente que les grands débats de la vie publique israélienne reflètent très largement les clivages de population. En d'autres termes, nous voulons avancer que l'appartenance à un certain segment de la population conditionne davantage que tout autre facteur les choix politiques. C'est ainsi que le secteur ultra-orthodoxe de la population juive s'exprime de façon très homogène et exclusive par son vote pour certains partis. Certains clivages se manifestent en quelque sorte légalement, dans la mesure où le registre de la population implique l'inscription des appartenances religieuse et ethnique[2] ; d'autres, au contraire, sont plus difficiles à recenser (ainsi le clivage « religieux/laïque » que nous étudierons plus loin). Or, l'analyse du problème religieux en Israël peut être menée à plusieurs niveaux : celui purement idéologique du débat d'idées, celui de son expression politique, celui des grands débats juridiques et de la jurisprudence de la Cour suprême, celui enfin de la population qu'il implique (considérée en particulier sous l'angle

1. C'est ainsi que la Belgique a connu une célèbre « querelle du recensement », selon le titre même d'un ouvrage de Paul Lévy, Bruxelles, 1960. C'est ainsi également que le Liban renonça dès 1932 à pratiquer le recensement que lui imposaient cependant les textes, pour ne pas avoir à constater officiellement le fait que les musulmans y étaient devenus majoritaires.

2. Par exemple, un Arabe peut être inscrit comme Arabe du point de vue ethnique-national et comme chrétien ou comme musulman du point de vue religieux. Ces questions sont abordées dans la troisième partie.

religieux). Ce sont d'ailleurs ces points de vue qui expliquent la structure de l'examen de la démocratie israélienne auquel nous nous livrons ici.

Les élections à la 14e législature, tenues le 29 mai 1996, ont, semble-t-il, plus que jamais souligné cette manière d'atomisation de la société. Plus que jamais, pour comprendre le fonctionnement de la machine politique israélienne, il convient d'en connaître les acteurs et les différents groupes sociaux.

Certes, pourrait-on rétorquer, l'affirmation d'une adéquation entre l'appartenance à un groupe social et le vote n'a rien qui caractérise spécifiquement la société ou la vie politique d'Israël. N'est-ce pas là, dans une très large mesure, la rationalité qui guide l'établissement des échantillonnages, par exemple en vue de réaliser des sondages d'opinion ou des sondages électoraux, dans tous les pays ? Cependant, il nous apparaît que les différences entre ce qui se manifeste dans la société israélienne et ce que l'on peut trouver dans d'autres pays sont à cet égard doubles : une différence quantitative – nous voulons dire par là une différence de degré – mais aussi et surtout une différence qualitative. C'est ce que la présentation de ces clivages et, en fin de compte, l'ensemble de notre étude s'attachent à montrer. En effet, pour certains des clivages allégués, il s'agit en réalité de reconnaître l'existence de groupes irréductibles, bien au-delà de simples différences idéologiques, sociales ou économiques. L'analyse permet de distinguer l'existence de groupes ethniques (Juifs et Arabes) ou néo-ethniques (sépharades et ashkénazes) ou tout simplement religieux. Cependant, pour certains de ces groupes, notamment les ultra-orthodoxes ou *haredim*, la structure interne est extrêmement poussée et les résultats électoraux traduisent souvent cette réalité[1].

---

1. Il suffit de se reporter aux résultats de l'élection du Premier ministre du 29 mai 1996 : dans le quartier de Mea-Shearim, à Jérusalem, foyer de l'ultra-orthodoxie, M. Netanyahou a remporté 96,8 % des voix, chiffres qui laissent rêveur et font penser à ceux recensés autrefois à Moscou ou plus récemment à

Depuis la création de l'État, les analyses de la plupart des auteurs ont distingué trois grandes questions dans le débat public israélien : celle de la sécurité, celle de la religion et celle des relations inter-communautaires. Or, de fait, ces débats recouvrent en partie – à moins qu'il ne faille dire qu'ils dissimulent – les trois grands clivages de la société israélienne, à savoir ceux qui opposent respectivement Juifs[1] et Arabes, Juifs ashkénazes et Juifs sépharades, Juifs religieux et Juifs laïques. A ces clivages s'ajoutent évidemment les clivages classiques : droite/gauche ou encore celui qui repose sur le niveau de vie (un clivage riches/pauvres en quelque sorte). Ces clivages existent bien en Israël, comme ailleurs, mais ils recoupent dans une large mesure les trois clivages précités, encore que certaines corrélations, parmi les plus classiques, sont comme inversées. Il suffit de prendre l'exemple de la corrélation entre le niveau de vie et le comportement électoral : en Europe, il est acquis que les milieux les plus populaires et les moins aisés expriment généralement un vote que l'on qualifie de « gauche ». La corrélation entre niveau de vie et vote est bien différente en Israël. Il semblerait que l'on puisse avancer la proposition selon laquelle la tendance du vote à

Bagdad. Cependant, il faut bien se rendre à l'évidence : il s'agit là de chiffres obtenus très démocratiquement. On peut évidemment rappeler les accusations de fraude électorale qui ont circulé après ce scrutin : pourtant, celles-ci ne portaient que sur un pourcentage infime (qui eût peut-être fait la différence entre les deux candidats). Il reste qu'il y a là, dans l'expression politique, un très remarquable exemple d'homogénéité d'un groupe social bien défini.

1. La décision d'écrire « Juifs » avec une majuscule s'imposait de toute évidence dans le contexte de ce livre, dans la mesure où l'on traite ici de l'une des composantes nationales de l'État d'Israël. Nous ferons de même pour les Arabes et les Palestiniens. Au demeurant, cette option en quelque sorte « nationale » s'accorde avec les options personnelles de l'auteur. Plus délicate est la question des Druzes. S'agit-il d'une communauté religieuse appartenant à la communauté nationale ou ethnique arabe, comme le sont par exemple les Arabes chrétiens, ou bien faut-il considérer les Druzes comme une nation distincte ? C'est cette dernière option qui a été choisie en Israël, à partir de la fin des années cinquante. Les arrière-pensées politiques n'étaient pas absentes d'une telle décision.

« gauche » augmente très exactement en fonction du niveau de vie… Ces questions font l'objet du chapitre consacré au clivage droite/gauche.

Certains auteurs considèrent plutôt cinq lignes de clivage : le clivage politique, le clivage de l'observance religieuse, le clivage de classe, le clivage ethnique (c'est-à-dire intra-juif) et enfin le clivage national (Juifs/Arabes) [1], mais il nous semble qu'il s'agit là de la juxtaposition de catégories différentes. C'est ainsi que l'on s'accorde à penser généralement que le concept de classe est relativement peu approprié à Israël [2]. Enfin, on pourrait peut-être se demander si la période la plus récente n'est pas sur le point de voir éclore un clivage ancien/nouveau : à savoir celui qui opposerait les nouveaux immigrants à la population anciennement installée. L'extraordinaire résultat obtenu par la liste conduite par Nathan Charansky [3], qui représente les immigrants de l'ex-URSS, permet de poser légitimement la question. Plus en profondeur, ce succès traduit bien davantage que les simples difficultés d'adaptation des

1. Cf. essentiellement Sammy Smooha, « Class, Ethnic and National Cleavages and Democracy in Israel », *in* Ehud Sprinzak et Larry Diamond (éd.), *Israel Democracy under Stress*, Londres, Lynne Rienner Publishers, 1993, p. 309-342.

2. Ce point est d'ailleurs relevé abondamment par Sammy Smooha lui-même, *ibid.*, p. 313. Pour cet auteur, ce n'est pas tant l'absence de classe qui est significative que l'absence de conscience de classe, dans la mesure où les clivages intra-juifs, d'une part, et le clivage Juifs/Arabes, d'autre part, transcendent toute analyse en termes de classe. Cette vision est partagée par Dan Horowitz et Moshe Lissak dans leur étude classique *Trouble in Utopia. The Overburdened Polity in Israel*, Albany State University of New York Press, 1989, p. 83-92. Malgré son titre, l'important ouvrage d'Eliezer Ben-Rafael et Stephen Sharot, *Ethnicity, Religion and Class in Israeli Society*, Cambridge University Press, 1991, n'aborde que très peu l'étude des classes.

3. Cette liste a obtenu 174 928 voix, soit 7 sièges sur les 120 que compte la Knesset. Son succès et son entrée dans la coalition gouvernementale contiennent en germe le principe même de sa disparition. Si l'intégration de ces nouveaux immigrants était accomplie, la liste perdrait sa raison d'être. A l'inverse, l'échec des « apparatchiks » de la liste provoquerait également sa disparition.

700 000 personnes considérées[1]. Il y va d'un enjeu culturel, dans la mesure où cette population remet en cause les fondements idéologiques du *melting-pot* à l'israélienne et revendique sa propre identité (culturelle). Cette constatation est d'autant plus fondée qu'une importante fraction de cette population n'est pas juive[2] et ne participe donc que très indirectement à l'*ethos* juif ou sioniste. Aux élections du 29 mai 1996, ce clivage s'est manifesté par le succès spectaculaire de la liste présentée par ces immigrants.

Le cas de la communauté juive d'origine éthiopienne est lui aussi particulièrement frappant. Il combine en effet tous les éléments d'un clivage profond qui peut confiner parfois au racisme le plus élémentaire : la couleur de la peau, l'extrême distance par rapport au judaïsme traditionnel ainsi que par rapport au monde moderne font de cette communauté un objet spécifique d'étude dans le contexte israélien.

L'examen de la démocratie israélienne peut et doit être mené tant à travers les problèmes démographiques et sociaux qu'à travers l'analyse des trois grandes controverses évoquées, sur la sécurité, la religion et les relations intercommunautaires. Il convient de remarquer que celle qui touche à la sécurité diffère

1. Les chiffres exacts varient. Ainsi, il faut se demander s'il convient d'inclure les 200 000 (nouveaux) immigrants de l'ex-URSS arrivés en Israël au cours de la grande vague des années 1969-1973. Quoi qu'il en soit, le chiffre total de la population originaire de l'ex-URSS est désormais très élevé : il atteindrait près de 15 % de la population juive du pays.

2. Il est difficile de déterminer le chiffre des non-Juifs dans cette immigration. Les estimations les plus basses sont de l'ordre de 20 %, les plus élevées de l'ordre de 40 %. Légalement, l'immigration en Israël se fait (pour les Juifs) sur la base de la loi du retour (1950), qui accorde à chaque Juif le droit de s'installer en Israël. Un amendement de 1970 a étendu ce droit au conjoint, aux enfants et petits-enfants (non juifs) d'une personne juive. Sur ces questions, cf. Claude Klein, *Le Caractère juif de l'État d'Israël*, Cujas, 1977, p. 69-102. Ces questions seront, en partie, analysées dans la troisième partie. Quant à la réponse à la question « qui est juif ? », elle tient depuis 1970 dans la définition suivante : « Est juif celui qui est né d'une mère juive ou qui s'est converti au judaïsme et qui n'appartient pas à une autre religion. »

des deux autres. En effet, elle a trait aussi bien à l'avenir des territoires occupés et du problème palestinien qu'au statut du Golan. En apparence, on ne perçoit qu'un rapport indirect avec le clivage Juifs/Arabes en Israël. Pourtant, on peut montrer que le rapport est plus intime qu'il n'y paraît, en particulier dans la période actuelle, c'est-à-dire celle qui se situe après la décision du retrait des territoires occupés depuis 1967, aussi bien la Cisjordanie [1] que la bande de Gaza [2]. Dès maintenant, on voit bien que, dans la nouvelle ère qui s'amorce, l'un des problèmes principaux est précisément celui des relations avec la population arabe israélienne, c'est-à-dire la détermination de sa place dans un État qui se proclame juif. Il est d'ailleurs intéressant de relever que depuis 1992 [3] les études concernant les Arabes israéliens se sont multipliées.

Au-delà de la crainte d'un « péril arabe », on voit poindre un autre argument, sur le plan de la légitimité des institutions. En effet, il apparaît de plus en plus qu'un succès de la gauche – particulièrement dans le contexte de l'élection du Premier ministre au suffrage universel qui s'est tenue le 29 mai 1996 – n'aurait pu se concevoir qu'avec le soutien de l'électorat arabe

1. Depuis une vingtaine d'années, la Cisjordanie a été officiellement appelée « Judée et Samarie ». Cette appellation à forte connotation politique commence d'ailleurs à être progressivement abandonnée. Dans le débat politique interne, le vocabulaire utilisé pour désigner les territoires varie essentiellement en fonction des attitudes : si les Arabes et l'extrême gauche parlent de « territoires occupés », les annexionnistes parlent volontiers de « territoires libérés ». Au cours des premières années, la terminologie officielle était celle de « territoires administrés par l'armée » ; elle est devenue progressivement « Judée et Samarie ». L'appellation hébraïque courante est « la Rive » (*Ha-Gada*) qui est un abrégé de « la Rive occidentale » (du Jourdain).

2. Le problème du plateau du Golan, occupé lui aussi depuis 1967 mais annexé en décembre 1981, est quelque peu différent, précisément du fait de sa très faible population : dans l'ensemble celle-ci n'est aujourd'hui que de 31 000 personnes, soit environ 17 000 Druzes de nationalité syrienne et 14 000 colons israéliens. Il s'agit là, on le sait, avant tout d'une question essentiellement stratégique ainsi que de la maîtrise de l'eau. De même, la question de Jérusalem est elle aussi particulière.

3. C'est-à-dire depuis le retour au pouvoir des travaillistes et jusqu'aux élections de 1996.

(qui représente environ 14 % de l'ensemble du corps électoral[1]). De là une tentation à laquelle la droite ne résiste pas : dénoncer l'illégitimité d'une majorité qui ne serait pas juive[2]. En d'autres termes, pour la droite les options « pacifistes » ne sont pas majoritaires en milieu juif. Les résultats du scrutin de 1996 sont clairs à cet égard : il apparaît que l'appui arabe n'a pas suffi à assurer – de peu, il est vrai – le succès de M. Peres contre son concurrent de droite. En milieu juif, le rapport entre les deux candidats était de 56 contre 44 %, alors que le résultat final a été de 50,49 contre 49,51 %[3]. De fait, cette argumentation peut s'inverser : la participation électorale arabe n'a pas été aussi élevée que celle des Juifs. De plus, on a compté un nombre anormalement élevé de bulletins blancs et nuls en milieu arabe : certains travaillistes n'ont pas manqué d'accuser la population arabe d'avoir indirectement permis l'élection du candidat de la droite[4].

A peine est-il besoin de rappeler qu'il s'agit de réalités sociales, statistiques en quelque sorte, fondées sur l'observation de la réalité de ce pays, mais auxquelles on n'attache ni prédestination ni caractère génétique. Au demeurant, les exceptions, les cas particuliers, les passerelles, la mobilité sociale sont là pour témoigner du caractère purement social des principaux clivages. Il n'en reste pas moins que ceux-ci sont profonds et éclatants à divers moments : les élections à la

1. Du fait de la structure d'âge (jeune) de la population arabe, le poids de l'électorat arabe par rapport à l'électorat juif est moins élevé que celui de l'ensemble de la population arabe.

2. De fait, les cabinets de MM. Rabin et Peres de 1992 à 1996 n'ont pu gouverner, pendant la plus grande partie de la législature, qu'avec l'appui des députés arabes, bénéficiant ainsi de ce que le jargon politique israélien appelle une « majorité de blocage » de 61 députés sur 120 (c'est-à-dire très précisément la majorité absolue), empêchant ainsi l'adoption d'une motion de censure. Le nouveau système (de l'élection du Premier ministre) modifie quelque peu les données de cette équation.

3. Précisément, la différence entre les deux candidats a été de 29 457 voix.

4. Les chiffres sont analysés plus loin, au chapitre traitant de la population arabe.

14e législature constituent à cet égard un événement particulièrement révélateur.

A ces indications nous voudrions ajouter un quatrième clivage, qu'à l'instar des trois premiers on peut aborder soit comme question à débattre, c'est-à-dire comme enjeu, soit sous un angle démographique. Il s'agit du rapport entre Israël et la Diaspora juive dans le monde. Or, ce débat, l'un des plus passionnants que connaisse Israël, se transforme précisément au fur et à mesure de la nouvelle distribution démographique du peuple juif, comme si les éléments purement théoriques de la question des relations entre Israël et la Diaspora fluctuaient en fonction de l'évolution des rapports démographiques entre ces deux pôles qui forment le peuple juif d'aujourd'hui.

Que la société israélienne soit une société de clivages constitue une évidence perçue depuis fort longtemps. Cependant, nous voudrions soulever la question de la pertinence du concept de clivage pour rendre compte de toutes les interrogations concernant la structure sociale israélienne. Nous préférons nous référer à l'idée de mosaïque ; celle-ci, nous semble-t-il, rend mieux compte d'une diversité qui, dans une très large mesure, est une donnée fondamentale de la société et qui exclut toute idée de fusion potentielle ou de *melting-pot*. L'importance de la distinction entre les deux concepts apparaît dans la question du choix d'un mode de scrutin, thème sur lequel nous aurons l'occasion de revenir. En effet, il a été souvent avancé – à juste titre – que la proportionnelle favorisait la représentation des groupes et, en fin de compte, leur perpétuation. Si l'on adopte l'approche de la « mosaïque » plutôt que celle de « clivage », on comprend que précisément le mode de scrutin doit permettre cette représentation, plutôt que de provoquer une intégration artificielle. L'expérience doit montrer si la cohabitation entre les deux logiques politiques est possible, au-delà de la réponse positive fournie par l'analyse théorique.

1

Le clivage premier : Juifs et Arabes

1. Les chiffres

Nous voudrions d'abord présenter un tableau rapide de la démographie israélienne, tel qu'il apparaît dans l'*Annuaire statistique* de 1995. Cette présentation est doublement instructive, dans la mesure où elle renseigne tant de manière intrinsèque que sur la conception de la démographie israélienne par les auteurs de l'*Annuaire*[1]. Il ne s'agit d'ailleurs ici que d'une première approche. D'autres tableaux plus précis sont présentés plus loin.

Rappelons également les chiffres suivants concernant la superficie de l'État d'Israël : elle est de 21 501 kilomètres carrés (ce chiffre inclut la partie orientale de Jérusalem, ainsi que le

1. Cf. *Annuaire statistique*, 1995, p. 3. Nous ne donnons ici que certains des chiffres publiés. Cette page donne les chiffres pour les années 1960, 1970, 1980. Le recensement de novembre 1995, dont les premiers éléments ont été publiés en mai 1996 sous le titre *1995, Census of Population and Housing Publications*, n° 1 : *Population and Households, Provisional Results*, donne des chiffres très voisins. Selon ces premiers résultats du recensement de novembre 1995, la population totale du pays était de 5 643 500 personnes (ce qui correspondait à un chiffre supérieur de 1,1 % à l'estimation pour la même date). Le chiffre du recensement correspond à la population au soir du 4 novembre 1995, date choisie tout à fait arbitrairement dès 1994 (cf. p. 31 des résultats provisoires) : cependant, on ne peut manquer de relever que cette date est celle de l'assassinat d'Itzhak Rabin.

plateau du Golan, qui couvre 1176 kilomètres carrés)[1]. Une telle superficie représente, à titre de comparaison, celle de près de quatre départements français moyens.

On constate une augmentation de la population chrétienne de 0,5 % en quatre ans, alors que la fécondité en milieu chrétien est plus faible qu'en milieu musulman. Or, tous les chrétiens ne sont pas arabes. Il faut chercher l'explication ailleurs : parmi les immigrants de l'ex-URSS, on trouve une proportion notable de personnes chrétiennes qui ont bénéficié de la loi du retour, parce qu'elles sont conjoint(e)s, fils ou filles, ou petits-fils ou petites-filles d'une personne juive, aux termes d'un amendement à la loi du retour adopté en 1970. Les chiffres de l'*Annuaire* sont tout à fait clairs à cet égard. Pour 1990, il note 5 800 immigrants chrétiens ; pour 1991, le chiffre monte à 9 900 ; en 1992, il est de 7 800. En 1993, il est de 9 400 et, en 1994, de 4 800 (*Annuaire* de 1995, p. 45). Cette comptabilité fait ressortir très clairement l'apparition d'une nouvelle catégorie dans la population israélienne. Il s'agit de personnes qui ne sont ni juives ni arabes. Leur rattachement à une communauté chrétienne n'est pas toujours fondé (précisément dans le

---

1. La Cisjordanie couvre 5 651 kilomètres carrés (soit la superficie d'un département français moyen) pour une population estimée au 31 décembre 1994 à 1 150 000 personnes. Ce chiffre n'inclut pas les colons israéliens, dont le nombre effectif en Cijordanie était estimé, en novembre 1995, à 128 300. La bande de Gaza couvre 362 kilomètres carrés pour une population estimée au 31 décembre 1993 à 750 000 personnes. Ce chiffre ne comprend pas les 5 200 colons israéliens de cette zone. On voit ainsi que l'obsession de la démographie se retouve à tous les niveaux : une polémique s'est engagée au printemps 1996 autour de la détermination du nombre exact des colons. Ceux-ci prétendaient compter (pour la Cisjordanie et la bande de Gaza) 147 000 personnes (au lieu de 133 500 selon le recensement de novembre 1995). Le chiffre de 147 000 représente le total des colons enregistrés au ministère de l'Intérieur. La différence entre les deux chiffres (soit 11 500 personnes) représenterait le nombre des colons ayant quitté les deux territoires considérés, notamment depuis les accords d'Oslo. Il n'est pas impossible qu'un mouvement de reflux se dessine après le retour de la droite au pouvoir. On comprend l'enjeu politique de cette guerre des chiffres.

Tableau 1
Tableau général de la population israélienne en 1990 et en 1994

Population	1990	1994
Total (milliers)	**4 821,7**	**5 471,5**
Juifs	81,9 %	81,2 %
Musulmans	14,1 %	14,3 %
Chrétiens	2,4 %	2,9 %
Druzes	1,7 %	1,7 %
Total des Juifs	3 946,7	4 441,1
Nés en Israël	61,9 %	61 %
Asie-Afrique	15 %	13,3 %
Europe-Amérique	23,1 %	25,7 %
% de Juifs en Israël[1]	30 %	34,2 %
Groupes d'âge (%)		
Total		
• 0 -14 ans	**31 %**	**29,7 %**
• 65 et +	**8,6 %**	**9,1 %**
Juifs		
• 0 -14 ans	28,7 %	27,3 %
• 65 et +	10,5 %	11 %
Arabes et autres		
• 0 -14 ans	41,3 %	39,8 %
• 65 et +	3,1 %	3,1 %
Densité (km²)	220	248,5

1. Par rapport à la population juive mondiale.

cas d'immigrants venus de l'ex-URSS). Juridiquement, bien des problèmes se posent, dans la mesure où il n'existe pas de législation concernant le mariage de ces personnes, ni en matière d'obsèques (le législateur vient de créer des cimetières « laïques »). Ces points feront l'objet d'analyses ultérieures. On peut imaginer que l'apparition d'une telle catégorie est de nature à influer sur l'évolution de l'ensemble de la société.

Dès cette première présentation de la démographie israélienne, on est frappé par le soin apporté à l'exposition ethnico-religieuse de celle-ci. On remarque que l'*Annuaire* passe du critère religieux (Juifs, musulmans, Druzes, chrétiens) pour le calcul général de la population à une option ethnico-nationale pour le calcul de la structure d'âge : la première approche distingue entre les différents groupes religieux, alors que la deuxième adopte brusquement une distinction ethnique ou nationale entre Juifs et Arabes. En d'autres termes, s'agissant des Juifs, ceux-ci apparaissent d'abord comme groupe religieux, puis comme groupe national. On peut légitimement s'interroger sur les raisons de ce changement de critère à quelques lignes d'intervalle, sur un même tableau. Qu'elle soit consciente ou non, il n'en reste pas moins que l'utilisation du critère religieux (musulmans, Druzes, chrétiens) permet d'augmenter artificiellement l'écart entre Juifs et Arabes. Aux Juifs, qui forment 81,2 % de l'ensemble de la population, on peut ainsi opposer non pas 18,8 % de non-Juifs, mais « seulement » 14,3 % de musulmans, ainsi que 2,9 % de chrétiens et 1,7 % de Druzes. On ne conçoit guère d'autre explication. On retrouve d'ailleurs cette curieuse manière de faire dans d'autres sections de l'*Annuaire*. C'est ainsi que dans sa section 2, tout entière consacrée aux problèmes de population, on trouve un tableau d'ensemble de l'évolution de la démographie depuis 1948 (très précisément depuis le 8 novembre 1948, date du premier recensement général dans le nouvel État)[1]. Ce tableau permet de suivre l'évolution de la population année par année de 1948 à 1994. Il est construit exclusivement sur les critères d'appartenance religieuse. En revanche, à la page suivante apparaît un tableau traitant des éléments de la croissance de la population depuis 1948. Il vise à exposer les différents facteurs de cette croissance : on y oppose évidemment la croissance « naturelle » à celle qui provient de l'apport migratoire. Tableau hautement idéologique s'il en est, puisqu'il oppose la croissance naturelle (laquelle, faut-il le rappeler, est beaucoup plus forte chez les Arabes) à la croissance due à l'immigration (laquelle

1. Tableau 2. 1, p. 43 (de l'*Annuaire* de 1995).

est presque inexistante chez les Arabes) : on aperçoit ici une nouvelle méthode qui combine les deux critères utilisés jusqu'ici[1]. Les indications sont données dans l'ordre suivant (pourcentage de la balance migratoire par rapport à la croissance totale) :

– Total pour l'ensemble de la population ;
– Total pour les Juifs ;
– Arabes et autres ;
– Musulmans ;
– Chrétiens ;
– Druzes[2].

L'alternance dans le recours aux deux critères est patente. Elle ne cache d'ailleurs qu'à grand-peine les enseignements principaux de cette statistique. En effet, les chiffres, quant à eux, sont plus qu'éloquents : si pour les Druzes le chiffre de croissance par migration est nul (alors que le taux de croissance naturelle annuelle varie entre 2,5 et 2,9 %), le chiffre pour les musulmans est très faible[3] : il ne dépasse jamais 4,6 %[4] (se situant en général entre 1 et 2 %), alors que la croissance naturelle atteint jusqu'à 4 % en 1994[5]. Pour l'ensemble de la population arabe, la croissance « migratoire » représente, pour la période 1948-1994, 6,9 % de la croissance totale, alors que chez les Juifs la croissance « migratoire » représente, pour la même période, 54,6 % de la croissance totale du groupe.

Il convient également de prendre en considération la répartition géographique de la population arabe d'Israël : 64 % de celle-ci vivent en Galilée (dont la majorité de la population est

1. Tableau 2. 2, p. 44-45 (de l'*Annuaire* de 1995).

2. Pour être précis, on relèvera que ces présentations sont faites par périodes : à partir de 1983 les chiffres sont donnés annuellement.

3. Il a même été négatif à certaines périodes (par exemple, en 1986 et en 1989).

4. Rappelons qu'il s'agit du pourcentage de croissance de la population par migration par rapport à la croissance « naturelle » du groupe.

5. Soit, en 1994, une croissance de près de 30 000 personnes.

d'ailleurs arabe) ; 22 % sont établis dans une région appelée « le Triangle », qui se situe au centre du pays[1]) ; 10 % vivent dans le désert du Néguev (des Bédouins) et 9 % dans des villes mixtes (Lod, Ramleh, Jaffa, Haïfa, etc.).

La problématique fondamentale de cet aspect de l'obsession démographique peut se résumer lapidairement ainsi : l'immigration juive peut-elle compenser le déséquilibre entre la croissance naturelle des deux populations ? On peut légitimement se demander dans quelle mesure l'obsession repose sur des bases démographiques sérieuses. Nous nous proposons de donner quelques éléments de réponse dans le chapitre 4, qui traite de la question des projections démographiques et de l'idéologie sioniste.

Le tableau suivant récapitule l'évolution du pourcentage de la population juive dans le pays depuis 1950. Il permet d'appréhender les chiffres très simplement.

Tableau 2
Proportion des Juifs par rapport à la population totale (%)

1950	1960	1970	1980	1990	1994[1]
87,8	88,9	85,4	83,7	81,9	81,2

1. L'Office des statistiques publie également un bulletin mensuel (*Monthly Bulletin of Statistics*) qui donne des estimations mensuelles. Le bulletin du mois de mai 1996 fournit au 30 avril 1996 des estimations qui attestent une nouvelle baisse de la population juive : celle-ci serait tombée légèrement en dessous de 81%.

Quelques commentaires s'imposent. Au cours des premières années de l'État, la proportion des Juifs par rapport à celle des Arabes ne cesse de croître : ce phénomène est dû à l'immigration juive massive de cette période[2]. C'est la raison pour laquelle le pourcentage des Juifs atteint son point culminant au

1. Approximativement entre Tel-Aviv et Haïfa.
2. Nous reviendrons plus loin sur les chiffres de l'immigration et leur signification.

début des années soixante. L'annexion de la partie orientale de Jérusalem représente un apport important pour la population arabe d'Israël [1], ainsi que, dans une bien moindre mesure, l'annexion du Golan en 1981. On peut relever que, dans leur grande majorité, ni les Arabes de Jérusalem-Est ni les Druzes du Golan n'ont la nationalité israélienne, puisque celle-ci n'a pas été imposée au moment de l'annexion, mais simplement offerte. Ces habitants sont juridiquement des « résidents permanents » en Israël. Quelques dizaines de milliers de Juifs sont d'ailleurs dans la même situation juridique [2]. Les uns et les autres peuvent voter aux élections municipales, mais ne peuvent évidemment pas participer aux élections à la Knesset [3].

On constate que la progression de la population arabe par rapport à la population juive a continué de manière quasi ininterrompue, bien qu'elle se soit quelque peu ralentie au cours des années 1990-1993, du fait de l'immigration très forte en provenance de l'ex-URSS (à laquelle il faut ajouter les Juifs éthiopiens, d'un total d'environ 45 000 personnes depuis le début de l'opération de transfert [4], au milieu des années quatre-vingt). De fait, pourrait-on avancer, une sorte de course de vitesse semble engagée entre les deux populations (juive et arabe). Cependant, cette course n'est nouvelle ni dans le discours politique israélien, ni, de manière plus générale,

---

1. Rappelons que dans la présente analyse nous ne tenons pas compte de la population arabe de Cisjordanie et de la bande de Gaza. En revanche, la population arabe de Jérusalem est incluse ; elle comptait 172 000 personnes en 1994 (sur un total de 1 million d'Arabes).

2. Il s'agit de Juifs qui sont venus s'installer en Israël au titre de la loi du retour mais ont utilisé la faculté offerte par la loi sur la nationalité (de 1952) de décliner la nationalité israélienne. Dans la plupart des cas, il s'agit d'immigrants qui craignent de perdre leur nationalité d'origine s'ils acquièrent la nationalité israélienne.

3. Quelques milliers d'habitants arabes de Jérusalem-Est ont demandé et obtenu la nationalité israélienne (par voie de naturalisation).

4. Rappelons que la grande majorité des Juifs éthiopiens sont venus en Israël en deux vagues principales. La première, appelée « opération Moïse », date de 1982 ; la seconde, connue sous le nom d'« opération Salomon », remonte à 1990.

dans l'histoire du conflit israélo-palestinien. Elle ne fait que reprendre des thèmes qui étaient largement répandus avant 1967, c'est-à-dire avant la guerre dite des Six Jours, ou même depuis l'origine du mouvement sioniste. La lutte pour la terre a toujours été accompagnée d'une lutte pour la population.

A partir de 1967, l'occupation par Israël de la Cisjordanie, de la bande de Gaza et du plateau du Golan [1] avait fait passer au premier plan le problème de l'avenir de ces territoires. Dans le débat gauche/droite sur cet avenir, l'argument démographique était l'un de ceux qui revenaient le plus souvent. Pour la gauche travailliste, c'était précisément dans le but de préserver l'État juif qu'il fallait renoncer aux territoires. Peu avant le déclenchement de l'*Intifada* (décembre 1987), on voyait encore bien des hommes politiques soumis à cette obsession démographique. Les projections de l'époque étaient concordantes : dans le cadre du Grand Israël (c'est-à-dire d'un ensemble comprenant Israël et les territoires occupés), les Juifs deviendraient minoritaires vers 2020-2030 [2]. Étonnant et paradoxal renversement de l'argumentaire politique, la droite nationaliste et les religieux se voyant accuser de mettre en danger le caractère juif de l'État d'Israël. En effet, la droite n'a jamais pu répondre de manière claire à ce raisonnement. Comment sauver le caractère juif de l'État d'Israël dans l'hypothèse d'une population palestinienne complètement intégrée à Israël ? La situation transitoire d'occupation militaire permettait à tout le moins de ne pas accorder les droits civiques aux Palestiniens, en particulier le droit de vote. Une seule réponse intéressante fut envisagée et souvent avancée. Elle se situe précisément au cœur même du débat ici abordé : on veut parler de l'espoir sinon de la certitude d'une future immigra-

1. N'oublions pas l'occupation du Sinaï jusqu'à la signature du traité de paix avec l'Égypte (mars 1979), mais il faut rappeler que l'aspect démographique était quasi inexistant.

2. Selon les estimations, on comptait en 1994, dans cet ensemble « Grand Israël », 4 441 000 Juifs face à 2 900 000 Arabes (dont 1 030 000 en Israël).

tion juive massive, qui forme d'ailleurs l'une des composantes axiomatiques du sionisme. En effet, le sionisme a toujours reposé sur l'affirmation de la persistance des crises d'antisémitisme, laquelle entraînerait immanquablement des vagues d'immigration juive en Israël.

Cette affirmation est particulièrement importante dans le cadre du sionisme « laïque » : la disparition de l'antisémitisme le priverait de l'un des éléments principaux de sa démonstration. Au point que, par un renversement dialectique fascinant en lui-même, affirmer la possibilité de la disparition de l'antisémitisme équivaut à un délit de trahison sioniste.

On se doit de faire remarquer que les événements de 1990-1991 – à savoir l'exode massif des Juifs de l'ex-URSS – n'ont pas été sans constituer une manière de « divine surprise » qui n'a cependant réussi qu'à ralentir l'augmentation constante du pourcentage de la population arabe dans l'ensemble de la population israélienne [1]. On peut sans doute considérer qu'en l'absence de l'immigration massive des années 1989-1992 le poids démographique des Arabes israéliens dépasserait déjà largement 20 %.

On doit évidemment rappeler que la croissance naturelle de la population arabe de Cisjordanie et de la bande de Gaza est plus élevée que celle de la population arabe israélienne. Dans la bande de Gaza on comptait en 1993 un taux de 54 naissances vivantes pour 1 000 personnes, alors qu'en Cisjordanie ce taux était de 45,2. Pour la population israélienne, l'*Annuaire* donne une présentation par religion : pour les Juifs, le chiffre est de 18,4 naissances vivantes pour 1 000 personnes, pour les musul-

1. Au cours de ces deux années l'immigration a atteint le chiffre cumulé et record de 375 000 personnes. L'immigration s'est stabilisée ultérieurement. Cependant, pour les années qui suivent immédiatement cette grande vague, elle s'élève encore à près de 78 000 personnes par an. De tels chiffres signifient qu'outre la croissance naturelle la population juive (y compris les personnes qui peuvent bénéficier de la loi du retour sans être juives) augmente de plus de 1,5 % par an. Pour 1996, elle est cependant retombée à 71 000.

mans 37,1, pour les chrétiens 18,7, pour les Druzes 29,2. On voit que la population arabe d'Israël a un taux de naissance très élevé (surtout chez les musulmans) par rapport aux Juifs, alors que ce taux est très inférieur à celui des Arabes des territoires. On remarquera également que si le chiffre était encore plus élevé il y a trente ans (pour les musulmans d'Israël il atteignait 51 pour 1000), une baisse était intervenue (se fixant au plus bas en 1986 à 33,8 pour 1000), celle-ci a été provisoirement enrayée, alors que pour les Juifs la baisse est constante. En 1950, la natalité chez les Juifs était de 31 pour 1000, pour parvenir à 18,4 en 1994. On note qu'après 1969 une légère reprise était intervenue (de 22,5 pour 1000 en 1969 elle remonta à 24,3), qui ne fut cependant que très éphémère. En termes de taux de fécondité, on obtient les chiffres suivants au 31 décembre 1994 :

– Juifs : 2,60 ;
– Musulmans : 4,60 ;
– Chrétiens : 2,04 ;
– Druzes : 3,57.

A peine est-il cependant besoin de remarquer que, s'agissant des Juifs, le taux représente la moyenne des différents groupes qui constituent cette population juive. L'*Annuaire* ne peut fournir que les chiffres respectifs des femmes (juives) originaires d'Asie-Afrique, par opposition aux femmes originaires d'Europe-Amérique[1]. Ces chiffres sont les suivants :

– Femmes nées en Asie-Afrique : 3,26 ;
– Femmes nées en Europe-Amérique : 2,18 ;
– Femmes nées en Israël : 2,71.

L'*Annuaire* ne peut donner ces mêmes taux relativement aux milieux religieux, notamment ultra-orthodoxes, dans la mesure où il n'existe pas de recensement selon le degré de pratique

1. Le critère « né en Europe-Amérique » par opposition à « né en Afrique-Asie » est celui qui, selon l'Office central des statistiques, différencie les ashkénazes des sépharades. Ce point fait l'objet du chapitre suivant.

religieuse (juive). Cependant, les estimations les plus récentes relatives aux milieux ultra-religieux varient de six à sept enfants par famille ! Pour de nombreux démographes [1], la très forte fécondité en milieu ultra-orthodoxe juif compense quelque peu le déséquilibre entre Juifs et Arabes, alors même que ce facteur est à l'origine d'autres tensions en milieu juif. Celles-ci seront examinées plus loin.

La contre-argumentation de la gauche s'est pourtant définitivement imposée : c'est elle qui a provoqué la volte-face brutale de la politique israélienne en 1992, après le retour au pouvoir des travaillistes, sous l'impulsion d'Itzhak Rabin et Shimon Peres. Ce revirement trouve sa traduction dans les accords d'Oslo, forme de désengagement israélien. Il est tout à fait remarquable de constater que l'argumentation démographique constitue le fondement du revirement politique, au point que celui-ci, dans son essence, n'a pas été remis en cause par l'opposition de droite, revenue au pouvoir après les élections de mai 1996. Shimon Peres avait d'ailleurs souvent indiqué que la grande erreur de la droite avait consisté à poser le problème palestinien en termes de territoire, alors qu'il convenait avant tout de le poser en termes de population. Comme si le slogan originel et naïf du sionisme : « Une terre sans peuple pour un peuple sans terre » avait en quelque sorte perdu jusqu'à l'apparence même de sa substance [2].

D'une certaine manière, ainsi que nous l'avons déjà indiqué, si l'on se place du point de vue démographique interne israélien, on peut considérer que le problème des territoires est déjà dépassé. Le retour de la droite au pouvoir n'affectera sans

1. Cf. l'article d'Uziel Schmeltz (en hébreu), « Demographic Trends of Jews and Arabs in the State of Israel », *The Arab Citizens of Israel towards the Twenty-First Century* (en hébreu), *Hamizrah Hehadash,* vol. XXXVII, The Israel Oriental Society, 1995, p. 5-22.

2. Rappelons que ce slogan a accompagné le mouvement sioniste depuis sa création. Il semble qu'il ait été utilisé pour la première fois par l'écrivain juif anglais Israel Zangwill (1864-1926) en 1901.

doute pas cette constatation[1]. Il faut désormais l'envisager sous le seul angle de la sécurité. En somme, tout se passerait comme si la période qui avait commencé en 1967 et qui s'est achevée avec la signature des accords d'Oslo n'avait finalement constitué qu'une longue parenthèse[2]. La nouvelle période peut être conçue comme un retour à avant 1967. Le problème démographique et politique ne concerne que la population arabe d'Israël, alors que celle-ci, dans sa perception d'elle-même, est profondément différente de ce qu'elle a été. Ce point fera l'objet de développements ultérieurs.

L'enjeu politique et idéologique de la démographie n'est évidemment pas nouveau dans le conflit israélo-arabe ou judéo-palestinien. Il est patent depuis l'apparition du sionisme politique. Une véritable course démographique s'est engagée depuis la fin du XIXe siècle. Les chiffres sont édifiants. Ainsi, si au début du XIXe siècle on comptait 6 700 Juifs pour 268 000 Arabes (un rapport de 40 pour 1), en 1880, à la veille de la première *Aliah*[3], ce rapport était tombé à 22 pour 1 (24 000 Juifs pour 525 000 Arabes). En 1915, il passait à 6 ou 7 pour 1 (85 000-90 000 Juifs pour 590 000 Arabes). Dès 1931, le rapport était de 5 pour 1 (174 000 Juifs pour 837 000 Arabes). A la veille de la proclamation de l'État d'Israël, en 1948, il était encore de 2 pour 1 (630 000 Juifs pour 1 310 000 Arabes).

1. Reste évidemment le problème des implantations israéliennes dans les territoires…

2. Rappelons que le 6 mai 1996 Israël et l'OLP ont engagé la longue négociation (prévue pour durer trois ans) pour déterminer le statut permanent des territoires. Cette négociation devrait reprendre après une interruption assez longue due au changement de gouvernement en Israël.

3. *Aliah*, qui en hébreu signifie « Montée », désigne le fait pour un Juif de venir s'installer en Israël. Le mot par extension désigne également les vagues d'immigration : la première vague dite des « amants de Sion » a précédé Herzl et l'avènement du sionisme politique. Elle a commencé en 1881. Le terme est idéologiquement fortement connoté. On qualifie ainsi, à l'inverse, celui qui quitte le pays de *yored*, littéralement : « celui qui descend ».

Cette question démographique se posait déjà au moment de la présentation du plan de l'UNSCOP, le 31 août 1947[1]. Elle fut d'ailleurs quelque peu escamotée. Le plan de la majorité proposait un partage de la Palestine en deux États, l'un arabe, l'autre juif[2]. C'est ce plan qui fut adopté par l'Assemblée générale de l'ONU, le 29 novembre 1947. Or, ce plan était établi sur des bases démographiques curieuses. C'est ainsi que les estimations de population dans chacun des deux États proposés par la majorité reposaient sur les chiffres suivants :

Tableau 3
Répartition des populations selon le plan de partage de 1947

	Juifs	Arabes	Total
État juif	498 000	407 000	905 000
État arabe	10 000	725 000	735 000
Jérusalem	100 000	105 000	205 000

Le rapport ajoute que, par ailleurs, sur le territoire du futur État juif vivent environ 90 000 Bédouins et « propriétaires de troupeaux ». Si l'on examine attentivement les chiffres, on s'aperçoit qu'aux termes de ce plan il n'y aurait eu, en fin de compte, qu'une majorité de 1 000 Juifs dans l'État juif ! Cependant, deux éléments vinrent bouleverser cette étrange démographie et sa non moins étrange présentation.

En premier lieu, selon le plan qui fut finalement adopté par l'Assemblée générale, les villes de Jaffa et Beersheba devaient revenir à l'État arabe, ce qui faisait « perdre » 180 000 Arabes à l'État juif. On sait que ce plan ne put être réalisé. Du fait du

1. L'UNSCOP était la commission spéciale de l'ONU créée en avril 1947 pour régler le problème palestinien. La commission comptait onze pays.

2. Ce plan était soutenu par sept pays : Canada, Tchécoslovaquie, Guatemala, Pays-Bas, Pérou, Suède et Uruguay. Le plan de la minorité (Inde, Iran, Yougoslavie) proposait la création d'une fédération. L'Australie s'était abstenue.

refus arabe d'admettre la création d'un État juif, il s'ensuivit une guerre qui se termina (provisoirement) par les accords d'armistice de 1948-1949 par lesquels Israël était amené à occuper une partie plus importante de la Palestine que celle qui lui avait été attribuée par le plan de partage [1].

En second lieu, surtout, se pose le problème des réfugiés, lequel a fait artificiellement baisser le chiffre de la population arabe dans le nouvel État juif. Deux questions bien différentes sont généralement discutées à ce sujet : la première concerne les causes du départ ; la seconde a trait au nombre des réfugiés. Dans le cadre de cet ouvrage, nous n'avons pas à prendre position et nous pouvons nous contenter d'exposer les grandes lignes des controverses en cours.

– *Les causes du départ* : avec l'auteur israélien Benny Morris, l'un des « nouveaux historiens » [2], on peut avancer que le départ des réfugiés ne saurait être réduit à une cause unique (appel des pays arabes voisins selon la théorie officielle israélienne ou expulsion pure et simple selon la théorie palestinienne).

– *Les chiffres* : on peut se contenter d'indiquer les données minimales et maximales. L'estimation la plus basse [3] est de 420 000 personnes ; la plus haute est celle d'Elias Sanbar, qui avance le chiffre de 840 000 [4]. Benny Morris, quant à lui, parvient à un chiffre intermédiaire total de 630 000 personnes. Au-delà de ses aspects politiques et moraux, le problème des réfugiés a donc d'abord un aspect démographique certain. Rappelons qu'au moment du premier recensement (effectué en novembre

1. Selon le plan du 31 août, l'État juif devait occuper 56,47 % de l'ensemble de la Palestine, l'État arabe obtenant 42,88 %, la ville de Jérusalem occupant 0,65 %. En fin de compte, après les accords d'armistice, Israël détint 72 % du territoire.

2. Benny Morris, *The Birth of the Palestinian Refugee Problem, 1947-1949*, Cambridge University Press, 1987. La question des « nouveaux historiens » et de leur place dans le débat public israélien est examinée dans notre dernière partie.

3. Reprise par le ministère (israélien) des Affaires étrangères.

4. Elias Sanbar, *Palestine, 1948. L'expulsion*, Paris, 1984.

1948) l'État d'Israël ne comptait « que » 156 000 Arabes. En 1996, le chiffre dépassait le million !

A cette comptabilité il convient d'ajouter celle de la Diaspora palestinienne dans le monde. Les chiffres varient également à cet égard. Un ouvrage publié sous la direction conjointe d'Edward Saïd et Christopher Hitchens, sous le titre *Blaming the Victims* [1], estime le nombre total des Palestiniens dans le monde à 4,5 millions [2]. Si l'on déduit de ce chiffre les Palestiniens citoyens d'Israël (un peu plus de 1 million) et ceux vivant en Cisjordanie et dans la bande de Gaza (environ 1 900 000), on obtient une Diaspora d'environ 1 600 000 personnes.

On a souvent souligné l'étrange parallèle qui s'est peu à peu instauré entre le sionisme et le mouvement national palestinien. Celui-ci s'exprime à bien des niveaux. C'est ainsi que le texte intitulé Déclaration d'indépendance de l'État de Palestine, adopté le 15 novembre 1988 à Alger par le Conseil national palestinien, ressemble étrangement à la Déclaration d'indépendance de l'État d'Israël [3]. L'étude de la structure du peuple palestinien montre elle aussi une ressemblance entre les deux peuples, en particulier pour ce qui est de la définition d'un centre et d'une périphérie diasporique. Bien entendu, les différences entre les deux groupes restent importantes. Cependant, si l'on se place sous l'angle de la cristallisation du nationalisme, on perçoit fort clairement le parallèle.

---

1. Londres et New York, Verso, 1988.

2. *Ibid.*, p. 245. A la page 264 on trouve une statistique qui indique pour juin 1984 le chiffre de 4 614 000 personnes, ce qui, compte tenu de la croissance « naturelle » de la population palestinienne, équivaudrait aujourd'hui à près de 5 millions de personnes.

3. On peut lire ces deux textes juxtaposés dans notre ouvrage *Deux Fois vingt ans, Israël*, Paris, Éd. du Félin, 1990, p. 111-116. L'une des raisons qui expliquent cette très curieuse similitude est le fait que la Déclaration palestinienne a été rédigée par le poète palestinien Mohamed Darwich, qui a habité Israël jusqu'en 1970. Celui-ci connaissait très bien la Déclaration d'indépendance israélienne de 1948.

2. Construction d'une identité et comportements politiques

Les Arabes d'Israël sont à la recherche d'une identité. Jusqu'en 1967 ils ont été coupés de tout contact avec d'autres populations arabes. Depuis le début de l'occupation de la Cisjordanie et de la bande de Gaza, les Arabes israéliens ont pleinement redécouvert leur identité palestinienne, en même temps cependant qu'ils ont pris conscience de ce qui les sépare de leurs frères palestiniens, du fait de leur intégration, même imparfaite, dans le système israélien. On se rend d'ailleurs compte qu'en Israël l'étude même de la société arabe est loin d'être exempte d'ambiguïtés et d'arrière-pensées politiques. En d'autres termes, une étude de la société arabe (israélienne) ne saurait être neutre. Nous mettrons l'accent sur les grands débats qui traversent la sociologie israélienne à cet égard.

La recherche de l'identité trouve d'abord une expression très claire dans les comportements politiques, plus particulièrement dans le vote.

Illustrons d'abord notre propos par un rappel, fondamental, des statistiques électorales arabes et de leur évolution.

Le tableau suivant (p. 45) doit être complété par celui du nombre des députés arabes à la Knesset (p. 46). L'établissement de ce tableau pose d'ailleurs un problème de définition et appelle une précision. En effet, il est de tradition de considérer l'ensemble des députés du Parti communiste comme arabes. Or, si l'électorat de ce parti est effectivement arabe dans sa très grande majorité (plus de 90 %), depuis la création de l'État, à chacune des législatures, certains des députés du parti étaient des Juifs. Pendant très longtemps, le secrétariat du parti a été tenu par un Juif. Le tableau qui suit indique le nombre des députés arabes (à l'exclusion des députés non arabes) du Parti communiste.

Tableau 4
Le vote arabe depuis 1949

	Suffrages	PC[1]	LPP[2]	PDA[3]	Satellites[4]	Sionistes[5]
1 (1949)	26 332	22%			28%	50%
2 (1951)	58 984	16%			55%	29%
3 (1955)	77 979	15%			48%	37%
4 (1959)	81 764	11%			42%	47%
5 (1961)	86 843	22%			40%	38%
6 (1965)	106 342	23%			38%	39%
7 (1969)	117 390	28%			40%	32%
8 (1973)	133 058	37%			27%	36%
9 (1977)	145 925	50%			16%	34%
10 (1981)	164 862	37%			12%	51%
11 (1984)	199 968	32%	18%			50%
12 (1988)	211 525	33%	14%	11%		42%
13 (1992)	236 034	23%	9%	15%		49%
14 (1996)	351 105	37%		25,5%		35%[6]

1. Sous diverses appellations, il s'agit du Parti communiste, dont l'essentiel des voix provient du secteur arabe. Le Parti communiste a connu plusieurs appellations. En 1965, il fut secoué par une importante scission. Celle-ci s'est faite dans une très large mesure sur la base de la tension entre Juifs et Arabes. Le nouveau parti issu de cette scission, à majorité arabe (Rakah), est le seul qui continue d'exister. Aux élections de 1996, sur les 5 députés qu'il a obtenus, il a conservé 1 député juif (Mme Tamar Gujanski). Sur l'histoire du Parti communiste israélien, cf. Ilan Greilsammer, *Les Communistes israéliens*, Paris, Presses de la Fondation nationale des sciences politiques, 1978.

2. Liste progressiste pour la paix. Existe depuis 1984 ; à l'origine, elle fut créée comme liste judéo-arabe. Elle est devenue presque exclusivement arabe.

3. Parti démocratique arabe : parti nationaliste arabe modéré.

4. Les partis « satellites » étaient, au cours des trente premières années de l'État d'Israël, des groupes satellites du Parti travailliste. Leur disparition a une signification évidente, qui témoigne de l'émancipation politique de la population arabe.

5. Il s'agit du pourcentage de voix arabes en faveur des partis sionistes de gauche ou de droite. Les partis religieux juifs ont eux aussi quelques milliers de voix en milieu arabe. Ainsi le parti ultra-orthodoxe Shas (qui détenait le ministère de l'Intérieur) a-t-il obtenu (en 1992) près de 5% des voix arabes (11 500 voix), le Parti national-religieux (qui occupait le ministère de l'Éducation nationale) a obtenu un pourcentage analogue. Le Meretz, parti à la gauche des travaillistes, a obtenu près de 24 000 voix en milieu arabe ; le Parti travailliste 49 000 voix. Le Likoud a réussi à rassembler près de 20 000 voix en milieu arabe.

6. Ce chiffre comprend également les voix exprimées en faveur du parti de gauche Meretz, bien implanté en milieu arabe. Ce parti, qui milite en faveur d'une véritable laïcisation et qui a accepté l'idée d'un État palestinien, n'en reste pas moins essentiellement un parti juif et sioniste.

Tableau 5
Les députés arabes à la Knesset

1	2	3	4	5	6	7	8	9	10	11	12	13	14
1949	**1951**	**1955**	**1959**	**1961**	**1965**	**1969**	**1973**	**1977**	**1981**	**1984**	**1988**	**1992**	**1996**
3	9	9	7	6	7	7	6	5	5	7	6	8	11

Remarquons que le pourcentage des députés arabes à la Knesset élue en 1996 (9,1 % de l'ensemble des 120 députés) n'est pas encore représentatif du poids de la population arabe dans l'ensemble du pays (18,5 %) ni dans le corps électoral (14 %). Pour atteindre une représentation équivalant à celle de son importance électorale, il faudrait qu'il y ait 16 députés arabes (22 pour l'ensemble de la population !). On se rend compte de l'impact que cette représentation en augmentation constante acquiert sur la scène politique et parlementaire du pays. Signalons également que le taux de participation électorale est nettement plus bas en milieu arabe qu'en milieu juif. Ainsi, en 1992, le taux général de participation (y compris les Arabes) était de 77,3 % ; en milieu arabe il n'était que de 69,7 %. La différence était donc de près de 10 % (puisque la population arabe est décomptée dans le taux général). En 1996, le chiffre de la participation arabe a atteint 77 % (alors qu'il était de 81 % en milieu juif)[1].

Ces chiffres sont instructifs par eux-mêmes. Ils soulignent bien la trajectoire politique des Arabes israéliens depuis 1948. Que signifient-ils et dans quelle mesure expriment-ils l'évolution identitaire des Arabes israéliens ?

Comme nous l'avons déjà indiqué, les études concernant les Arabes d'Israël connaissent depuis quelques années une

1. Dans la mesure où le vote arabe exprimé en faveur de M. Peres a dépassé 85 %, on a pu avancer que, si le taux de participation des Arabes avait atteint celui des Juifs, M. Peres aurait été élu (compte tenu du fait que 30 000 voix seulement le séparaient de son concurrent victorieux). Encore convient-il de tenir compte du nombre très élevé de votes blancs ou nuls (en milieu arabe comme en milieu juif) pour l'élection du Premier ministre.

remarquable floraison. Celles-ci rendent compte de manière tout à fait emblématique des transformations profondes dans l'appréhension de ce que l'on pourrait appeler la « question arabe » d'Israël. Les études les plus anciennes, datant des deux premières décennies, ne manquaient pas d'être marquées de cet « orientalisme » dénoncé par ailleurs. En outre, ces études dégageaient aussi un certain « paternalisme », ainsi qu'une nette tendance à multiplier la vision sectorielle de la population arabe – musulmans, chrétiens de diverses confessions, Druzes, Tcherkesses[1] – qui relève du *divide et impera*. Il est vrai que la société arabe est relativement composite. Ainsi, en 1992, la répartition était-elle la suivante :

– Musulmans : 76,1 % ;
– Chrétiens : 14,8 % ;
– Druzes : 9,1 %.

A cela, on peut ajouter la répartition des Arabes chrétiens :

– Grecs-catholiques : 42 % ;
– Grecs orthodoxes : 32 % ;
– Latins : 16 % ;
– Maronites : 6 % ;
– Protestants : 3 % ;
– Arméniens et autres : 1 %.

Il existe certainement des différences de comportement entre les différents groupes arabes. Cependant, une nouvelle génération d'arabisants est venue mettre l'accent sur les facteurs d'unification au sein de la population arabe plutôt que sur les facteurs de différenciation.

Depuis la création de l'État d'Israël, la population arabe israélienne s'est trouvée dans une situation délicate à l'extrême, victime d'une double suspicion. D'une part, cette population veut affirmer son identité, mais est toujours suspecte de ne pas

1. Il s'agit en réalité de Circassiens, installés depuis la deuxième moitié du XIXe siècle et qui, en Israël, vivent dans deux villages (au total moins de 5 000 personnes), en Galilée.

être loyale envers l'État d'Israël[1]. D'autre part, aussi bien avant qu'après 1967[2], ces mêmes Arabes israéliens étaient et restent suspects aux yeux des autres Arabes ou des autres Palestiniens, à cause précisément de leur nationalité israélienne. En Israël, la méfiance à leur endroit avait d'ailleurs entraîné la mise sous gouvernement militaire de la plupart des villes et villages arabes[3]. Des événements particulièrement graves marquent cette histoire et ont profondément imprégné la conscience collective des Arabes israéliens.

Deux exemples, pris à des périodes différentes, peuvent servir d'illustration :

– L'épisode de Kfar-Kassem : il se déroula en octobre 1956, quelques jours avant l'opération du Sinaï (et de Suez). Une unité de police et de gardes frontières ouvrit le feu sur des villageois (hommes, femmes, enfants) rentrés au village après l'heure du couvre-feu (qui venait d'être proclamé). 43 personnes furent ainsi tuées. Les auteurs du massacre furent condamnés (puis amnistiés).

– L'épisode de la journée de la Terre : le 30 mars 1976, une journée de protestation contre des expropriations de terres en Galilée dégénéra en émeute. 8 personnes furent tuées par les forces de l'ordre. Depuis cette date, le 30 mars est célébré chaque année par les Arabes israéliens et peut être considéré comme un véritable baromètre politique de la population arabe.

L'*Intifada* ainsi que la signature des accords d'Oslo ont ouvert une nouvelle ère dans la perception qu'ont les Arabes

---

1. Ainsi, les Arabes sont dispensés du service militaire (mais non les Druzes).

2. En effet, la guerre de juin 1967 (dite « guerre des Six Jours ») représente la fin de l'isolement des Arabes israéliens par rapport au monde arabe et plus particulièrement par rapport aux autres Palestiniens.

3. Le gouvernement militaire consistait avant tout en un contrôle extrêmement strict des allées et venues des habitants. Ceux-ci devaient obtenir des permis de circulation pour leurs moindres déplacements. Le gouvernement militaire ne fut aboli qu'en 1966.

israéliens de leur propre identité. Pour Eli Rekhess, de l'université de Tel-Aviv, spécialiste reconnu, la politique des Arabes d'Israël se trouve à un carrefour[1], dans la mesure où ils sont pris dans un double mouvement, qui dans une large mesure perpétue leur dilemme dans la société israélienne : un mouvement d'*israélisation* et un mouvement de *palestinisation*.

– Par *israélisation*, on vise plusieurs phénomènes, dont le principal est certainement une forme d'intégration à la société israélienne et à sa culture politique : en d'autres termes, les Arabes israéliens ont fait l'apprentissage de la démocratie et du pluralisme. Les élites de cette société sont formées au moule des universités israéliennes, où leur réussite est tout à fait remarquable. Certains ont même détecté chez la population arabe une sorte de soif de connaissance et de réussite semblable à celle des Juifs après l'émancipation.

L'israélisation implique également un profond mouvement de revendication contre la discrimination, notamment à l'échelle municipale. Les dirigeants arabes israéliens ont adopté un style très israélien de revendication, fait de grèves et d'ultimatums.

L'intégration par l'Université nous semble poser une question importante : celle de la création d'une université arabe en Israël. En effet, si les Arabes israéliens sont dotés d'écoles maternelles, primaires et secondaires, les demandes d'agrément d'une université arabe[2] ont toujours été rejetées. On peut imaginer que dans un proche avenir cette demande ne pourra plus être écartée. Une telle création aurait une double conséquence : d'une part, elle s'inscrirait dans le cadre d'une plus grande autonomie culturelle arabe ; d'autre part, elle contribuerait à creuser le fossé entre les deux communautés.

---

1. Sous le titre *La Politique arabe à un carrefour*, l'université de Tel-Aviv vient de publier (en hébreu) le compte rendu d'un important colloque, centre Dayan, université de Tel-Aviv, 1995.

2. Dans le système israélien, l'enseignement supérieur est purement privé. Cependant, les établissements d'enseignement supérieur doivent obtenir l'agrément du ministère de l'Éducation nationale.

Une importante critique contre ce concept d'israélisation a été formulée par Ilan Pappe (de l'université de Haïfa), l'un des principaux « nouveaux historiens ». Dans son compte rendu de l'ouvrage *La Politique arabe à un carrefour*[1], il conteste ce concept, dans la mesure où, selon lui, les Arabes ne sauraient envisager de s'« israéliser ». Pour Ilan Pappe, il ne serait pas possible aux Arabes de s'israéliser tant que l'État d'Israël lui-même n'aurait pas entrepris de le faire. Pour cet auteur, en effet, le concept d'israélisation implique une rupture avec le caractère juif du pays qui est loin d'être réalisée. Selon lui, les Arabes n'auraient que le choix entre vivre leur identité de manière cachée ou entrer en conflit ouvert avec l'État d'Israël et ses valeurs sionistes[2].

– La *palestinisation* est moins problématique à appréhender. Rappelons aussi que, depuis 1967, les Arabes israéliens ont retrouvé leurs frères de Cisjordanie et de la bande de Gaza. En même temps que se construisait l'identité palestinienne autonome, en fait relativement autonome dans le nationalisme arabe, les Arabes israéliens ont pu eux aussi s'associer à ce mouvement. Par la suite, l'ouverture sur le monde arabe (ouverture des frontières avec l'Égypte et, plus récemment, avec la Jordanie) a achevé de cristalliser ce processus.

Israël suit attentivement l'évolution de sa population arabe. Au-delà du péril démographique, de nombreux enjeux sont à considérer, dont les problèmes de sécurité ne sont pas les moindres. Comme le souligne Ilan Pappe, le mouvement d'israélisation des Arabes ne saurait être réel que s'il était concomitant à celui de la société tout entière. Selon Pappe, tel n'est pas le cas : pour lui, la société israélienne se judaïserait, au lieu de s'israélianiser, c'est-à-dire qu'elle se refermerait sur sa judéité, au lieu de créer une société ouverte à tous ses

1. Dans le supplément littéraire hebdomadaire du quotidien hébraïque *Haaretz*, 15 mai 1996.

2. Ce débat est repris dans notre troisième partie.

citoyens. A moins que, par un processus qui ressemble étrangement à celui qui se déroule chez les *haredim*, Israël n'adopte en fin de compte un modèle entièrement communautaire, réservant une très large autonomie aux différents groupes qui le composent. Il ne s'agit là que d'une hypothèse, qui va à l'encontre du modèle ancien d'État juif, véritable *melting-pot*, sorte de machine à fabriquer un *homo hebraicus,* tout en conservant quelques franges sociales marginales (*haredim* ou Arabes). Il est vrai que tout mouvement visant à approfondir le « caractère juif » va à l'encontre de l'intégration profonde des Arabes. Certes, par « israélisation » on peut entendre l'intégration à une culture laïque israélienne, laquelle reste minoritaire pour l'heure et qui affronte un autre modèle, celui de la perception religieuse, que l'on examinera longuement plus loin.

2

Le clivage ashkénazes/sépharades

Le clivage ashkénazes/sépharades est certainement l'un des plus connus de la société israélienne. Celui-ci a pris parfois des formes dramatiques (manifestations violentes), mais il a également une expression politique directe, soit par l'apparition de listes ethniques, soit par le soutien massif de la population sépharade à un parti ou à un groupe de partis. Une étude du fonctionnement de la démocratie israélienne ne saurait omettre celle de cette tension fondamentale.

1. Problèmes de méthode

Cette étude présuppose une interrogation méthodologique concernant l'exacte délimitation de son objet, ce qui doit nous permettre de revenir à la distinction déjà évoquée entre les clivages de la société israélienne et sa structure en mosaïque. On se propose d'exprimer très simplement ce questionnement de la manière suivante : s'agit-il d'étudier les relations et les tensions entre ashkénazes et sépharades ou bien veut-on présenter un tableau du groupe défini comme sépharade ? La réponse n'est pas aisée, elle nous semble refléter un véritable ethno-centrisme ou ashkénazo-centrisme. Ne s'agit-il pas ici d'une version de l'éternelle question du point de vue ? Or, le vocabulaire courant en Israël est édifiant à cet égard. On peut prendre pour exemple celui qui est véhiculé par la radio israélienne. Celle-ci use de certaines expressions ou de périphrases dont le rappel à lui seul est instructif.

Le vocabulaire israélien courant traite des coutumes des « communautés », c'est-à-dire les communautés juives[1]. Or, cette expression désigne toujours des communautés non ashkénazes. Il est habituel de désigner (à la radio) la population arabe israélienne par l'expression « les membres de la minorité[2] ». La conception sous-jacente est claire : les Arabes sont la (une) minorité (qui constitue un premier cercle extérieur à la majorité juive), alors que les communautés non ashkénazes sont précisément *des* communautés, par opposition sans doute à *la* communauté de base ou de référence (ashkénaze).

Remarquons également que l'expression « sépharade » est loin d'être justifiée. Dans la mesure où le mot désigne l'Espagne, il ne peut concerner que les communautés ayant été en contact avec ce pays, ce qui n'est certainement pas le cas pour toutes les communautés que l'on désigne souvent par cette appellation. Ainsi des Juifs irakiens, kurdes, iraniens, etc.[3]. L'expression la plus usitée aujourd'hui est celle d'*edot hamizrah* (communautés orientales) ou encore *Mizrahim* (Orientaux)[4]. L'« ashkénazo-centrisme » est plus manifeste encore si l'on rappelle les conditions historiques dans lesquelles s'est développé ce « mal-être » sépharade.

Dans la Palestine ottomane, avant le début des immigrations sionistes, la majorité des Juifs étaient d'origine sépharade. Cependant, très rapidement, après 1882, la majorité devint ashkénaze et la population sépharade se retrouva très mino-

1. En hébreu : *Edot Israel*.
2. En hébreu : *Bne Hamioutim*.
3. Pour être précis, il faudrait relever qu'une partie des Juifs d'Afrique du Nord n'étaient pas sépharades, mais ont été en quelque sorte « sépharadisés » après l'arrivée de Juifs expulsés d'Espagne (1492).
4. Ce qui pour certaines de ces communautés traduit une curieuse conception de la géographie.

ritaire (malgré quelques appoints du Yémen ou du Maroc). L'entreprise sioniste, dans sa phase ascendante et jusqu'à la création de l'État, fut avant tout menée par des Juifs ashkénazes [1]. Ce sont eux qui imprimèrent les valeurs de référence et bâtirent les mythes fondateurs. Lorsque arrivèrent les grandes vagues d'immigration sépharade, peu après la création de l'État, puis à nouveau après 1955-1956 [2], tous les éléments de l'*ethos* national étaient en place. La crise finit par éclater quelque temps plus tard, sur fond de marasme économique, ainsi que d'une indéniable discrimination.

On peut dater symboliquement le début de la crise de juillet 1959, lors des émeutes dites de Wadi-Salib [3]. Par la suite, d'autres épisodes marquèrent très fortement la prise de conscience dans les milieux sépharades les plus défavorisés (certains quartiers de Jérusalem et de Tel-Aviv et surtout les villes dites de « développement », noyau de misère et de chômage). Cette vague culmina avec l'apparition du mouvement des Panthères noires, au début des années soixante-dix. Ce mouvement, pendant un bref moment, mit en danger l'équilibre social de la nation : la guerre de Kippour (octobre 1973) survint juste à temps pour y mettre fin, permettant de reconstituer une union nationale bien menacée.

A partir de 1977 la revendication a pris une forme plus institutionnelle et s'est exprimée de manière très classique à travers un nouveau comportement électoral : c'est ce phénomène qui explique en grande partie l'alternance et l'arrivée au pouvoir de M. Begin. Encore faut-il avoir les données démographiques présentes à l'esprit.

---

1. Ce fait est accepté par tous les historiens. Il ne signifie d'ailleurs nullement que les sépharades aient été absents de l'entreprise. Dès les élections de 1949, un parti sépharade s'était présenté et avait emporté deux sièges. Il faisait partie de la première coalition gouvernementale dirigée par David Ben Gourion.

2. C'est-à-dire après l'indépendance du Maroc et de la Tunisie.

3. Quartier de Haïfa autrefois habité par des Arabes, où avaient été relogés des immigrants d'Afrique du Nord.

2. La démographie

L'étude démographique de la population sépharade n'est pas sans poser quelques problèmes délicats. Parmi ceux-ci, le plus important est sans doute celui de la définition. Qui est ashkénaze ? Qui est sépharade ? De nombreux critères peuvent être utilisés. On peut d'abord en choisir un que l'on peut qualifier de liturgique. En effet, des différences assez importantes existent entre la liturgie ashkénaze et la liturgie sépharade. De même, la prononciation traditionnelle de l'hébreu chez les deux communautés était-elle différente [1]. On peut aussi adopter un critère géographique [2].

Dans la société israélienne, il apparaît que les termes ont pris, dans une très large mesure, une signification sociale. L'*Annuaire* et l'Office central des statistiques viennent à notre secours, en utilisant un critère géographique. Cependant celui-ci n'a que les apparences de la simplicité.

L'idée qui a servi de base à l'élaboration du critère de l'*Annuaire* est simple : il existe une forte corrélation entre, d'une part, la naissance en Europe-Amérique et l'appartenance ashkénaze et, d'autre part, la naissance en Asie-Afrique et l'appartenance sépharade [3]. La définition de l'*Annuaire* est donc la suivante : sera considérée comme ashkénaze une personne née

1. L'hébreu parlé en Israël a adopté la prononciation sépharade. Dans les communautés ultra-orthodoxes ashkénazes, les prières sont toujours récitées selon l'ancienne prononciation de la Diaspora.

2. En hébreu, *Sfarad* désigne l'Espagne. Le mot *Ashkenaz* (que l'on trouve dans Genèse 10,3) désigne traditionnellement l'Allemagne. On impute ainsi à tous les Juifs orientaux une origine espagnole.

3. Il y a cependant sur ce point des exceptions notables : ainsi les Juifs bulgares ou encore la plupart des Juifs de l'ex-Yougoslavie sont sépharades (ce qui est aussi le cas des Juifs français originaires de Bordeaux, Bayonne ou du comtat Venaissin, qui dans leur grande majorité ont disparu).

en Europe-Amérique ou dont le père est né en Europe-Amérique. De même, sera considérée comme sépharade une personne née en Afrique-Asie ou dont le père est né en Afrique-Asie. L'application de ces critères en montre les limites. Il suffit de rappeler ce fait biologique et statistique très simple : la proportion des Israéliens nés en Israël ne cesse de s'accroître.

Un premier tableau fait ressortir cet élément primordial :

Tableau 6
Répartition de la population juive selon les origines

1983	**1993**	
19%	14%	Nés en Asie-Afrique
24%	25%	Nés en Europe-Amérique
57%	61%	Nés en Israël-1re génération

Cependant, l'*Annuaire* prend également en considération le lieu de naissance du père pour établir l'origine de la famille[1] dans le tableau suivant :

Tableau 7
Répartition de la population juive selon le lieu de naissance du père

	1965	**1983**	**1993**
Asie-Afrique	46%	45%	37%
Europe-Amérique	47%	40%	40%
Nés en Israël	7%	15%	23%

Nous voudrions enfin avancer une troisième approche, légèrement différente.

L'*Annuaire* de 1995 indique que, au 31 décembre 1994, 61 % des Juifs vivant en Israël y sont nés, 13,3 % sont nés en

1. Ce critère est délicat à manier. Si l'on prend l'exemple d'une famille originaire d'Afrique du Nord mais dont le père serait né en France (cas fréquent), celle-ci ne manquerait pas d'apparaître comme ashkénaze.

Asie-Afrique et 25,7 % en Europe-Amérique [1]. Enfin, parmi les Juifs nés en Israël, 22,2 % ont un père né en Asie-Afrique. Si l'on additionne les personnes nées en Asie-Afrique (13,3 %) aux personnes dont le père est né en Asie-Afrique (22,2 %), on obtient 35,5 %. Il reste 24,4 % de personnes dont le père est né en Israël : la moitié au moins de celles-ci ont elles-mêmes un père né en Israël, soit 12,2 %. Le total est ainsi de 47,7 %. C'est cette même méthode de calcul que nous avons utilisée dans un ouvrage écrit en 1989 et publié en 1990. La méthode aboutissait à l'époque au chiffre de 52,65 % [2]. Le changement est relativement important (près de 5 %) si l'on considère la brièveté de la période étudiée (six ans). Il doit évidemment être attribué à la vague d'immigration de l'ex-URSS, dont on voit ainsi qu'elle contribue à une modification en profondeur de la structure démographique israélienne dans plusieurs domaines [3].

On se doit d'ailleurs de présenter une autre estimation, qui n'est pas sans importance sur la détermination des relations entre Israël et la Diaspora. En effet, si la population sépharade d'Israël est légèrement majoritaire dans le pays, il n'en va pas de même dans l'ensemble du peuple juif. Sur les 13 millions de personnes qui composent actuellement la population juive dans le monde, on peut estimer qu'environ 3,9 millions sont sépharades (c'est-à-dire 30 % de l'ensemble). L'écrasante majorité des sépharades se trouvant en Israël (près de 80 % de l'ensemble) [4], il en résulte une certaine distorsion dans le

1. Il convient de remarquer que, du fait de l'immigration en provenance de l'ex-URSS, les chiffres ont été considérablement modifiés : ainsi en 1980, on comptait 19,5 % nés en Asie-Afrique contre 20 % nés en Europe-Amérique.

2. Claude Klein, *Deux Fois vingt ans, Israël, op. cit.*, p. 52. Plusieurs éléments chiffrés qui apparaissent ici sont repris de cette précédente étude.

3. Dans le rapport religieux/laïcs, dans le rapport ashkénazes/sépharades et dans le rapport Juifs/Arabes.

4. La France constitue à cet égard une exception notable, sinon l'exception. La population juive française, l'une des plus importantes dans le monde (la quatrième après celles des États-Unis, d'Israël et de l'ex-URSS) compte près de 700 000 personnes, dont la grande majorité est sépharade. Les autres popula-

rapport Israël/Diaspora. Celle-ci constitue certainement l'un des éléments à prendre en considération pour l'appréciation des relations futures entre Israël et la Diaspora.

Il est donc possible d'avancer qu'à l'heure actuelle les deux populations sont pratiquement à égalité : les tendances les plus récentes devraient confirmer la montée de la population ashkénaze.

3. Les inégalités sociales

Les statistiques montrent l'augmentation constante du nombre de personnes nées en Israël, mais ce fait ne peut dissimuler que le caractère ashkénaze ou sépharade se transmet ou plutôt se perpétue, en particulier si l'on adopte une approche économique, sociale ou culturelle.

Sur les plans social et économique, les chiffres sont édifiants. C'est ainsi qu'en 1991, pour 57,7 % des ashkénazes nés à l'étranger, la densité par appartement était de moins d'une personne par pièce, alors que le chiffre était de 35,3 % pour les sépharades. Dans le cas des personnes nées en Israël, les chiffres respectifs étaient de 39 et 20 % [1]. Bien d'autres chiffres peuvent être avancés à cet égard, dont certains sont étonnants. Ainsi, en 1991, le revenu moyen d'une famille sépharade se situait à 85,5 % de celui d'une famille ashkénaze. Pour les revenus individuels, la différence était encore plus frappante : le

tions sépharades se situent en Afrique du Nord (où ne subsistent que quelques petites communautés), ainsi qu'aux Proche et Moyen-Orient (où ne vivent plus que quelques milliers de personnes). Cependant, les chiffres sont très faibles. Un nouveau foyer est apparu au Québec. La majorité des Juifs sépharades vit aujourd'hui en Israël et en France.

1. Ces chiffres sont fournis par Samy Smooha dans son étude (en hébreu) de 1993 sur les clivages en Israël.

revenu individuel moyen d'un sépharade se situait à 69 % de celui d'un ashkénaze. La différence était également visible au niveau des possibilités de choix de carrière. On a ainsi calculé qu'en 1991 un sépharade né à l'étranger avait 20,6 % de chances de parvenir à exercer une profession libérale, alors que pour un ashkénaze né à l'étranger ces chances étaient de 38,6 %. S'agissant de personnes nées en Israël, la différence était encore plus éclatante : les chiffres respectifs étaient de 21,1 et 50,1 %.

La répartition par déciles des revenus de la population est d'ailleurs extrêmement instructive. Si l'on considère la répartition des revenus des foyers urbains par continent d'origine, on obtient, pour 1985[1], les chiffres suivants :

Tableau 8
Revenus des foyers urbains (salariés) par déciles (en %)

Asie[1] Afrique	11,6	17,6	23,2	22,5	30,5	28,9	33,6	44,0	43,7	43,5
Europe Amérique	48,4	36,2	37,7	35,5	28,5	29,3	24,4	19,7	18,5	13,2
Israël	38,4	45,3	38,9	40,3	30,8	39,2	38,0	31,0	29,3	27,8
Non-Juifs[2]					(2,9)		(4,1)	(5,3)	(8,6)	(15,6)

Source : *Annuaire statistique*, 1988.
1. Dans cette colonne figure l'indication du lieu de naissance.
2. Il s'agit essentiellement des Arabes (israéliens).

Ces chiffres se passent de commentaires : dans leur sécheresse ils témoignent parfaitement de la disparité des revenus entre les différentes couches de la population. On peut les compléter par les statistiques concernant le seuil de pauvreté.

Ainsi, l'*Annuaire de la Sécurité sociale* pour 1994-1995 permet de découvrir les chiffres suivants :

1. On a choisi une année antérieure à 1990-1991, car la composition des déciles par origine est profondément modifiée : on trouve, en effet, dans les déciles inférieurs, de très nombreux nouveaux immigrants en provenance de l'ex-URSS : en particulier des personnes âgées sans ressources, ainsi que des familles monoparentales.

– en 1993, 380 000 familles vivaient en dessous du seuil de pauvreté. Après les correctifs apportés par les aides publiques, le chiffre était encore de 183 000 familles (648 000 personnes) ;
– en 1994, le nombre des familles en dessous du seuil atteignait 388 000 (en données corrigées : 205 200 familles et 671 000 personnes).

Ces chiffres couvrent l'ensemble de la population. On peut les décomposer ainsi : en 1993, on comptait 67 100 familles de nouveaux immigrants en dessous du seuil de pauvreté (en données corrigées : 28 700 familles pour 92 200 personnes) contre 73 600 familles et 37 700 (en données corrigées : pour 110 200 personnes) en 1994. Dans la population non juive, 29 100 familles (en données corrigées : 21 500 familles, soit 109 600 personnes) se situaient en dessous du seuil en 1993, et en 1994 le chiffre atteignait 33 000 familles (en données corrigées : 24 500 familles pour 119 600 personnes).

La grande majorité des familles juives anciennement installées en Israël et qui se situent en dessous du seuil de pauvreté sont sépharades. Cependant, on constate une deuxième source d'augmentation des familles se situant en dessous du seuil de pauvreté en milieu ashkénaze : il s'agit de familles en milieu *haredi*[1]. Ce phénomène est encore mal connu, mais clairement attesté.

Le plus étonnant est précisément l'extension du cercle de pauvreté, qui comprend aujourd'hui des nouveaux immigrants, des Arabes, mais aussi, en milieu juif, outre de véritables poches exclusivement sépharades, notamment dans les villes de développement (ainsi qu'à Jérusalem), de nombreuses familles ultra-orthodoxes. Ces poches représentent parfois une deuxième ou une troisième génération de pauvreté, dont le ressentiment se traduit politiquement.

1. Dans les familles très nombreuses où le chef de famille s'adonne avant tout à l'étude.

4. L'expression politique

La question de l'expression politique du « mal-être » sépharade est des plus intéressantes. On va se rendre compte que celle-ci a évolué au cours des années.

Une première approche a été celle de listes purement ethniques, sans idéologie particulière. Ces expériences ont tourné court. Elles n'ont jamais permis une véritable représentation, servant davantage d'alibi que d'instrument d'intégration. Dans ce sens, on ne peut s'empêcher de remarquer que ces listes ont eu, en fin de compte, le sort des listes arabes « satellites », dont on a vu qu'elles ont fini par disparaître. A la différence de ce qui s'est ensuite déroulé dans le secteur arabe – où des listes plus représentatives sont apparues et réussissent à se maintenir –, la population sépharade, à l'exception du vote en faveur du parti Shas [1], préfère s'exprimer à travers les grands partis, notamment le Likoud.

Il est difficile de déterminer de manière précise le vote sépharade. Une première indication intéressante est celle du vote exprimé depuis 1949 en faveur de partis qui se définissent comme sépharades. Cependant, il est évident que la majorité de la population sépharade, comme on l'a indiqué plus haut, ne vote pas pour ces partis « ethniques » [2]. Le tableau suivant indique l'évolution du vote pour les partis sépharades depuis 1949, c'est-à-dire un vote que l'on pourrait qualifier de purement ethnique.

1. Nous examinons le problème du Shas au chapitre suivant.
2. Le parti Israël Be-Aliah des nouveaux immigrants russes peut également être considéré comme un parti ethnique.

Tableau 9
Le vote pour les partis sépharades depuis 1949

Législature	Voix[1]	Pourcentages	Sièges
1949-1951	19 686	4,54	5
1951-1955	24 005	3,5	3
1955-1959	13 189	1,61	0[2]
1959-1961	16 129	1,88	0
1961-1965	3 181	0,32	0
1965-1969	1 900	0,10	0
1969-1973	2 111	0,10	0
1973-1977	22 472	1,5	0
1977-1981	13 801	0,7	0
1981-1984	53 756	2,7	3[3]
1984-1988	94 708	4,6	5[4]
1988-1992	107 709	4,7	5[5]
1992-1996	129 347	4,9	6
1996	272 555	8,92%	10[6]

1. Les chiffres expriment, pour chaque législature, le total des voix des listes que l'on peut considérer comme sépharades.
2. Aucune des quatre listes n'a réussi à franchir le seuil électoral (1%).
3. Un seul parti, Tami, à forte tendance religieuse, emporta ces 3 sièges.
4. Le Shas apparaît pour la première fois et obtient 4 sièges.
5. Exclusivement le Shas.
6. Le parti Shas a obtenu 259 796 voix et 10 sièges. Une liste dissidente a obtenu 12 737 voix, c'est-à-dire moins que le seuil de 1,5%.

Ce tableau reflète de manière assez intéressante l'évolution de la prise de conscience sépharade depuis 1949. Les débuts sont de l'ordre du folklore et du pittoresque et sont suivis d'une « phase en plateau ». En effet, après une représentation assez élevée au cours des deux premières législatures (5 députés à la première législature, puis 3 à la seconde), la représentation purement ethnique a totalement disparu jusqu'en 1981. Le succès de la représentation ethnique en 1949 est d'autant plus étonnant que les élections du 25 janvier 1949 ont eu lieu avant l'arrivée massive des nouveaux immigrants sépharades. Le paradoxe est dès lors éclatant : au fur et à mesure que la proportion des sépharades augmente, celle du vote pour les partis sépharades diminue. Une autre explication doit – partiellement tout au moins – être prise en compte : la population sépharade établie en Palestine avant 1948 disposait d'une élite, c'est-à-dire de notables qui ont joué un rôle important au sein de cette communauté. Les nouveaux immigrants, arrivés en masse après la création de l'État, étaient dépourvus d'élites d'encadrement. De manière plus générale, ce fut là l'un des grands drames de ces vagues d'immigration sépharades (qu'il s'agisse des immigrants du Maroc, de Tunisie, d'Irak, du Kurdistan ou du Yémen). Ce phénomène s'accompagna de manière plus dramatique encore de l'écroulement de toutes les structures traditionnelles, notamment familiales, sans qu'elles fussent remplacées, d'où des crises aux conséquences très graves, en particulier sur le développement de la délinquance.

On constate que la reprise de la représentation ethnique peut être datée de 1981, c'est-à-dire de la première élection qui suivit l'alternance de 1977. A cet égard on peut faire trois remarques :

1) Du point de vue circonstanciel, on comprend qu'après avoir brisé la domination travailliste le scrutin de 1977 a provoqué des changements en profondeur dans les comportements électoraux.

2) La campagne électorale de 1981 est considérée comme celle qui fut chargée de la plus forte connotation ethnique. Elle fut d'une violence inconnue jusqu'alors et qui ne s'est jamais reproduite. Les dirigeants du Likoud – M. Begin en tête – avaient choisi de mener cette campagne en attisant l'opposition ashkénazes/sépharades. Outre la violence, trois phénomènes caractérisèrent cette campagne : une rhétorique « ethnique » particulièrement développée, l'accent mis sur le fait que les différents partis présentaient un nombre croissant de candidats sépharades, enfin la réapparition de listes ethniques.

Le soutien au Likoud et aux travaillistes se répartit très clairement de la manière suivante : plus de 70 % des électeurs du Likoud sont sépharades, alors que plus de 70 % des électeurs travaillistes sont ashkénazes. De manière générale, on peut dire que le vote sépharade en faveur du Likoud manifeste la perpétuation de la révolte contre l'*establishment* travailliste, considéré comme responsable de la mauvaise intégration sépharade, de la discrimination et, en fin de compte, de la pauvreté.

3) Le vote religieux sépharade s'est lui aussi profondément modifié. Ainsi, dans les milieux sépharades les plus orthodoxes, on a pu parler d'une véritable révolte contre la mainmise des dirigeants traditionnels (ashkénazes). Ce phénomène eut pour conséquence le développement d'un électorat orthodoxe sépharade autour du parti Shas qui, par la suite, fut en mesure d'attirer un électorat non religieux (notamment aux élections de 1996).

Alors que, en 1977, 17,9 % des électeurs sépharades avaient voté pour des partis religieux (contre 12,1 % seulement des électeurs ashkénazes), en 1981 ce pourcentage déclina de 2,2 points (en même temps qu'apparaissait un premier parti ethnique religieux, Tami). En 1984, ce mouvement se poursuivit, les partis religieux traditionnels n'obtenant plus que 10,6 % des voix sépharades. Le Parti national-religieux perdait 50 % de ses voix. Un nouveau fait politique est donc établi depuis cette date : *la cassure ethnique passe désormais également par le monde religieux.*

Deux éléments nettement différents doivent être pris en compte pour l'analyse du vote sépharade :

– d'une part, un vote ethnique pur, qui se combine en partie avec un vote religieux-ethnique ;

– d'autre part, un vote massif en faveur du Likoud. On a choisi d'illustrer ce vote en présentant les résultats des élections à Jérusalem, ville considérée comme très majoritairement sépharade, à l'exception de quelques quartiers résidentiels de la moyenne bourgeoisie ashkénaze.

Considérons d'abord les résultats des élections municipales de 1993 (il faut rappeler que les maires sont élus au suffrage universel direct) : Teddy Kollek[1], apparenté aux travaillistes,

1 Réélu constamment depuis 1965, Teddy Kollek, qui avait été le secrétaire de Ben Gourion, jouissait d'une grande popularité personnelle qui lui permettait

maire sortant, 35,21 % ; Ehud Ulmert, candidat de la droite, soutenu par les partis religieux, 59,38 %.

Aux élections du 29 mai 1996, les résultats pour l'élection du Premier ministre furent les suivants : Benjamin Netanyahou, 69,7 % ; Shimon Peres, 30,2 %.

La répartition des voix aux élections à la Knesset tenues le même jour était la suivante : Likoud, 25,6 % ; travaillistes, 16,4 % ; Shas, 14,9 % ; Parti national-religieux, 11,6 % ; Agoudat Israël, 10,2 % ; Meretz, 7,4 %.

On peut compléter cette présentation en donnant quelques indications concernant des quartiers relativement homogènes à Jérusalem :

– Mea Shearim (quartier ultra-orthodoxe) : Benjamin Netanyahou, 96,4 % ; Shimon Peres, 3,6 %. Élections à la Knesset : Shas, 51,8 % ; Agoudat Israël, 18, 1 % ; Likoud, 8,3 % ; travaillistes, 1,4 %.

– Katamonim (quartier pauvre, presque totalement sépharade) : Benjamin Netanyahou, 75,2 % ; Shimon Peres, 24,8 %. Élections à la Knesset : Likoud, 43,1 % ; travaillistes, 14,3 % ; Parti national-religieux, 7,3 % ; Shas, 1,5 %.

– Beth-Hakerem (quartier résidentiel, population majoritairement ashkénaze et relativement aisée) : Benjamin Netanyahou, 34 % ; Shimon Peres, 66 %. Élections à la Knesset : Likoud, 20,9 % ; travaillistes, 38,7 % ; Meretz, 20 ;9 % ; Parti national-religieux, 7,2 %.

La « cristallisation » politique de la population sépharade – par opposition à celle de la population ashkénaze – est très claire. Elle prend également en compte l'élément religieux, créant ainsi les conditions d'un *cross-cleavage* typique, entre les composantes religieuses et ethniques de la population juive. Cette question est également abordée dans notre dernière partie.

---

en quelque sorte de compenser son appartenance travailliste dans une ville de droite. Il fut finalement battu, en raison de son âge, mais aussi de la coalition entre les *haredim* et la droite, qui préfigurait ainsi l'élection de M. Netanyahou.

3

Religieux et laïques, l'enjeu démographique

1. Critères et chiffres

La principale difficulté réside évidemment dans le choix d'un critère permettant une définition de l'appartenance au secteur dit religieux. Les possibilités sont très variées et sont liées, dans une large mesure, à la complexité du canon imposé par le judaïsme à ses adeptes. Un exemple nous permettra d'illustrer cette difficulté. C'est ainsi que l'on considère que le canon fondamental, c'est-à-dire l'ensemble des règles imposées par la Thora[1], repose sur 613 commandements (qu'il s'agisse de commandements positifs « tu feras… » ou négatifs « tu ne feras pas… ») énoncés dans le Pentateuque. Il est évidemment impossible de prendre en compte ce type de critère. On peut envisager de choisir certains des commandements les plus importants : respect de *Yom Kippour*, du *Chabbat*, de la *Cacherout*[2], etc. Une méthode de ce type ne permet guère l'établissement d'une statistique sérieuse. Outre la question du choix des commandements, on se heurterait surtout à l'obs-

1. C'est-à-dire la Loi. Encore faut-il distinguer entre la Loi écrite, la Thora, essentiellement le Pentateuque, et la Loi orale, transmise par l'enseignement rabbinique, essentiellement le Talmud.

2. C'est-à-dire des règles très complexes et très contraignantes sur les interdits alimentaires.

tacle de l'établissement des statistiques considérées, dans la mesure où le respect des règles religieuses relève au plus profond de l'espace privé. C'est la raison pour laquelle on a préféré proposer des critères qui relèvent de l'espace public. Ceux-ci représentent donc des éléments du comportement public d'une personne affirmant son identité religieuse.

On relève en premier lieu un critère relativement simple et insuffisant qu'il convient cependant de connaître. Il s'agit du pourcentage des suffrages exprimés en faveur des partis religieux. Une telle approche est facilitée en Israël par le mode de scrutin. En effet, le scrutin proportionnel et national[1] permet, pour chaque tour, d'apprécier au plus près le nombre des votants en faveur des partis religieux[2]. On obtient les chiffres suivants :

Tableau 10
Les partis religieux depuis 1949 (en %)

1949	1951	1955	1959	1961	1965	1969	1973	1977	1981	1984	1988	1992	1996
12,2	11,9	13,8	14,6	15,4	13,5	14,7	12,1	13,9	10,9	11,4	15,3[1]	13,2	19,5

1. Pour ce tour de scrutin, on a pris en compte la liste dissidente religieuse Meimad, aux options « colombe », qui n'a pas réussi à franchir le seuil électoral. Ce parti a obtenu 0,8% des voix (soit 15 789 voix).

Jusqu'en 1992 on peut avancer que la fourchette se situait entre 10,9 % (1981) et 15 %. Les élections de 1996 ont provoqué une surprise en faisant progresser l'ensemble des partis religieux de manière spectaculaire pour atteindre 19,5 %. Ce

1. Rappelons que l'élection du Premier ministre au suffrage universel, appliquée pour la première fois en 1996, ne touche pas au système en vigueur pour l'élection de la Knesset. La proportionnelle intégrale est conservée.

2. On pourrait poser la question de la définition d'un parti religieux. En pratique la question ne se pose guère : les partis religieux ont toujours été clairement identifiés comme tels. Cependant cette présentation ne distingue pas entre les partis religieux. On verra plus loin que ces partis sont loin d'être semblables dans leur approche.

chiffre est étonnant. Avant d'essayer d'en donner une explication, il nous semble qu'il convient de tenir compte de trois éléments :

1) Une première donnée peut paraître contradictoire avec le succès des partis religieux. En effet, il faut rappeler que l'arrivée des immigrants en provenance de l'ex-URSS a sensiblement réduit le poids de l'électorat religieux dans l'ensemble de la population, puisque le vote religieux dans ce milieu est à peu près inexistant[1]. C'est ainsi que le quotient électoral est passé de 18 563 voix (en 1988) à 20 715 (en 1992), pour atteindre 24 774 voix (en 1996[2]).

2) La deuxième donnée concerne le parti Shas : il convient d'indiquer que ce parti, apparu en 1984 (et qui a obtenu respectivement 3,1, 4,7, 4,9 et 8,5 % des voix aux quatre scrutins qui se sont tenus entre 1984 et 1996), représente un nouveau courant de l'ultra-orthodoxie sépharade. Or ce parti, qui a connu la plus forte progression parmi l'ensemble des partis religieux[3], peut également être considéré comme un parti « ethnique », dans la mesure où il a été construit comme le parti de l'orthodoxie sépharade (essentiellement mais non exclusivement d'origine marocaine). Une importante fraction de l'électorat de ce parti ne peut être considérée comme orthodoxe. On considère qu'environ un tiers de ses électeurs ont choisi de voter pour lui pour des raisons essentiellement ethniques ainsi que sociales, dans la mesure où il a développé depuis sa création une intense activité sociale et scolaire dans les milieux sépharades défavorisés.

3) La troisième donnée concerne l'évolution démographique des milieux religieux par rapport aux milieux laïques. *Mutatis*

1. Ce qui n'est pourtant pas le cas des Juifs éthiopiens. Dans ce milieu on constate un vote religieux ; cependant cette communauté est très restreinte (elle ne compte que 20 000 électeurs).

2. L'étude du quotient électoral et celle du seuil sont effectuées dans la deuxième partie, au chapitre qui traite du mode de scrutin.

3. D'autant plus qu'il n'a été fondé qu'en 1984.

mutandis, on se trouverait ici dans une situation quelque peu parallèle à celle que l'on a indiquée plus haut concernant l'évolution démographique de la population arabe par rapport à celle de la population juive : la question était alors de savoir dans quelle mesure l'apport démographique extérieur (immigration juive) pouvait compenser le taux de fécondité plus élevé en milieu arabe. Depuis le début de la vague d'immigration en provenance de l'ex-URSS, on peut se demander si cet apport laïque dans son essence permet de compenser la très forte natalité des milieux ultra-orthodoxes.

Le scrutin de 1988 a représenté (avec celui de 1961) un pic pour les partis religieux, notamment pour les partis ultra-orthodoxes. Ceux-ci dépassent désormais de très loin le Parti national-religieux. On constate ici, comme on va le voir plus loin à propos de la fréquentation des écoles religieuses, l'inversion du rapport au sein du monde religieux : l'élément ultra-orthodoxe (*haredi*) dépasse l'élément national-religieux (*mizrahi*). La nouvelle donne démographique israélienne a vu depuis 1990 reculer le poids de la population religieuse. Malgré cela, les élections de 1996 ont provoqué une progression que l'on va analyser plus loin.

Quelles remarques peut-on faire à propos du succès des partis religieux en 1996 ?

Avec 4 sièges, le parti ultra-orthodoxe Agoudat Israël et ses alliés [1] n'ont réussi qu'à conserver leur représentation de 1992. En termes de voix, le parti a progressé de 86 000 voix en 1992 à 98 000 en 1996 : compte tenu de l'augmentation générale de la population (et du quotient électoral), ce parti, qui est celui de l'ultra-orthodoxie ashkénaze traditionnelle, a donc réussi à grand-peine à conserver sa représentation. En d'autres termes,

1. En fait, il s'agit du regroupement de deux fractions ultra-orthodoxes sous l'appellation Judaïsme de la Thora. Cette dernière représente les éléments dits « lituaniens » groupés autour du rabbin Schach, qui dirige l'une des plus grandes *yechivot* (écoles supérieures talmudiques) de Bne-Brak.

ce parti n'a donc pas progressé et n'a dû qu'à la forte démographie de sa population de ne pas reculer. On doit d'ailleurs remarquer qu'il existe une frange de la population ultra-orthodoxe, difficilement quantifiable, qui ne vote pas. Celle-ci est composée de deux groupes distincts : d'une part, les plus radicaux de ceux-ci, appelés *Netoure Karta* (« les Gardiens de la muraille »), qui refusent de voter pour des raisons de principe, dans la mesure où ils ne reconnaissent pas l'existence de l'« État sioniste ». D'autre part, il existe un groupe d'orthodoxes d'origine américaine (appartenant notamment au mouvement loubavitch) qui ne peuvent voter car ils n'ont pas la nationalité israélienne [1]. Néanmoins, ces deux groupes font partie intégrante de la société israélienne, sur laquelle ils pèsent fortement. Le poids social des *haredim* dépasse donc leur poids électoral.

Pour le parti Shas, qui a progressé quant à lui de 6 à 10 sièges [2], on a déjà indiqué plus haut qu'il s'agit d'une progression plus ethnique que religieuse.

La progression du Parti national-religieux est à première vue spectaculaire. En passant de 6 à 9 sièges, il a gagné 110 000 voix. Rappelons que ce parti est celui de la synthèse historique entre le sionisme politique et la religion. Il est également moins dogmatique sur le plan religieux, si par ailleurs il a mis, depuis une vingtaine d'années, l'accent sur les questions politiques et traditionnelles. Cependant, on voudrait faire remarquer qu'il est encore loin d'avoir retrouvé certains de ses succès anciens. Le tableau suivant indique l'évolution du Parti national-religieux depuis 1951 :

1. On doit rappeler que si, conformément à la loi du retour et à la loi sur la nationalité, la nationalité israélienne est accordée à tout Juif qui s'installe en Israël, celle-ci peut être déclinée par le nouvel immigrant (juif). Celui-ci prend alors en Israël le statut de résident permanent.

2. Ce qui représente une progression de 129 347 à 259 796 voix.

Tableau 11
Le Parti national-religieux depuis 1951[1]

1951	1955	1959	1961	1965	1969	1973	1977	1981	1984	1988	1992	1996
10	11	12	12	11	12	10	12	6	4	5	6	9

1. Au premier scrutin, en 1949, tous les partis religieux avaient formé un seul bloc qui avait obtenu 16 sièges, c'est la raison pour laquelle ce tableau ne peut inclure les premières élections.

Le succès de ce parti est donc tout à fait relatif ; il est encore assez loin d'avoir retrouvé ses anciennes positions. On peut avancer que le Parti national-religieux a réussi à rallier une partie de son ancien électorat qui l'avait abandonné au profit du Likoud. Comme pour le Shas, il semble qu'il y ait eu un vote laïque en sa faveur. Celui-ci est difficile à chiffrer, mais il pourrait représenter de 10 000 à 20 000 voix. Les raisons de ce vote laïque en faveur d'un parti religieux modéré sont avant tout culturelles. Elles traduisent une certaine réticence à l'égard d'un discours ultra-laïque, voire antireligieux, tenu par certains membres du gouvernement sortant. On notera le succès du slogan de ce parti : « Un sionisme qui a une âme ».

Le critère électoral cependant est loin d'être suffisant pour apprécier l'importance de la population religieuse. Nous proposons un deuxième critère, celui de l'éducation. Pour en apprécier la signification, il faut indiquer que le système israélien distingue entre plusieurs types d'écoles (dans l'enseignement primaire et secondaire).

En premier lieu, l'État gère un système d'éducation publique qui se subdivise en deux réseaux : l'un purement laïque, le second religieux.

En second lieu, l'État subventionne un réseau dit « indépendant », qui de fait est ultra-orthodoxe. La distinction entre les deux types d'écoles religieuses recoupe en partie la ligne qui sépare les partis religieux, c'est-à-dire la division entre la tendance religieuse et sioniste et la tendance purement orthodoxe.

Le tableau suivant indique la répartition de la fréquentation des différents types d'écoles. Il ne porte que sur les écoles primaires (juives). Il indique également l'évolution depuis 1959.

Tableau 12
Fréquentation des écoles religieuses et laïques (en %)

	Indépendantes	Publiques-religieuses	Laïques
1959-1960	6,6	26,5	66,9
1969-1970	6,6	27,8	65,6
1979-1980	5,7	20,1	74,2
1989-1990	7,6	21,3	71,1
1993-1994	10	21,7	68,3
1994-1995	10,5	21,4	68,1

Source : *Annuaire statistique*, 1995.

Sans pousser plus avant la recherche chiffrée dans ce domaine, on remarquera que si le pourcentage d'enfants fréquentant les écoles publiques laïques reste relativement stable, l'évolution la plus intéressante est certainement celle qui touche à la répartition de la fréquentation scolaire de l'ensemble considéré comme religieux. A l'intérieur de ce bloc, la balance a tendance à pencher en faveur des écoles indépendantes, c'est-à-dire les plus orthodoxes. En trente ans, les écoles du réseau religieux d'État ont perdu, en pourcentage, près d'un quart de leurs effectifs en termes de « parts de marché ». Ces mêmes « parts » semblent avoir été gagnées par les écoles les plus orthodoxes, notamment celles du réseau animé par le Shas. Cette tendance très nette ne fait que refléter la radicalisation du monde religieux israélien. Il faudrait d'ailleurs affiner encore cette constatation : depuis 1984 sont apparues, parmi les écoles indépendantes (c'est-à-dire orthodoxes), des écoles spécifiquement sépharades (le réseau *El Ha-Mayan* du parti Shas) qui drainent une partie des nouveaux élèves dans ce réseau.

A l'évidence, le critère scolaire est loin d'être parfait. Il n'inclut pas les familles sans enfants scolarisés (qu'il s'agisse de couples jeunes ou, au contraire, de couples plus âgés dont les enfants ne sont plus scolarisés). Cependant, ce critère donne une indication relative qui ne manque certainement pas d'intérêt. Du fait du cadre conceptuel que constitue le judaïsme religieux, le choix scolaire est, en effet, particulièrement significatif, dans la mesure où le judaïsme implique un choix de vie.

Il reste à compléter ce tableau par quelques indications liées à l'autoperception des Israéliens dans le domaine religieux. A ce sujet, il n'est pas inintéressant de remarquer que les enquêtes dans ce domaine sont fréquentes. Épiphénomène d'un syndrome bien connu en Israël, une société qui consacre beaucoup de temps et d'énergie à s'examiner, une société qui tient à savoir si elle est plus juive qu'israélienne ou encore à connaître précisément son degré de religiosité. Dans la dernière partie, nous aurons l'occasion de revenir sur ces questions. A ce stade, nous nous contenterons de présenter quelques-uns des éléments tenant à l'appréciation de la religiosité. Certains seront importants pour la détermination des grands choix politiques en matière religieuse. Nous disposons à ce sujet d'un remarquable travail, très approfondi, publié en 1993 par l'Institut Louis-Guttman pour la recherche sociale appliquée. Ce travail avait pour but d'étudier la perception par les Israéliens de leur religiosité. Les résultats ne manquent pas de surprendre par bien des aspects[1].

Nous avons déjà signalé l'importance pour le judaïsme des commandements. C'est la raison pour laquelle le tableau

1. Il existe plusieurs versions de ce précieux travail. En effet, à côté des résultats complets de l'enquête (un fort volume de près de 200 pages), l'institut a publié un abrégé de 25 pages, comportant les principaux tableaux. Ces documents ont été édités en hébreu, en anglais et en français sous le titre *Croyances, pratiques religieuses et interaction sociale parmi les Juifs israéliens*, Jérusalem, 1993. Les trois auteurs de la recherche sont Shlomit Levy, Hanna Levinsohn et Elihu Katz.

concernant le respect des commandements fournit un premier élément précieux.

Tableau 13 **Respect des commandements religieux**	
14%	respectent intégralement les commandements
24%	respectent les commandements dans une large mesure
41%	respectent « un peu » les commandements
21%	ne respectent nullement les commandements

Les auteurs de la recherche soulignent que cette répartition n'a subi aucune modification au cours des dernières vingt-cinq années. De même, ils indiquent que les différentes catégories ainsi présentées ont toutes tendance à surestimer leur propre pourcentage dans l'ensemble, ce qui est une indication intéressante sur la représentation que les uns et les autres se font de l'importance respective des différents groupes.

Tableau 14
Respect des commandements positifs (« tu feras ») et pratiques traditionnelles[1]

	Toujours	Parfois	Jamais
Bougies[2]	56%	24%	20%
Kidouch[3]	46%	21%	32%
Synagogue soir[4]	24%	22%	53%
Synagogue matin	23%	22%	56%

1. Nous ne donnons ici que quelques extraits.
2. Il s'agit ici de la pratique traditionnelle de l'allumage des bougies, le vendredi soir. On remarquera que si ce pourcentage est relativement élevé, il faut distinguer entre ceux qui allument les bougies en prononçant la bénédiction rituelle et ceux qui se contentent d'allumer les bougies sans nulle prière. Le chiffre fourni est celui des personnes qui ne prononcent pas la bénédiction. Le nombre de personnes qui allument les bougies et prononcent la bénédiction est inférieur de 5%. Cette différence est significative : elle marque la distinction entre une véritable religiosité et un simple attachement à la tradition.
3. Il s'agit de la prière de sanctification du vendredi soir et des veilles de fêtes. Cette prière comporte elle aussi une bénédiction spéciale, autour d'une coupe de vin. Dans la mesure où il s'agit d'une prière, la signification est avant tout religieuse, alors que l'allumage des bougies (sans bénédiction) apparaît comme un attachement à la tradition.
4. Il s'agit de la fréquentation de la synagogue le vendredi soir (la ligne suivante concerne celle du samedi matin).

Quelques-uns des très nombreux résultats obtenus nous paraissent particulièrement intéressants.

Ainsi du respect du *Chabbat*, qui est certainement l'une des grandes questions en Israël, en particulier du point de vue juridique. La présentation des chiffres donne en même temps une indication concernant les commandements et les pratiques.

Tableau 15
Respect des commandements négatifs (« tu ne feras pas »)

	Toujours	Parfois	Jamais
S'abstient de travailler à l'extérieur	42%	19%	39%
S'abstient de travailler à domicile	37%	21%	43%
S'abstient de téléphoner ou d'utiliser l'électricité	22%	14%	64%
S'abstient de voyager	26%	16%	57%

Le respect inégal des deux types de règles est clair : la seconde catégorie (qui représente en fait des interdits) est beaucoup plus contraignante que la première. Cela se traduit par une adhésion nettement moins marquée.

Cependant, on se doit également d'indiquer les résultats du questionnaire dans le domaine du respect des interdits alimentaires (*Cacherout*)[1], qui n'ont pas manqué d'étonner jusqu'aux auteurs de l'enquête. On constate en effet que 37 % des personnes respectent *toujours* toutes les règles de la *Cacherout* ; et que 11 % ne les respectent *jamais*. Il en résulte – pour reprendre l'analyse des auteurs de l'enquête – qu'environ 90 % des personnes respectent d'une manière ou d'une autre les règles en question.

Quelques tableaux supplémentaires (parmi les dizaines qui figurent dans l'ensemble de cette recherche) méritent d'être

1. Rappelons que les interdits alimentaires sont de plusieurs ordres. Les principaux concernent les espèces prohibées : le porc, le cheval, le gibier, les crustacés et fruits de mer, les poissons sans écailles et nageoires. De même, il est interdit de mélanger la viande et les laitages.

relevés, dans la mesure où ils nous fournissent de précieuses indications sur l'état d'esprit de la société israélienne face au problème religieux.

A la question concernant la place de la religion dans la vie publique en Israël, on obtient les réponses suivantes :

– 16 % pensent que celle-ci devrait être plus importante ;

– 51 % pensent que la place actuelle de la religion ne devrait pas être modifiée ;

– 33 % pensent que cette place est trop importante.

On ne peut s'empêcher de remarquer que dans l'ensemble une majorité assez importante est hostile à une laïcisation totale de la vie publique.

A la question concernant l'introduction d'un mariage civil en Israël, on obtient les réponses suivantes :

– 18 % sont en faveur de cette réforme de manière très affirmée ;

– 21 % y sont favorables ;

– 12 % souhaitent « peut-être » cette introduction ;

– 5 % y sont « peut-être » hostiles ;

– 21 % y sont hostiles ;

– 23 % y sont absolument hostiles.

Enfin, l'attitude par rapport à la séparation entre la religion et l'État est appréciée ainsi :

– 25 % y sont absolument favorables ;

– 17 % y sont favorables ;

– 12 % y sont « peut-être » favorables ;

– 7 % y sont « peut-être » hostiles ;

– 23 % y sont hostiles ;

– 16 % y sont absolument hostiles.

Quelles conclusions peut-on tirer de ces recherches, quant à l'attitude actuelle de la société israélienne (juive) à l'égard de la question religieuse ?

On se rend compte de l'existence de deux noyaux irréductibles de même importance, l'un très religieux, l'autre très laïque. Entre les deux, on trouve une gamme relativement étendue, modérée, penchant légèrement d'un côté ou de l'autre. On doit pourtant souligner la différence qui ressort de la lecture des deux derniers tableaux : celui qui concerne la séparation de la religion et de l'État et celui de la question de l'introduction éventuelle du mariage civil. Cette lecture permet certainement de dégager un élément intéressant. En effet, il apparaît qu'il existe une majorité plus importante pour souhaiter la séparation de la religion et de l'État que pour envisager le mariage civil. Il y aurait donc davantage d'Israéliens pour envisager la séparation de la religion et de l'État (de fait une majorité de 54 %) qu'il n'y en aurait pour souhaiter le mariage civil (seulement 51 %). (Encore faut-il tenir compte du fait que la répartition interne des réponses favorables au mariage civil montre des réponses moins affirmées, alors qu'à l'inverse l'hostilité à la séparation est également moins marquée.) On serait tenté de dire que les Israéliens souhaitent la séparation de la religion et de l'État en quelque sorte d'une manière théorique. Lorsque se pose la question d'une conséquence pratique de cette séparation, les attitudes changent de manière significative.

Encore faut-il tenir compte d'un dernier paramètre qui touche au plus profond de la présentation des clivages que l'on esquisse ici : il s'agit des convergences entre le clivage ashkénazes/sépharades et le clivage laïcs/religieux.

Pour les auteurs de l'enquête, le rapport entre l'attachement aux valeurs religieuses traditionnelles et l'origine ethnique[1] est clairement établi. La catégorie définie comme « respectant les commandements dans une large mesure » est formée à 70 % de personnes d'origine sépharade. La même proportion d'ashkénazes se retrouve dans la catégorie définie comme « ne respectant nullement les commandements ». Une deuxième constatation intéressante est, à cet égard, celle qui a trait au respect des commandements par la deuxième génération : concernant les personnes nées en Israël, dont les parents sont

1. L'expression est utilisée par les enquêteurs.

originaires d'Asie-Afrique, le respect des commandements diminue de manière sensible, alors que pour les personnes nées en Israël de parents nés en Europe-Amérique il n'y a aucune différence entre les deux générations.

Ajoutons enfin que l'on constate une nette corrélation entre le degré d'instruction et le recul de l'attachement aux valeurs traditionnelles et au respect des commandements, sauf pour les personnes formées dans les établissements religieux. Pour ces dernières, au contraire, le degré d'attachement aux valeurs et au respect des commandements augmente avec le degré d'instruction (religieuse).

L'ensemble de ces données est certainement de nature à permettre l'établissement d'un profil de l'Israélien par rapport à la religion. Celui-ci apparaît sans doute relativement moins laïque qu'on pourrait le croire. On constate un indéniable attachement à la tradition et à certains rites. Cependant, il faut distinguer entre plusieurs niveaux d'identité : l'attachement à certaines pratiques est conçu de manière non dogmatique. Il est d'ailleurs variable en fonction des niveaux d'instruction et des origines sociales et ethniques. Tous ces éléments sont importants et à prendre en considération pour l'étude des problèmes idéologiques dans la dernière partie.

La question de la définition du clivage « laïcs/religieux » apparaît complexe. Il est difficile de quantifier le clivage (ce qui n'est pas le cas des deux autres clivages que nous avons présentés) : on se rend compte que la quantification du clivage revient en fait à en déterminer l'essence. Comme nous l'avons montré, il est bien des manières de définir la religiosité (qui est religieux ?) : de fait, le choix d'un critère influe sur la perception. Rappelons que nous avions distingué entre la religiosité dans l'espace public (le vote politique et, dans une moindre mesure, le choix d'un réseau d'enseignement) et celle qui ne touche que l'espace privé. En principe, seule la première forme influe directement sur le fonctionnement de la démocratie : législation, financement des écoles, etc. Pourtant, la deuxième forme doit, elle aussi, être prise en considération, car elle façonne les mentalités et détermine ce que l'on pourrait appeler un « paysage identitaire », élément central de la conscience collective de la nation.

2. L'ultra-orthodoxie en marge de la société

Il faut évidemment rappeler la grande diversité du monde religieux. On a déjà indiqué que le clivage de base dans ce cadre passe entre le courant national-religieux et le courant ultra-orthodoxe des « hommes en noir », pour reprendre l'expression d'Ilan Greilsammer[1]. Ces *haredim*[2] constituent un véritable monde à part[3]. Il est intéressant de tenter une quantification de ce groupe.

Comme pour tout groupe social, une entreprise de ce type est conditionnée par le choix d'un critère de définition. Il n'est pas facile. L'exposé des raisons des difficultés relatives à l'adoption d'un critère permet de comprendre la structure de la société haredite. Cette catégorie n'étant pas définie juridiquement, elle n'apparaît dans aucune statistique officielle, et certaines de ses franges sont très floues. De plus, l'apparition du parti Shas, en 1984, a complètement bouleversé les données qui permettent l'établissement d'une statistique haredite. En

1. *Israël. Les hommes en noir*, Paris, Presses de la Fondation nationale des sciences politiques, 1991.

2. On a déjà indiqué que c'est là la désignation hébraïque de ce groupe social. *Haredim :* littéralement, « qui craignent [Dieu] ».

3. Les études les plus complètes sur le sujet sont celles du sociologue israélien Menahem Friedmann. Nous nous référons notamment à son ouvrage (en hébreu) *La Société haredite, sources, tendances, processus,* Jérusalem, Éd. de l'Institut de Jérusalem pour les recherches israéliennes, 1991. Dans la troisième partie, nous examinerons la critique idéologique du monde haredi à l'encontre de la société laïque.

effet, comme on l'a déjà indiqué, le parti Shas représente l'ultra-orthodoxie sépharade, groupée autour de l'ancien grand rabbin (sépharade) d'Israël, Ovadia Yossef. Ce parti a sans aucun doute réussi une remarquable percée électorale dont le succès a été croissant. Il a cristallisé une partie de l'électorat sépharade, mais il est certain que la plus grande partie de celui-ci ne peut être considérée comme haredite dans son comportement quotidien.

La population haredite est divisée en de très nombreux groupes, généralement centrés autour d'un rabbin, qualifié d'*admor* [1]. Cependant tous les *admorim* n'ont pas la même importance. Seuls quatre ou cinq d'entre eux sont particulièrement marquants : ainsi Ilan Greilsammer relève surtout cinq grands « acteurs » [2], dont certains jouent un rôle politique direct, dans la mesure où ils siègent dans les différents conseils des Sages de la Thora des partis ultra-orthodoxes. Ce sont ces conseils qui prennent les décisions politiques importantes, notamment à l'égard des votes à la Knesset, des coalitions, etc.

On ne doit pas sous-estimer les différences entre les divers groupes. Certains sont plus intégrés que d'autres à la société israélienne : ainsi si tous rejettent le service militaire des femmes [3], quelques-uns acceptent le service pour les hommes [4].

---

1. Le mot *admor* (pluriel : *admorim*) est un acronyme formé à partir des deux mots hébraïques *adonenou, morenou*, c'est-à-dire « notre seigneur, notre maître » (au sens d'enseignant).

2. Ilan Greilsammer, *Israël. Les hommes en noir*, *op. cit.*, p. 212. L'un d'eux est décédé depuis la publication de l'ouvrage et n'a pas été remplacé (le rabbin Schneerson de New York), qui dirigeait le mouvement loubavitch (Habad).

3. La loi permet expressément aux femmes de refuser le service militaire. Elle leur propose un service de remplacement que peu d'entre elles effectuent. On estime le chiffre des jeunes filles qui n'effectuent pas le service militaire à 40 %. Les contrôles sur la véracité des éléments invoqués (clause religieuse ou morale) ont été assouplis.

4. Cette question fait l'objet de débats parfois très vifs en Israël. De fait, le refus de servir n'est pas justifié par celui de porter les armes, mais par la volonté de se consacrer à l'étude.

Enfin, certains sont plus intégrés que d'autres dans la vie professionnelle.

On voit bien les problèmes de quantification : la division des groupes, l'absence de statistique officielle, l'incidence du Shas. Néanmoins, on peut proposer une méthode rapide de calcul qui repose sur la grande discipline qui règne dans la population orthodoxe considérée. Il s'agit d'analyser les résultats électoraux des partis qui représentent ces groupes et de leur appliquer certains coefficients. Ainsi, aux élections de 1992, le parti ultra-orthodoxe ashkénaze Agoudat Israël (qui avait formé un bloc avec de petits groupes) a obtenu 86 000 voix. Le parti Shas, quant à lui, en a obtenu 130 000. Si l'on admet qu'au Shas un tiers seulement des votants peut être considéré comme ultra-orthodoxe, on obtient un total de 128 000 voix. Si, de plus, on applique un nouveau coefficient qui tient compte du nombre d'enfants (cinq ou six), il faut multiplier ce nombre par 3 : on aboutit à un chiffre qui se situe entre 330 000 et 360 000 personnes. A ce chiffre il faut ajouter celui des non-votants (par principe ou parce qu'ils n'ont pas la nationalité israélienne). On aboutit ainsi à près de 400 000 personnes. On se rend bien compte du caractère approximatif de ce chiffre : il donne cependant un ordre de grandeur intéressant. Il revient à dire qu'environ 8 % de la population juive du pays peut être considérée comme haredite. Par rapport à l'ensemble de la population du pays (sur la base de 5,6 millions de personnes) le chiffre est d'approximativement 7 %. Ce chiffre est important, si l'on considère qu'il s'agit en fait non d'une population, mais d'une véritable contre-société [1] ; on se rend compte qu'en prenant en compte la population arabe qui se monte à plus de 18 %, on

1. Expression utilisée par Ilan Greilsammer, *Israël. Les hommes en noir*, *op. cit.*, p. 120. Les problèmes idéologiques de la communauté haredite sont analysés de manière approfondie par Aviezer Ravitzky dans son article « Exile in the Holy Land. The Dilemma of Haredi Jewry », *Israel. State and Society, 1948-1988, Studies in Contemporary Jewry*, vol. V, Oxford University Press, 1989, p. 89-125.

aboutit à un total de 26 % de l'ensemble de la population qui se situent en marge de la société israélienne. On doit d'ailleurs remarquer que dans certaines villes le chiffre est plus important encore, ainsi de la ville de Jérusalem.

L'*Annuaire statistique* de Jérusalem pour 1994-1995 [1] fournit des indications particulièrement intéressantes à cet égard. L'ensemble de la population de la ville atteignait, en juin 1995, le chiffre de 583 600 personnes (soit 10,6 % de la population totale du pays). Cette population était ainsi composée : 413 700 Juifs (70,9 %) et 170 000 Arabes (29,1 %). On remarquera que lors de l'annexion de 1967 la ville comptait 74,2 % de Juifs et 25,8 % d'Arabes. Les projections pour l'an 2005 indiquent 69,5 % de Juifs et 30,5 % d'Arabes.

La même statistique indique que la population haredite de la capitale constitue 30,5 % de la population juive (alors qu'elle n'était « que » de 28,5 % en 1990). Pour 2005 la projection est de 35,1 %.

Une indication intéressante concerne la fréquentation des établissements scolaires : en 1993, les élèves appartenant au courant haredi formaient 21,9 % des élèves du secondaire, 38,8 % des élèves du primaire et 55 % des élèves des jardins d'enfants [2].

Si l'on ajoute à cette population haredite de Jérusalem la fraction religieuse modérée (appelée aussi nationale-religieuse), on arrive, en toute hypothèse, à un chiffre qui dépasse la majorité absolue en milieu juif. Enfin, si l'on tient compte du fait que la population arabe, dans son écrasante majorité, ne participe pas aux élections municipales [3], on comprend mieux l'orientation religieuse et droitière de la municipalité de

---

1. Publié au mois de mai 1996 par le Jerusalem Institute for Israel Studies.
2. Shlomo Hasson (en hébreu), *La Lutte culturelle à Jérusalem. Accords, scénarios, leçons*, Jérusalem, Institut Floersheimer, 1996, p. 24.
3. Rappelons que cette participation est possible, alors même que les Arabes de Jérusalem-Est ne sont pas des citoyens israéliens.

Jérusalem[1]. Rappelons aussi que la ville n'a pratiquement pas bénéficié du flux migratoire en provenance de l'ex-URSS. Ainsi, n'a-t-elle connu en 1994 qu'une croissance de 1,4 %, alors que l'ensemble de la population juive du pays a connu une progression de 2,4 %. A l'inverse cependant, la croissance de la population non juive de Jérusalem a été, au cours de cette même année, de 3,8 %, ce qui représente un taux identique à celui de l'ensemble de la population non juive d'Israël.

De fait, pour comprendre la structure générale de la population haredite en Israël, il faut rappeler que celle-ci est essentiellement répartie dans deux grands centres urbains. Le premier est évidemment Jérusalem, qui compte près de 125 000 personnes haredites. Le second centre urbain est constitué par la ville de Bne-Brak, dans la proche banlieue de Tel-Aviv. Cette ville compte près de 128 000 habitants, dont l'écrasante majorité est haredite. Ainsi, pour le sociologue Menahem Friedmann[2], c'est au cours des années soixante-dix que la population haredite de Bne-Brak a atteint en chiffres absolus celle de Jérusalem, alors que celle-ci constitue cependant 90 % de l'ensemble de la population de la cité, contre 30 % à Jérusalem. Menahem Friedmann parle à ce propos de « ghetto haredi protégé[3] ». Les chiffres concernant la natalité sont d'ailleurs explicites. Exprimés en naissances pour 1 000 personnes, les taux (généraux pour la population juive) sont les suivants (pour l'année 1990) :

1. Cette orientation droitière est accentuée par le fait que la population laïque de Jérusalem est majoritairement sépharade, c'est-à-dire votant à droite.

2. Menahem Friedmann, *La Sociéte haredite...*, *op. cit.*, p. 119.

3. *Ibid.*, p. 114.

Tableau 16
Taux de natalité (pour 1000) dans certaines villes à majorité juive

Bne-Brak	34,1
Jérusalem	27,9
Tel-Aviv[1]	15,2
Haïfa[2]	13,3

1. Tel-Aviv compte une petite population haredite. Le pourcentage des électeurs apportant leur suffrage aux *haredim* ne dépasse pas 7%. Dans certains centres urbains ce chiffre est encore bien inférieur.
2. La ville, parfois appelée « Haïfa la rouge », a toujours été considérée comme la plus laïque du pays.

Pour des raisons qui apparaissent clairement, la ville de Jérusalem n'est pas représentative de la structure de la société israélienne. Les déviations par rapport à ce que l'on pourrait appeler la population médiane sont très marquées. Cependant, dans une large mesure, on peut considérer que cette remarque s'applique à l'ensemble du pays : il est difficile de trouver une population type. Si l'on tient compte du fait qu'une partie de la population sépharade, difficile à quantifier, se situe aux franges de la société ou se considère en position d'exclusion sociale, on comprend que le problème de la société israélienne réside dans cette hétérogénéité de groupes tous extérieurs à un centre qui constituerait le groupe de référence.

4

Droite/gauche : un clivage d'un autre type

Dans toute analyse politique moderne, le clivage droite/gauche est l'un des premiers à être pris en considération. L'observateur français est particulièrement sensible à cette classification. Certes, celle-ci n'est pas absente du paysage politique israélien et le discours politique a parfaitement intégré cette dichotomie fondamentale. Le vocabulaire droite/gauche est couramment employé en Israël [1]. Tout se passe cependant comme si seuls les mots correspondaient à ceux utilisés en Europe : aucun contenu commun ne fait – ou ne fait plus – écho à cette communauté de contenant [2]. Les symboles mais surtout, ainsi qu'on l'a déjà signalé plus haut, les réalités sociales et électorales semblent relever d'univers différents, voire parfois contradictoires.

Cependant, les origines de la dichotomie gauche/droite dans le mouvement sioniste sont bien ancrées dans la réalité euro-

1. L'hébreu utilise précisément les expressions « droite » (*yemin*) et « gauche » (*smol*) pour désigner les partis politiques et les classer. On parle ainsi couramment d'« extrême droite » pour qualifier les partisans du rabbin Cahana ou de « bloc de la gauche » pour définir le Parti travailliste, le parti Meretz et les partis arabes.

2. On ne vise pas ici les thèses de Zeev Sternhell dans son ouvrage décapant et passionnant *Aux origines d'Israël. Entre nationalisme et socialisme*, Paris, Fayard, 1996, dans la mesure où celui-ci traite surtout de la période antérieure à la création de l'État. Sa critique du socialisme pragmatique et national de la période de formation de l'État a l'immense mérite de remettre en cause certains mythes. Néanmoins, notre analyse diverge nettement de celle de Zeev Sternhell. En particulier, celui-ci ne prend guère en compte les rapports des travaillistes avec la droite ou avec les religieux.

péenne et plus particulièrement dans les grandes fractures idéologiques du monde européen. Il nous paraît dès lors utile de rappeler rapidement la naissance du clivage droite/gauche au sein du mouvement sioniste, tout en suivant son insertion dans le développement de la société juive de Palestine (le *Ychouv*[1]) avant la création de l'État, plus particulièrement durant le mandat. On pourra ensuite poser la question de la signification actuelle de la distinction.

1. Le sionisme politique[2] et l'évolution des clivages politiques en Israël[3]

L'expression « sionisme politique » pourrait induire en erreur. Elle désigne l'apparition du courant nationaliste juif, à la fin du XIXe siècle, qui prônait le retour à Sion et une solution

1. En hébreu, le mot *Ychouv* désigne l'ensemble de la population juive installée en Palestine (avant 1948) ou en Israël. Pour la période antérieure à 1948, le mot désigne avant tout la société juive dans le contexte pré-étatique. Celle-ci a fait l'objet de plusieurs études intéressantes : en particulier celle des sociologues Dan Horowitz et Moshe Lissak, *Origins of the Israeli Polity. Palestine under the Mandate*, Chicago University Press, 1978.

2. On peut se référer à l'étude remarquable de l'évolution historique du rapport entre la gauche et la droite au sein du mouvement sioniste qu'a publiée Mitchell Cohen sous le titre *Du rêve sioniste à la réalité israélienne*, Paris, Éd. de la Découverte, 1990. Par ailleurs, les études sur le sionisme sont innombrables. Parmi celles qui sont accessibles en français, on peut citer celle de Walter Laqueur, *Histoire du sionisme,* Paris, Calmann-Lévy, 1973, ainsi que celle de Shlomo Avineri, *Histoire de la pensée sioniste. Les origines intellectuelles de l'État juif*, Paris, Lattès, 1982. Une anthologie classique des auteurs sionistes est celle (en anglais) d'Arthur Herzberg parue sous le titre *The Zionist Idea. A Historical Analysis and Reader*, New York, Temple Book, Atheneum, 1981. L'introduction d'Arthur Herzberg, p. 15-100, est un classique du genre. De même, on trouvera des analyses intéressantes dans l'ouvrage d'Alain Dieckhoff, *L'Invention d'une nation. Israël et la modernité politique*, Paris, Gallimard, 1993, notamment sur l'origine et le développement des principaux courants du sionisme.

3. La présente section a pour seul objectif de rappeler, à très grands traits, l'évolution des rapports droite/gauche au sein du mouvement sioniste et de l'État d'Israël.

étatique pour résoudre ce que l'on appelait alors « la question juive ». Ce sionisme politique s'opposait au mouvement du retour à Sion au fondement religieux et messianisant, tel qu'il avait commencé à se manifester depuis le début du XIXe siècle.

Il n'est pas possible, dans le cadre de cet ouvrage, de faire une présentation approfondie du sionisme. On se contentera d'un très bref rappel des divers courants qui ont traversé le sionisme politique depuis sa création.

Lorsque Théodore Herzl [1] publie son *État des Juifs* [2], les préoccupations politiques au sens droite/gauche sont fort éloignées de lui. De même, il faudra attendre quelques années pour qu'apparaissent des groupes politiques au sein du Congrès sioniste mondial, fondé à Bâle en 1897. Une fraction dite « démocratique », qui fut la première, préfigure la tendance libérale appelée à devenir ultérieurement le Parti des sionistes généraux [3]. Peu après apparurent les premières fractions socialisantes qui, au lendemain de la Première Guerre mondiale, devinrent l'élément dominant en Palestine au sein du *Ychouv* [4].

Il est difficile de retracer ici les doctrines de ces divers groupes. Plusieurs tendances s'y dégagèrent, on en signalera

---

1. Bien que né à Budapest, Théodore Herzl (1860-1904) est un pur produit de Vienne. Son approche nationale de la question juive cadre bien avec la problématique fondamentale de l'empire multinational des Habsbourg.

2. L'ouvrage paraît à Vienne sous le titre *Der Judenstaat* en février 1896. Nous nous permettons de renvoyer à notre traduction annotée de *L'État des Juifs*, parue en 1989 aux Éd. de la Découverte, Paris, ainsi qu'à l'*Essai sur le sionisme* qui suit la traduction.

3. Après 1948, il fut pendant longtemps le principal parti de la droite. En 1961, il changea de nom (en fusionnant avec le petit parti des progressistes) et devint le Parti libéral, mais à partir de 1965 il forma un front avec le Herout de M. Begin. Lorsque celui-ci créa le Likoud, les sionistes généraux s'y joignirent et disparurent. La tentative d'une droite libérale et modérée a vécu. Le Herout devint l'élément dominant de la droite et le thème du nationalisme prime depuis sur les autres. On peut suivre l'évolution de la représentation de ce parti dans l'annexe du présent volume.

4. Notamment sous l'impulsion et la direction de Ben Gourion, qui dès 1905 avait adhéré à l'un des premiers groupes sionistes socialistes, Poale Tsion, et avait émigré en Palestine en 1906.

deux : l'une, dirigée par Ben Gourion et son principal idéologue Berl Katzenelson [1], que l'on peut qualifier de pragmatique ; l'autre, plus dogmatique, celle de l'Hachomer Hatzair [2], devenu le Mapam [3] après 1948. Ce dernier, très marxisant, se distingua à peine du Parti communiste au cours des années 1948-1952 [4] et se situait dans la mouvance de l'idéologue du sionisme marxisant Beer Borochov [5]. Au cours de la première et de la deuxième législature, le Mapam se situa dans l'opposition à Ben Gourion.

Durant la période mandataire, Ben Gourion s'employa à établir ce qu'il appelait l'« hégémonie ouvrière » (travailliste) sur le *Ychouv*, c'est-à-dire la société juive de la Palestine. Il y parvint en brisant toutes les tentatives d'opposition, qu'elles soient de droite (très rapidement les opposants de droite sont mis au ban de la société) ou même de gauche [6]. La Histadrouth

---

1. Sur cet important personnage, méconnu en Europe, il convient de lire la grande biographie que lui a consacrée Anita Shapira sous le titre *Berl. The Biography of a Socialist Zionist, 1887-1944*, Cambrige, Cambrige University Press, 1984. Publié d'abord en hébreu en 1980, cet ouvrage a été l'un des grands succès de librairie en Israël. Il est vrai qu'il parut peu après l'arrivée de M. Begin au pouvoir. Le succès du livre est une des manifestations de la nostalgie de l'époque fondatrice et d'un personnage mythique du sionisme socialiste. Quinze ans plus tard, Berl Katzenelson est l'un des personnages centraux de l'entreprise de démythification de Zeev Sternhell dans son ouvrage précité.

2. « Le Jeune Gardien ». Le plus dogmatique des mouvements pionniers de jeunesse. Le réseau de *kibboutzim* qu'il a créé a été pendant longtemps le plus rigide dans son application du collectivisme.

3. Le Mapam se distinguait aussi par une politique arabe différente de celle de Ben Gourion ; il avait notamment un électorat, ainsi que des députés arabes (plutôt que d'avoir recours au système des listes satellites). Il défendit longtemps la thèse de l'État binational. Le Mapam fait partie aujourd'hui du groupe Meretz, à la gauche du Parti travailliste.

4. Année de la première rupture entre l'URSS et Israël, marquée notamment par l'affaire des blouses blanches, après une véritable idylle entre Moscou et le nouvel État juif.

5. 1881-1917.

6. L'histoire de cette prise du pouvoir a été maintes fois contée et analysée. L'étude la plus magistrale et la plus classique est celle de Yonathan Shapira dans son ouvrage (en hébreu) *L'Ahdout Haavoda historique. La puissance d'une organisation politique,* Tel-Aviv, Am Oved, 1975. Shapira analyse les conditions

(le grand syndicat), créée à cette époque, fut l'instrument de cette politique.

En même temps se cristallisait le sionisme religieux, très minoritaire dans les milieux orthodoxes qui étaient fondamentalement hostiles au sionisme politique. C'est ainsi qu'apparut le courant dit Mizrahi (créé en 1902) qui devint, peu après la création de l'État, le Parti national-religieux [1].

Enfin, à partir de 1925, un courant nouveau – sous l'impulsion d'un idéologue et leader charismatique, Vladimir Zeev Jabotinsky [2] – apparut au sein de l'Organisation sioniste mondiale. Celui-ci prit le nom d'Organisation sioniste révisionniste. Dix ans plus tard, en 1935, Jabotinsky fit officiellement sécession de l'Organisation sioniste mondiale et créa une contre-organisation. (C'est la raison pour laquelle, dans le vocabulaire politique israélien, les expressions « révisionnistes » et « révisionnisme » ont une signification particulière, très différente de celle qu'on leur connaît en Europe, où elles peuvent désigner soit le révisionnisme marxiste d'Édouard Bernstein et de Karl Kautsky, soit, plus récemment, le révisionnisme négationniste de la *Shoah*.)

Les thèmes centraux de la pensée jabotinskyenne sont ceux bien connus de la droite nationaliste [3]. Il s'y ajoute une forte influence italienne du romantisme garibaldien, jusqu'aux premières manifestations du fascisme, en particulier dans son

---

de création en 1919 du premier parti Ahdout Haavoda (« l'Unité du travail »), qui parviendra à conquérir un pouvoir quasi hégémonique dans le *Ychouv*. Zeev Sternhell s'emploie également à cette analyse, sous d'autres aspects.

1. L'acronyme hébraïque *Mafdal*. On remarque d'ailleurs qu'en hébreu il s'appelle Parti religieux-national. L'habitude a été prise, en anglais et en français, pour des raisons d'esthétique linguistique, d'inverser l'ordre des adjectifs. Le parti est donc connu comme PNR et non comme PRN.

2. Né à Odessa en 1880, mort aux États-Unis en 1940. Tous les témoignages concordent et soulignent que Jabotinsky était un personnage hors du commun : orateur polyglotte, capable d'enflammer les foules, poète de talent, romancier, journaliste, traducteur (notamment en hébreu). Ses écrits restent des classiques.

3. Sur ces points, on se reportera notamment à l'analyse de Shlomo Avineri, *Histoire de la pensée sioniste*, *op. cit.*

exaltation de l'État[1]. Quelque temps après la mort subite de Jabotinsky, la direction du mouvement fut reprise, en Palestine, par Menahem Begin (1913-1992). En 1944, le nouveau leader proclama la révolte contre l'Angleterre et mena la lutte clandestine à la tête de l'Irgoun[2].

Après 1948, l'histoire de la droite est celle d'une intégration progressive au système politique, jusqu'à en devenir l'un des pivots centraux[3]. Pourtant, au cours des premières années, M. Begin et le Herout furent rejetés hors du consensus[4].

Deux événements sont particulièrement symboliques de cette position hors du champ de la légitimité et du consensus. Le premier se situe en juin 1948, soit quatre semaines après la proclamation de l'État. Il concerne l'affaire du navire *Altalena*, affrété par l'Irgoun et qui – outre des nouveaux immigrants – transportait des armes pour ce mouvement. Devant le refus de M. Begin de livrer ces armes à la nouvelle armée régulière de l'État, Ben Gourion fit donner du canon contre le navire, en rade de Tel-Aviv, faisant de nombreuses victimes[5]. Le second se situe le 7 février 1952, lors d'un débat à la Knesset concernant l'accord de réparations signé avec l'Allemagne d'Adenauer. M. Begin prit la tête du mouvement hostile à cet accord, lançant

---

1. L'influence de la culture grecque est fondamentale chez lui. Il n'est d'ailleurs pas exempt d'un certain paganisme.

2. Irgoun Tsvai Leumi (plus connu en Israël sous l'acronyme *Etzel*), c'est-à-dire « Organisation militaire nationale ».

3. On peut aussi se reporter à Marius Schattner, *Histoire de la droite israélienne*, Bruxelles, Complexe, 1991.

4. Une phrase célèbre de Ben Gourion en témoigne : après les élections celui-ci avait coutume de souhaiter une vaste coalition, englobant tous les partis politiques « sauf le Herout [le parti de M. Begin] et le Maki [le Parti communiste] ». Cela ne manque pas de rappeler des formules analogues, notamment en France, concernant l'exclusive sur le Parti communiste (cf. l'investiture de Pierre Mendès France en juin 1954).

5. Certaines zones d'ombre existent encore concernant cette affaire. Les partisans de M. Begin ont toujours soutenu qu'un accord était intervenu avec Ben Gourion, que ce dernier n'aurait pas respecté. Dans l'imaginaire collectif cependant, la thèse officielle reste généralement admise.

une émeute dans Jérusalem, qui fut interprétée comme une tentative de coup d'État, arrêtée au dernier moment par M. Begin lui-même.

A partir de 1965 les événements se précipitèrent. Ayant compris qu'il ne lui était pas possible de parvenir à acquérir une légitimité politique qui lui permettrait de se rapprocher du pouvoir, M. Begin fit alliance avec le Parti libéral (les anciens sionistes généraux qui avaient déjà été au pouvoir). Le résultat (dont la rapidité n'avait pas été prévue) fut presque immédiat : la création d'un gouvernement d'union nationale (le premier en date dans l'histoire du pays), le 1er juin 1967 [1], dans lequel Moshe Dayan fut nommé ministre de la Défense ; Menahem Begin, devint ministre sans portefeuille. La suite est connue : dix ans plus tard, M. Begin devenait Premier ministre. Depuis lors, l'alternance est en place, avec une certaine régularité : encore que, si l'on considère les six scrutins législatifs depuis 1977 (en y incluant ce dernier), on s'aperçoit que la gauche n'a gagné qu'une seule élection (celle de 1992), obtenant pratiquement l'égalité à plusieurs reprises. Dans les hypothèses d'égalité entre les deux grands partis, ce sont les partis religieux qui ont toujours fait pencher la balance du côté de la droite.

2. Évolution et actualité du clivage droite/gauche

a) Force électorale

Les graphiques qui suivent présentent l'évolution du pourcentage des voix obtenues par les trois blocs principaux (gauche, droite et religieux) aux quatorze élections entre 1949 et 1996.

1. C'est-à-dire au plus fort de la crise, qui commença le 15 mai 1967 et devait déboucher sur le déclenchement des hostilités, le 5 juin 1967.

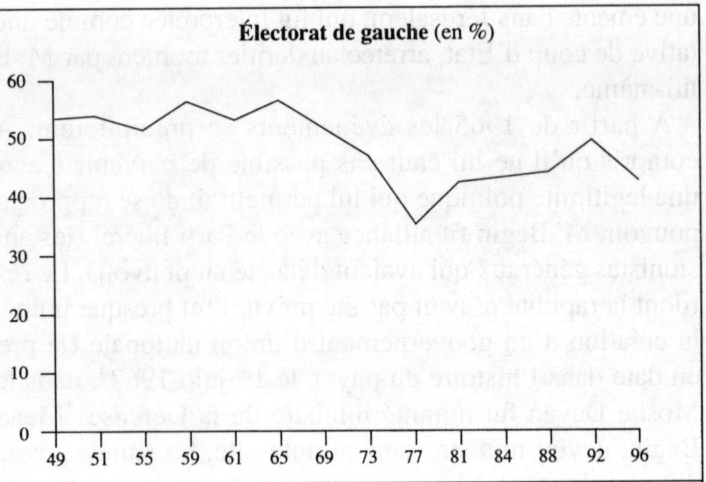

Ce graphique appelle un certain nombre de remarques : on indique ici le pourcentage total obtenu par les partis de gauche, y compris le Parti communiste. Cependant, comme dans toute constellation politique, à certaines périodes, les différents partis de gauche n'étaient pas en mesure de former une alliance avec les travaillistes. Ce fut notamment le cas pour le Parti communiste, ainsi que pour le Mapam au cours des deux premières législatures. On constate le choc brutal de 1977, ainsi que la lente remontée qui suivit. Pour la législature élue en 1996, le graphique ne concerne évidemment que les seules élections à la Knesset (à l'exclusion du scrutin pour l'élection du Premier ministre).

Le bloc religieux a été étudié par ailleurs, néanmoins nous avons choisi de reprendre ici la courbe électorale des partis religieux, dans la mesure où ceux-ci penchent naturellement pour la droite et interviennent ainsi dans l'évolution du rapport de forces entre la droite et la gauche. De plus, il faut souligner les difficultés de classement de certaines listes. C'est ainsi que, pour les résultats de 1996, nous nous sommes abstenu de classer la liste Israël Be-Aliah, qui représente les nouveaux immigrants de l'ex-URSS, à droite ou à gauche.

Ces graphiques ne donnent qu'une indication très générale sur les tendances, et leur interprétation ne doit se faire qu'avec beaucoup de circonspection. Certes, ils traduisent assez nettement la division du corps électoral en deux grands blocs sensiblement égaux, l'un de droite, l'autre de gauche, au côté desquels se situe un troisième bloc, nettement plus réduit,

Électorat de droite (en %)

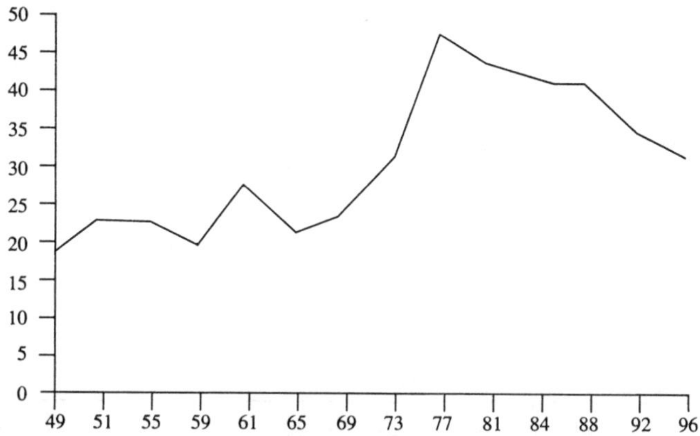

On constate la lente ascension de la droite après la création du front commun (sous le nom de Gahal) entre le Herout et le Parti libéral, en 1965. Depuis le pic de 1977, la droite est en baisse, au profit des partis religieux qui lui assurent par ailleurs leur soutien. On a classé la nouvelle liste de la « Troisième Voie » à droite*. Cependant, la droite « pure » reste inférieure à la gauche (si l'on n'inclut pas les partis religieux dans le camp de la droite).

* Cette liste est issue d'une scission de deux députés travaillistes qui ont fait de la question du Golan la priorité absolue.

à savoir le bloc religieux. Cependant, aucun des blocs n'est parfaitement homogène.

A gauche, trois foyers principaux sont apparents : à côté du Parti travailliste, qui domine largement cet ensemble, existent deux sous-groupes, d'une part le Meretz[1], d'autre part les partis arabes (dont le parti communiste Rakah). L'un et l'autre se situent à la gauche des travaillistes.

A droite, le Likoud[2] constitue de très loin la force principale, alors que l'extrême droite reste très limitée.

Certains groupes religieux se situent aux franges de la droite

1. Qui lui-même est une fédération de trois partis (unifiés en février 1997).

2. Encore convient-il de tenir compte du fait qu'aux élections de 1996 la liste du Likoud était en fait un front commun comprenant de plus la liste de droite Tsomet et les partisans de David Levy (regroupés dans une liste appelée Gesher).

Électorat religieux (en %)

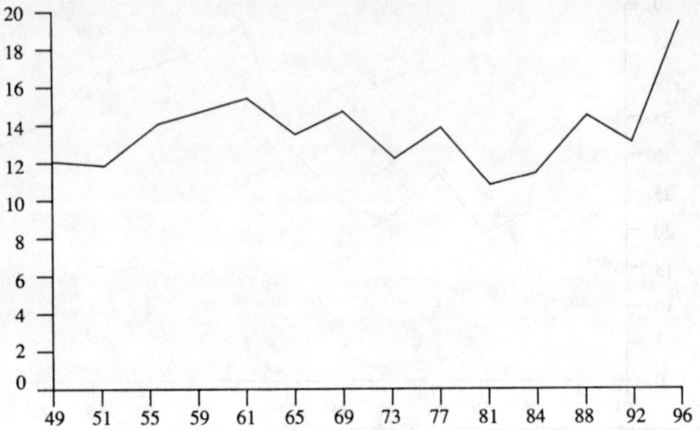

On constate une stabilité assez grande jusqu'aux élections de 1996. Encore faut-il rappeler que la montée du bloc religieux est due surtout aux gains du Shas, qui sont essentiellement des gains ethniques.

Jusqu'en 1977, la question du soutien religieux à un gouvernement de droite ne s'est pas posée. C'est à partir de cette date que l'option d'un soutien possible à un gouvernement de droite ou à un gouvernement de gauche est apparue pour la première fois. Jusque-là, le Parti national-religieux était considéré comme l'allié naturel des travaillistes. On parlait alors de l'alliance historique entre les travaillistes et le sionisme religieux. De fait, entre 1975 et 1976, une révolution interne était intervenue au sein du Parti national-religieux, correspondant à la prise du pouvoir par une nouvelle génération, très liée aux colons dans les territoires occupés. Depuis, le Parti national-religieux est de plus en plus marqué à droite. Son soutien à M. Netanyahou lors du vote pour le poste de Premier ministre n'a pas nécessité de débat sérieux. Les autres partis religieux, Shas et Agoudat Israël, penchent également plutôt à droite. Cependant, Agoudat Israël n'a pas donné d'instructions à ses électeurs pour l'élection du Premier ministre, alors que le Shas choisissait également M. Netanyahou, tout en indiquant qu'il serait également prêt, le cas échéant, à entrer dans un gouvernement dirigé par M. Peres .

et ont progressivement entamé son potentiel électoral, contribuant ainsi à ce que certains auteurs ont qualifié d'atomisation du corps électoral.

b) Que représente le clivage droite/gauche en Israël ?

Que la distinction entre droite et gauche ait beaucoup perdu de ses caractéristiques principales est sans nul doute une donnée commune à de nombreuses démocraties modernes, plus particulièrement dans les sociétés très développées. Il est parfois difficile de mettre le doigt sur les différences réelles entre les programmes de partis dits de gauche et ceux dits de droite. Parfois, il s'agit d'un discours où les références divergent, parfois encore ce sont des orientations où n'apparaissent que de simples différences d'accent. Israël n'échappe pas complètement à ce mouvement général de brouillage des lignes de séparation entre les idéologies, même s'il a pris ici une tournure particulière.

Si l'on se réfère à la période antérieure à la création de l'État – c'est-à-dire la période mandataire, qui est celle de la formation des lignes de fracture idéologiques actuelles –, on se rend compte que le clivage droite/gauche existait sous une forme assez nette. L'affrontement entre la gauche ouvrière et la droite révisionniste prit parfois des formes extrêmement violentes, jusqu'au meurtre ou à l'accusation de meurtre [1]. Au-delà des différences idéologiques, ainsi que nous l'avons déjà indiqué, l'élément prépondérant est celui de la lutte pour le pouvoir dans le *Ychouv*. Cette lutte est violente, elle porte aussi bien sur la mainmise sur les certificats d'immigration [2] que sur les possibilités de travail [3]. A cela s'ajoutèrent en fin de compte les divergences en matière de politique : face au terrorisme

---

1. Ainsi l'affaire Arlozorof. Ce brillant dirigeant socialiste fut assassiné en juin 1933, à Tel-Aviv. Les dirigeants socialistes ont toujours accusé des éléments de droite d'avoir perpétré cet assassinat, sur lequel la lumière n'a jamais été faite. On peut juger de l'importance de cette affaire dans la conscience historique du pays en rappelant que lorsque Menahem Begin fut Premier ministre (à partir de 1977), il fit créer une commission d'enquête, près de cinquante ans après les événements, pour laver ses partisans de cette terrible accusation. Les résultats ne furent pas concluants.

2. La puissance mandataire n'autorisait l'*Aliah* (l'immigration de Juifs en Palestine) qu'en vertu de certificats délivrés par elle. Ces certificats étaient transmis à l'Agence juive, dirigée par les travaillistes. Ceux-ci attribuaient de préférence les certificats à leurs partisans. Les révisionnistes étaient pratiquement exclus.

3. Dès le début et jusqu'à une période très récente, la Histadrouth était non seulement un syndicat, mais aussi le plus grand employeur du secteur juif.

arabe des années trente, les travaillistes prônaient une politique de retenue (dans la riposte). De même, les premières propositions de partage de la Palestine, en 1937 [1], provoquèrent-elles des débats très âpres dans le *Ychouv* (lesquels n'étaient d'ailleurs pas exclusivement limités au clivage travaillistes/révisionnistes). Les débats autour de ce plan ne sont pas sans rappeler les polémiques actuelles sur l'avenir des territoires. Pour la première fois, il était proposé de créer deux entités – l'une juive, l'autre arabe. La droite, en particulier, se déchaîna contre ce plan de partage qui ne fut accepté par les Juifs qu'à grand-peine [2]. Le refus arabe fit échouer l'entreprise.

Après la guerre d'Indépendance et les affrontements entre la Hagana [3] d'une part et les groupes clandestins Irgoun et Lehi d'autre part, la politique d'ostracisme à l'égard des révisionnistes continua. Elle développa un profond sentiment d'injustice à l'encontre des travaillistes. Ce ressentiment finit par rencontrer celui des sépharades contre l'*establishment*, considéré comme responsable de ce que nous avons appelé le « mal-être sépharade », voire de la discrimination.

En tenant compte de cette rencontre historique qui n'était pas prédestinée, comment peut-on décrire les traits principaux de la ligne de clivage entre la droite et la gauche ?

Il nous semble que l'on doive prendre en considération plusieurs éléments essentiels.

---

1. Après la publication du rapport de la commission Peel.

2. A ce sujet, on peut lire l'ouvrage que lui a consacré Itzhak Galnoor sous le titre *The Partition of Palestine. Decisions Crossroads in the Zionist Movement,* Albany, State University of New York Press, 1995, qui retrace l'origine du débat en 1936-1937 et décrit son évolution jusqu'en 1947-1948.

3. La Hagana (« Défense ») était la plus grande des organisations militaires clandestines, bras armé des travaillistes. L'Irgoun ou Etzel était le groupe dirigé par M. Begin. Le Lehi (acronyme hébraïque de « Combattants pour la liberté d'Israël »), connu également sous l'appellation de « groupe Stern » (du nom de son fondateur), était le plus extrémiste et ne comptait que quelques centaines de membres (Itzhak Shamir, le futur Premier ministre, était l'un de ses principaux dirigeants).

En premier lieu vient évidemment l'élément purement idéologique. Il ne fait guère de doutes qu'au sein du Likoud perdure une certaine tradition révisionniste, telle que Menahem Begin l'exprimait encore naguère. Elle repose sur un nationalisme intransigeant, qui se traduit en termes de légitimité historique par rapport aux territoires occupés. Ce discours légitimiste s'oppose au discours de la gauche (travailliste), plus pragmatique et plus intéressé aux aspects sécuritaires de la question des territoires. Cependant, il faut constater qu'au sein du Likoud cette tradition révisionniste est en régression très nette.

En deuxième lieu, il reste au sein de la droite révisionniste un ressentiment ancien et très fort envers les travaillistes qui, pendant longtemps, durant la période hégémonique de Ben Gourion, ont mis les révisionnistes au ban de la société. Ce ressentiment est très proche de celui des milieux sépharades qui, eux aussi, se considérèrent longtemps comme exclus de la société. De la rencontre de ces deux ressentiments est née une alliance contre les travaillistes. Ce sont ces éléments qui expliquent le paradoxe de la sociologie électorale israélienne que nous avons signalé plus haut. La gauche israélienne est soutenue par un électorat à majorité ashkénaze, au niveau de vie plus élevé que celui de l'électorat moyen de droite, sépharade.

En troisième lieu, en matière économique, la droite israélienne reprend les thèmes de la privatisation, tels qu'ils sont connus et pratiqués ailleurs. Il est vrai que l'hégémonisme travailliste avait réussi à concentrer entre les mains de l'État une grande partie de l'économie. La privatisation a d'ailleurs été endossée par les travaillistes. Les gouvernements Rabin-Peres ont entamé un programme de privatisation que la droite veut poursuivre et développer dans de nombreux domaines.

En quatrième lieu, on peut ajouter à ces éléments un fond de clivage religieux et culturel. Celui-ci est étudié dans notre dernière partie. Cependant, on peut signaler ici que le glissement qui s'est opéré dans les comportements électoraux entre

1992 et 1996 s'explique également dans le cadre de l'affrontement entre une culture traditionnelle – sans être orthodoxe – et une culture plus occidentale et laïque. Cet affrontement culturel se déroule lui aussi – en partie tout au moins – dans le cadre d'une identification droite-sépharade face à une identification gauche-ashkénaze.

On voit bien que le clivage droite/gauche prend en Israël une signification particulière. De fait, il semble que ce clivage ne soit ici que le reflet d'éléments plus profonds et que l'élément purement idéologique y soit peut-être le moins important de tous. La démographie est là encore au centre des préoccupations. C'est pourquoi il nous a semblé important de consacrer un chapitre particulier au poids idéologique de la démographie.

5

Projections démographiques et idéologie sioniste

Le rapport entre Juifs et Arabes en Israël pose de manière plus générale le problème de la structure de la démographie israélienne par rapport à l'ensemble du peuple juif. Sur ce point, les chiffres à l'état pur sont instructifs.

Tableau 17
Immigration juive depuis 1882

Années	Totaux
1882-1903[1]	20 000-30 000
1904-1914	35 000-40 000
1919-1948	482 587
1948-1951	687 624
1952-1954	54 676
1955-1960	242 642
1961-1968	311 037
1969-1979	384 373
1980-1984	83 637
1985-1989	70 196
1990	199 516
1991	176 100
1992	77 057
1993	76 805
1994	79 844

Source : *Annuaire statistique*, 1995. (Le découpage est effectué suivant des périodes particulièrement importantes dans l'histoire du sionisme et des vagues d'immigration.)

1. La date de 1882 apparaît dans toutes les statistiques car elle représente le début de la nouvelle immigration juive. L'immigration antérieure était purement religieuse ou mystique. L'immigration est considérée comme sioniste à partir de 1882, c'est-à-dire quinze ans avant le premier congrès sioniste mondial (Bâle, 1897).

Ce premier tableau indique l'évolution de l'immigration juive en Israël (ou en Palestine pour les années qui précèdent 1948).

Il doit être complété par un second, concernant l'évolution des rapports démographiques entre la population juive d'Israël et celle du reste du monde.

Tableau 18
Population juive dans le monde et en Israël

Années	% de Juifs en Israël (Palestine)	Chiffres absolus	Juifs dans le monde
1882	0,3%	24 000	8 millions
1900	0,45%	50 000	11 millions
1914	0,6%	85 000	14 millions
1925	0,9%	136 000	15 millions
1939	2,8%	449 000	16 millions
1948	6%	650 000	11 millions
1955	13%	1 590 000	12 millions
1970	20%	2 582 000	13 millions
1980	25%	3 283 000	13 millions
1990	30%	3 947 000	13 millions
1994	34%	4 441 000	13 millions

Source : *Annuaire statistique*, 1995, p. 46.

Les estimations concernant l'évolution du rapport Diaspora/Israël varient en fonction de nombreux critères. Toutes envisagent une diminution considérable du nombre des Juifs dans la Diaspora. Trois raisons expliquent cette hypothèse généralement acceptée :

– l'immigration en Israël (à propos de laquelle les estimations varient, notamment en ce qui concerne les Juifs qui résident dans l'ex-URSS et qui compteraient 1,5 million de personnes) ;

– la faible natalité et le vieillissement de la population juive ;

– le phénomène de l'« assimilation », dû en particulier aux

mariages dits « mixtes » (ceux-ci dépassent 50 % aux États-Unis ou en France)[1].

Selon la plupart des estimations, entre 2010 et 2020 la majorité du peuple juif résidera en Israël.

Il reste à se pencher sur les projections démographiques possibles concernant Israël. Ces projections nous paraissent intéressantes beaucoup plus comme représentation ou perception que comme vérité scientifique. Au demeurant, faut-il rappeler qu'une projection démographique doit être conçue comme une estimation ? Or, le caractère aléatoire de ces projections est très marqué puisqu'il est soumis non seulement aux incertitudes concernant l'évolution de la natalité et de la mortalité, mais aussi à celles de la balance migratoire. Plus précisément, on peut mettre le doigt sur une incertitude « idéologique » qui a directement trait aux estimations concernant l'immigration juive vers Israël.

L'*Annuaire statistique* de 1995 fournit une telle projection.

Une première projection concerne l'année 1998. Elle donne les indications suivantes :

Tableau 19
Projection démographique pour 1998

Juifs	Arabes[1]	% d'Arabes
4 636 000	1 170 000	20,15

1. Les chiffres fournis par l'*Annuaire* concernent les musulmans, Druzes et chrétiens présentés séparément. Nous avons procédé à un regroupement (les chiffres sont très légèrement arrondis).

Il faut signaler que pour l'*Annuaire* ces chiffres sont établis à partir d'une projection d'immigration juive de l'ordre de 400 000 personnes (en provenance de l'ex-URSS) entre 1994 et 2003.

1. Sur l'ensemble de ces problèmes on peut consulter les actes d'un colloque sur l'évolution démographique du judaïsme mondial : Sergio della Pergola et L. Cohen (éd.), *World Jewish Population. Trends and Policies*, université hébraïque de Jérusalem, 1992.

Pour l'année 2003, les chiffres proposés sont les suivants :

Tableau 20
Projection démographique pour 2003

Juifs	Arabes	% d'Arabes
4 863 000	1 331 300	21,4

On voit que, malgré les prévisions relativement « optimistes » concernant l'immigration juive, la proportion de la population arabe ne cesse de croître. Il est d'ailleurs intéressant de comparer ces projections à celles qui étaient données il y a quelques années par le même *Annuaire*. Pour les années 1985 et 1986, l'*Annuaire* signale une balance migratoire négative (pour les Juifs) : pour chacune de ces deux années, elle est de 4 700 personnes. En 1988, à nouveau, on relève un excédent des départs sur les arrivées de l'ordre de 1 100 Juifs[1]. Il en résultait une vision pessimiste fort symptomatique, quant aux projections.

L'*Annuaire* présentait deux hypothèses pour les années 1990-2005. La première hypothèse[2] est définie ainsi : « balance migratoire de 5 000 personnes par an au cours des années quatre-vingt et nulle pour les années quatre-vingt-dix ». La deuxième hypothèse prévoit une balance migratoire de 15 000 personnes

1. Dans l'idéologie sioniste, une forte charge négative s'attache aux Juifs qui quittent Israël. Pourtant le phénomène n'est pas nouveau : selon Ben Gourion lui-même, la deuxième vague d'*Aliah* (1905-1914), la plus idéologique de toutes, aurait subi des départs de l'ordre de 90 %. Depuis le début de l'entreprise sioniste il y eut quelques périodes comportant une balance migratoire (juive) négative : ce fut notamment le cas lors de la crise de 1927-1930, qui vit repartir une grande partie de la quatrième *Aliah* (1924-1930). Il s'agissait d'une *Aliah* essentiellement polonaise et considérée comme « bourgeoise ». Une balance migratoire juive négative est toujours considérée comme extrêmement préoccupante.

2. Cette hypothèse n'est pas nouvelle pour l'*Annuaire*. Elle apparaît pour la première fois en 1981.

par an au cours des années quatre-vingt et de 5 000 au cours des années quatre-vingt-dix.

Enfin, si l'on s'en tient aux remarques introductives de l'*Annuaire*, concernant les projections, on lit : « ... La balance migratoire des minorités est toujours supposée nulle [...]. S'agissant du taux de fécondité des femmes juives et chrétiennes, on suppose une baisse de 2,7 à 2,4 jusqu'en 1990, puis une stabilité jusqu'en 2005. Pour les femmes musulmanes et druzes, une baisse de 6,5 à 3,5 est supposée jusqu'en 2005 [1]. »

L'hypothèse la plus basse permettait de prévoir qu'en 2005 il y aurait 23,7 % d'Arabes en Israël.

Un dernier exemple, celui de l'*Annuaire* de 1988, distingue entre une projection basse, une projection moyenne et une projection haute (ce sont les termes mêmes de l'*Annuaire*). Ces trois catégories sont définies ainsi :

– La projection basse assume une diminution du taux de fécondité de 2,8 à 2,1 chez les femmes juives jusqu'en 2005 et une stabilisation ensuite, et une balance migratoire négative de 5 000 personnes par an ! Pour les femmes druzes et musulmanes, le taux de fécondité devrait passer de 5,5 à 2,5.

– La projection moyenne assume une balance migratoire nulle. Elle estime également que le taux de fécondité chez les femmes juives passerait de 2,8 à 2,4 et de 3,5 à 3 chez les femmes arabes et druzes.

– La projection haute prévoit une stabilisation de la fécondité des femmes juives à 2,8 et une diminution de celle des femmes musulmanes et druzes de 5,5 à 3,5. La balance migratoire (juive) serait de 5 000 personnes par an.

L'obsession de la démographie a déjà été abordée (cf. le chapitre premier), mais il faut remarquer qu'elle s'applique à

---

1. Cf. p. 16 de la présentation de l'*Annuaire* (en anglais). Remarquons qu'il faut corriger ces données à la lumière de notre remarque antérieure, à propos de l'apparition d'une fraction chrétienne non arabe. De fait, la remarque citée ici a trait aux minorités arabes. Il n'y a pas encore d'ajustement à la nouvelle situation.

deux cadres différents. Depuis 1967, et plus particulièrement depuis 1977– c'est-à-dire à partir de l'accession du Likoud au pouvoir –, l'obsession démographique est devenue un enjeu réel, dans le cadre du Grand Israël. En d'autres termes, les projections concernaient le rapport entre Juifs et Arabes dans le grand ensemble formé par Israël (et sa population arabe) et les territoires occupés (Cisjordanie et bande de Gaza). Cependant, cette obsession trouve également un terreau dans le cadre d'Israël et de sa population arabe. A l'évidence, le « danger » pour Israël est moins menaçant, mais pour de nombreux démographes il est réel. D'autres le considèrent comme négligeable : ainsi, Calvin Goldscheider soutient-il dans son ouvrage le plus récent [1] que le « danger démographique que représente la croissance démographique de la population arabe israélienne pour le contrôle politique de la majorité juive n'est qu'une profonde construction *idéologique* dépourvue de base démographique [2] ». Certes, Calvin Goldscheider indique bien qu'il en va autrement au niveau de certaines régions d'Israël (par exemple la Galilée) ; dans ces régions, il existe un réel déséquilibre qui se renforce, précisément en raison de la différence entre les taux de croissance des deux populations. Cependant, il n'existerait pas de réel danger à l'échelle nationale, sauf en cas d'afflux arabe massif (qu'eût représenté par exemple l'hypothèse de l'annexion des territoires) ou, à l'inverse, en cas d'émigration juive massive (celle-ci étant hautement improbable). Si le raisonnement de Calvin Goldscheider ne peut être arithmétiquement mis en doute [3], il faut souligner que la question n'est précisément pas exclusivement arithmétique. On peut fort bien prévoir, à moyen terme, que la « minorité

1. Calvin Goldscheider, *Israel's Changing Society. Population, Ethnicity, and Development*, Boulder, Westwiev Press, 1996.

2. P. 63. Les italiques sont dans le texte (anglais).

3. Dans ce sens que la date à laquelle la population arabe d'Israël pourrait devenir majoritaire est encore fort éloignée et se situe dans le très long terme, probablement bien au-delà de ce siècle.

arabe » atteigne, voire dépasse 30 %. Si, ainsi que nous l'avons montré dans le chapitre premier, cette minorité développait une conscience politique plus poussée, elle pourrait constituer une minorité de blocage dans le jeu politique israélien. Enfin, comme nous l'avons déjà indiqué, l'affirmation du caractère juif de l'État deviendrait très problématique et serait de plus en plus interprétée comme discriminatoire.

L'immigration, on le sait, a dépassé toutes les prévisions [1], mais il serait trop facile d'ironiser. Les statisticiens de l'Office central des statistiques n'ont pas vocation d'historiens du futur. Ils ne sont pas sociologues. On ne le sait que trop : toutes les projections ne peuvent se faire qu'à partir de données actuelles, *rebus sic stantibus*. Aussi bien, notre analyse de ces projections ne se situe pas à ce niveau : il s'agit de montrer que l'idéologie – en l'occurrence une manière d'absence d'idéologie – joue un rôle fondamental dans l'approche des statisticiens. On ne peut cependant manquer de souligner ce que signifient les suppositions des auteurs des projections, par exemple en 1988. L'écroulement proche – très proche – de l'empire soviétique n'était pas envisagé. Il est vrai que sur ce point nos statisticiens israéliens ne semblent pas avoir été un cas unique. Le statisticien était-il tenu d'imaginer la possibilité d'un exode massif (plus d'un demi-million de personnes en l'espace de cinq ans [2]) des Juifs d'URSS en Israël [3] ? Le statisticien doit-il prendre en compte les propositions fondamentales de l'idéologie sioniste, à savoir l'inéluctabilité des crises d'antisémitisme ? Et dans l'affirmative – soit dans l'hypothèse d'une

1. Y compris en ce qui concerne l'immigration des Juifs éthiopiens (près de 50 000 personnes au total).

2. Soit près d'un dixième de la population totale du pays. Que l'on imagine un afflux soudain, en l'espace de cinq ans, de près de 6 millions de personnes en France !

3. Ainsi d'ailleurs que dans d'autres pays. Il convient de rappeler que des dizaines de milliers de Juifs ayant quitté l'ex-URSS – ou en voie de le faire – n'ont pas l'intention de se rendre en Israël. Parmi les destinations privilégiées : les États-Unis et … l'Allemagne.

projection incluant une possibilité d'afflux migratoire à une telle échelle –, ne dénoncerait-on pas une science au service d'une idéologie ? Il est vrai cependant – nous pensons l'avoir assez montré jusqu'ici – que si la statistique est bien une science neutre, la démographie ne saurait être considérée comme telle dans le contexte israélien.

On ne saurait terminer ce chapitre, qui traite des rapports entre l'idéologie sioniste et la démographie, sans aborder la question des départs. Ceux qui ailleurs sont appelés les expatriés ou (dans le cas de la France) les « Français de l'étranger » sont en Israël, comme on l'a déjà indiqué plus haut, qualifiés de *yordim,* c'est-à-dire « ceux qui descendent », par opposition au nouvel immigrant *oleh,* c'est-à-dire « celui qui monte »[1]. Jusqu'à une période très récente les *yordim* étaient perçus très négativement. Un opprobre collectif s'attachait à ce phénomène. Rares étaient ceux qui reconnaissaient être *yored*[2]. Durant son premier mandat[3] à la tête du gouvernement, Itzhak Rabin utilisa pour désigner les *yordim* une expression particulièrement forte et méprisante : *nefolet chel nemouchot,* que l'on peut traduire par « chute des déchets ». L'expression fit mouche, mais elle fut longtemps reprochée au Premier ministre. Il est vrai qu'elle fut prononcée à une époque de crise dans l'*Aliah :* l'immigration était arrêtée et la balance migratoire penchait du mauvais côté. Il semble pourtant établi aujourd'hui que l'opprobre qui s'attache aux *yordim* est en voie de

1. L'origine de l'expression est biblique : elle fait référence aux trois fêtes dites de pèlerinage – *Pessah* (la Pâque juive), *Chavouot* (cinquante jours après *Pessah*, célèbre le don de la Thora) et *Souccot* (la fête des Cabanes, à l'automne, qui rappelle le séjour dans le désert) –, à l'occasion desquelles les habitants de la terre d'Israël devaient se rendre à Jérusalem. La ville se trouvant en altitude (700 mètres), il fallait donc y « monter ». Il faut souligner que la langue hébraïque connaît des vocables particuliers pour désigner l'acte d'émigrer (*lehaguer*) ou pour l'émigrant (*mehaguer*). Ceux-ci sont couramment utilisés pour désigner ces situations ou ces personnes dans tout autre pays qu'Israël.

2. L'argument étant toujours : « Je ne suis parti que pour quelques années... »

3. 1974-1977.

disparaître. Ce changement est d'ailleurs le signe d'une mutation profonde des mentalités. Il ressemble à l'attitude nouvelle face à ceux qui – de plus en plus nombreux – échappent ou essaient d'échapper au service militaire. Par ailleurs, les *yordim* représentent un véritable réservoir d'expatriés, susceptibles de revenir un jour en Israël, posant moins de problèmes d'« absorption » [1]. L'Office central des statistiques a essayé de déterminer le total de ces *yordim*. En définissant comme *yored* un Israélien établi depuis plus de quatre ans à l'étranger [2], les chiffres cumulés indiquent qu'en 1992 l'excédent des départs sur les retours de citoyens israéliens, depuis 1948, se montait à 581 500 personnes. Ce chiffre est cependant loin de correspondre à une réalité très claire. En effet, il ne distingue pas entre les citoyens « anciens » et les nouveaux. On ne saurait confondre le cas d'un nouvel immigrant qui ne passe guère plus d'un an ou deux en Israël, pour retourner dans son pays d'origine ou pour s'établir dans tout autre pays, et celui d'un Israélien de longue date, voire d'une personne née dans le pays. Pourtant, ce chiffre permet de donner un ordre de grandeur : il suffit, pour se rendre compte de l'ampleur du phénomène de l'expatriation, de le réduire d'un pourcentage x, qui correspondrait à celui des nouveaux immigrants repartis rapidement. On peut sans nul doute avancer que plusieurs centaines de milliers d'Israéliens sont établis à l'étranger (essentiellement aux États-Unis). Une véritable société israélienne expatriée existe ainsi, dont les liens avec Israël ne sont pas toujours définis. Une partie de ces expatriés a d'ailleurs renoncé à la nationalité israélienne.

La courbe d'émigration correspond évidemment à certaines

1. Un ministère de l'« Absorption » (de l'Intégration) existe depuis 1968.
2. Malgré les difficultés de calcul, il faut indiquer que l'établissement de cette statistique est grandement facilité en Israël du fait du contrôle très strict des départs et arrivées. Depuis une dizaine d'années, ceux-ci sont directement répertoriés par les ordinateurs de la police aux frontières (essentiellement à l'aéroport de Tel-Aviv).

périodes particulièrement difficiles de la vie du pays. Le tableau suivant fournit les indications relatives aux excédents des départs sur les arrivées, par années.

Tableau 21

Balance migratoire des nationaux israéliens[1]

1970	1973	1974	1975	1976	1978	1979	1980	1986	1988	1990	1992
6 200	9 200	25 500	15 700	17 700	5 800	16 500	30 700	26 600	18 800	8 000	18 400

1. Rappelons qu'il ne s'agit pas de la balance migratoire générale, c'est-à-dire qu'il n'est tenu compte ici que de la seule balance migratoire des nationaux israéliens. L'immigration en Israël pose une question très différente, encore qu'il y ait une certaine cohérence entre les deux mouvements : une période de forte immigration en Israël suppose une période relativement stable et prospère qui n'incite pas à l'expatriation.

Les pics de l'expatriation sont évidents : c'est ainsi qu'il suffit de voir les chiffres relatifs aux années qui suivent immédiatement la guerre de Kippour (octobre 1973) ou encore ceux qui correspondent à la période si troublante de l'hyper-inflation des années quatre-vingt[1]. Pour 1992, il semble que le chiffre relativement élevé soit lié à un retour de balancier de la très forte immigration de l'ex-URSS de 1990-1992[2].

En Israël, la démographie n'est pas une science neutre. Comme partout, elle est au service de la politique de planification nationale ; cependant, cette entreprise prend une signification particulière. Qu'il s'agisse de préciser l'état du rapport entre les différentes couches de la population ou celui de l'immigration (désignée, ainsi qu'on l'a déjà rappelé, sous le vocable d'*Aliah*), il est rare que l'analyse démographique soit neutre. Elle s'inscrit dans un contexte plus général, c'est-à-dire

1. Peu avant les mesures destinées à mettre fin à l'inflation galopante (1er juillet 1985), celle-ci atteignait 400 % par an.

2. Le départ des immigrants venus de l'ex-URSS était juridiquement considéré comme un départ de nationaux, dans la mesure où ceux-ci avaient, entre-temps, acquis la nationalité israélienne.

dans le cadre d'une politique de construction nationale. Elle seule peut, à notre sens, expliquer les ressorts profonds de la vie politique du pays. C'est la raison pour laquelle il nous a paru nécessaire de commencer l'étude de la démocratie d'Israël par une analyse assez détaillée des différentes couches de la population. On peut ainsi se rendre compte de la manière particulière dont se posent certains débats, parmi les plus cruciaux : les grands choix se déterminent à travers l'évolution démographique, notamment lorsque l'appartenance à un groupe prime sur toute autre considération. C'est le cas de la population arabe, c'est aussi celui de la population haredite. En cela, nous semble-t-il, la problématique politique est posée ici en des termes qui diffèrent de ceux de nombreux pays, en particulier des démocraties occidentales. Ces éléments doivent rester constamment présents à l'esprit lors de l'examen du fonctionnement des institutions, que nous allons aborder maintenant.

DEUXIÈME PARTIE

Le cadre constitutionnel et les institutions politiques

Les institutions politiques israéliennes commencent à être connues à l'étranger, notamment en France. Il nous semble dès lors inutile d'en fournir un tableau exhaustif, sauf à mettre l'accent, d'une part, sur les caractéristiques principales du système et, d'autre part, sur les innovations adoptées en 1992 et qui viennent d'être appliquées pour la première fois. Parmi les éléments les plus spécifiques, on relève le cadre constitutionnel, qui présente quelques particularités juridiques et politiques que nous voudrions étudier en premier lieu. Nous y associons une présentation de l'extrême légalisme de la vie politique israélienne.

Nous nous proposons d'étudier ensuite ce qui pour de nombreux observateurs constitue la véritable clé du système politique de ce pays, à savoir le mode de scrutin (à la Knesset), c'est-à-dire la proportionnelle intégrale. Nous consacrons donc un chapitre à cette question. Nous y examinerons ce que l'on pourrait appeler le nouveau régime des partis, actuellement en pleine mutation.

Celui-ci est suivi d'un chapitre traitant des transformations de la vie politique et constitutionnelle, à la tête desquelles l'élection du Premier ministre au suffrage universel, inaugurée en 1996 et dont nous tenterons de tirer les premiers enseignements.

6

Le débat constitutionnel

L'absence de Constitution écrite en Israël est un phénomène qui n'a pas manqué d'intriguer les observateurs. Il est vrai que depuis longtemps l'acte constituant initial représente partout l'une des marques fondatrices de l'indépendance. Les nouveaux États se dotent ainsi d'une série d'attributs : un drapeau, un hymne, une Constitution, un palais présidentiel[1]. De l'ensemble de ces emblèmes de la souveraineté Israël n'a pendant longtemps adopté que le premier, à savoir le drapeau[2]. La *Hatikvah* (Espérance), composée au début du XXe siècle, qui était devenue l'hymne du mouvement sioniste, n'a été promue au statut officiel d'hymne national qu'en février 1996[3]. En fin de compte, seule la Constitution reste absente de cet ensemble. Cependant, l'absence de Constitution écrite n'est pas le fruit d'une décision inscrite dans le projet sioniste. Elle s'est impo-

1. Pendant très longtemps les bureaux du président de l'État étaient situés dans une construction très simple, en bois, véritable baraque à peine améliorée. Ce n'est qu'au début des années soixante-dix qu'un bâtiment officiel fut construit.

2. Une série d'ordonnances en date des 28 octobre 1948 et 10 février 1949 avaient défini le « bouclier de David » (communément appelé « étoile de David ») sur fond bleu et blanc comme l'emblème national. On peut y ajouter le sceau de l'État (loi du 7 décembre 1949) qui représente un candélabre à sept branches.

3. Il faut cependant signaler que la *Hatikvah* était communément considérée comme hymne national depuis 1948. La promotion officielle au rang d'hymne national a été réalisée par un amendement à la loi fondamentale sur la Knesset disposant que la première séance de toute législature devait s'ouvrir par la lecture de quelques psaumes (concernant Jérusalem) et par la *Hatikvah*.

sée au gré des circonstances politiques, et c'est dans ce même esprit que sont intervenus plus tard des développements importants. Aujourd'hui, l'affirmation selon laquelle Israël est dépourvue de Constitution n'est plus tout à fait exacte, sans pour autant être tout à fait fausse. Il faut donc rapidement analyser les développements historiques de la question, avant d'en exposer l'état actuel.

1. Le débat constitutionnel lors de la création de l'État

Peu avant sa création, il paraissait évident que le futur État se doterait rapidement d'une Constitution. C'est ainsi que la Déclaration d'indépendance, adoptée le 14 mai 1948 (mais rédigée en fait quelques jours plus tôt, à l'issue de longs débats [1]), fait expressément référence, dans sa partie centrale (dite opérative), à la question de l'adoption d'une Constitution. On y lit :

> Nous déclarons que dès l'expiration du mandat [2] [...] et jusqu'à l'installation des autorités régulières de l'État, dûment élues, conformément à la Constitution qui sera adoptée par l'Assemblée constituante, convoquée avant le 1er octobre 1949, le Conseil [3] remplira les fonctions de Conseil provisoire de l'État [4] et son

1. Ces débats sont rapportés dans l'ouvrage de Z. Schaerf, traduit en français, *Les Trois Glorieuses d'Israël*, Paris, Robert Laffont, 1962. Cet opuscule, injustement méconnu, dû à celui qui devint le secrétaire général du premier gouvernement israélien, est d'une grande importance et jette un éclairage particulier sur les débats de la direction politique du mouvement sioniste en Palestine, à quelques jours de la proclamation de l'indépendance.

2. C'est-à-dire quelques heures plus tard, soit le 15 mai 1948 à 0 heure.

3. Ce Conseil, qui proclama ainsi l'indépendance, était une assemblée de 37 membres, représentant diverses organisations politiques de la population juive de Palestine, ainsi que de l'Agence juive (organisme sioniste, reconnu par la puissance mandataire œuvrant pour le développement de la Palestine juive).

4. C'est-à-dire de Conseil législatif provisoire, en attendant l'élection de la première Assemblée législative.

> organisme exécutif, le Directoire du peuple[1], fera fonction de gouvernement provisoire de l'État juif qui sera appelé « Israël » [...]

Le texte est parfaitement clair et témoigne d'une approche très classique : la première élection doit être celle d'une Assemblée constituante. Bien plus, si l'on procède à une analyse précise de la signification de la phrase « jusqu'à l'installation des autorités régulières de l'État [...] conformément à la Constitution qui sera adoptée par l'Assemblée constituante [...] le Conseil remplira les fonctions de Conseil provisoire de l'État », on comprend l'intention des auteurs de la Déclaration[2] au sujet de l'Assemblée constituante à élire : au cours de la période de transition, c'est-à-dire jusqu'à la mise en place des institutions prévues par la future Constitution, cette Assemblée ne devait être que constituante, laissant le pouvoir législatif pour la période de transition au Conseil provisoire de l'État[3]. Ces précisions sont importantes, parce qu'elles impliquent qu'au moment de la Déclaration d'indépendance l'intention des dirigeants était bien de doter le pays d'une Constitution.

Historiquement, on peut dater assez précisément l'époque à laquelle Ben Gourion changea d'avis sur cette importante question. On remarquera d'abord que les élections durent être reportées de quelques mois, en raison de la guerre. Au lieu de se tenir avant le 1er octobre 1948, elles ne furent organisées que le 25 janvier 1949. C'est au cours de cette période que se produisit le changement déjà indiqué chez Ben Gourion.

Le 13 janvier 1949, le Conseil provisoire adoptait une « ordon-

1. Ce Directoire du peuple comportait 13 membres (issus des 37 formant le Conseil). Il devint le premier gouvernement, connu sous le nom de gouvernement provisoire (parce que non élu). Il était présidé par David Ben Gourion.

2. Dans la pratique, ce furent des conseillers proches de Ben Gourion, sous son strict contrôle.

3. Cf. Claude Klein, *Théorie et Pratique du pouvoir constituant*, Paris, Presses universitaires de France, 1996, p. 49-66.

nance de transition à l'Assemblée constituante » aux termes de laquelle (entre autres)

> le Conseil provisoire sera considéré comme dissous, au moment de la réunion de l'Assemblée constituante.

Juridiquement, la conséquence était claire : il s'agissait de confier, outre le pouvoir constituant, le pouvoir législatif à l'Assemblée constituante. Rétrospectivement, il est possible de dire que cette décision – frappée par ailleurs au coin du bon sens, dans la mesure où elle supprimait une simultanéité des assemblées qui eût été problématique – a facilité la mise en œuvre du projet de non-adoption d'une Constitution. Une deuxième mesure, tout aussi symbolique, intervint dès le 16 février 1949, au lendemain de la première séance de l'Assemblée constituante. La première loi adoptée par la nouvelle Assemblée, dite « loi de transition », indiquait dans son article 1er :

> L'Assemblée législative d'Israël sera appelée « Knesset ». L'Assemblée constituante sera appelée « la première Knesset ». Les membres de l'Assemblée constituante seront appelés « membres de la Knesset ».

Le dessein se précise : au lieu du nom majestueux « Assemblée constituante », le public doit s'habituer au nom de « Knesset », comme s'il s'agissait d'oublier les termes et, en fin de compte, l'idée même d'Assemblée constituante [1].

Pourtant, le débat constituant s'engagea. En février 1950 se tient le premier grand débat à la Knesset. Dans un discours programmatique important, Ben Gourion fait enfin connaître son hostilité à l'idée de l'adoption – à ce moment – d'une

1. Encore convient-il de se garder d'un parachronisme quant à la charge qui s'attache à l'usage du terme de « Knesset ». Nous voulons dire que nous impliquons ici une certaine connotation négative du terme. Celle-ci n'était pas aussi évidente alors, d'autant qu'il s'agissait du retour à un terme utilisé à l'époque du deuxième Temple. Il reste que le terme « Assemblée constituante », par son caractère d'exclusivité historique, est en général plus « honoré ».

Constitution. Il avance plusieurs arguments qui méritent d'être cités, alors même qu'ils ne semblent pas rendre compte des véritables raisons de son attitude.

L'essentiel pour Ben Gourion est de se garder de toute hâte excessive. Il ne s'agit pas de se lancer dans la rédaction d'un texte qui, à l'instar de beaucoup de Constitutions, ne survivrait guère à l'épreuve du temps. D'ailleurs, il est bien des exemples de textes superbes qui sont vite effacés (la France) ou qui ne restent que lettre morte (par exemple la Constitution stalinienne). Il lui paraît préférable d'attendre que les esprits soient moins exaltés. Entre l'exemple de l'Angleterre qui vit paisiblement, dans la liberté, sans texte constitutionnel, et celui de l'URSS ou d'autres pays, qui ne choisirait le premier cas de figure [1] ?

Selon Ben Gourion, toute hâte doit être évitée pour une raison supplémentaire : n'est-il pas évident que l'État d'Israël est l'État du peuple juif ? Or, au moment du débat, en 1950, 10 % à peine du peuple juif vit en Israël. C'est encore l'époque de l'immigration massive en Israël [2] : pour Ben Gourion, il ne faut pas « lier les générations futures » ; il est préférable d'attendre que la majorité du peuple juif soit installée en Israël pour adopter une Constitution [3].

---

1. Notre propos n'est pas ici de répondre à ce discours, mais on ne peut s'empêcher de souligner que si la remarque est factuellement exacte (l'Angleterre vivait plus libre sans Constitution que l'URSS qui en était dotée), il n'y a pas de relation de cause à effet entre l'existence d'une constitution et l'absence de liberté.

2. Entre le 15 mai 1948 et la fin de l'année 1951, l'immigration en Israël a compté près de 700 000 personnes (pour une population initiale de 650 000 personnes au jour de la Déclaration d'indépendance). A partir de 1951, le chiffre de l'immigration décline très rapidement (pour remonter plus tard). Ces chiffres ont été présentés plus en détail au chapitre précédent.

3. Le thème de la « liaison » des générations futures est connu dans la littérature constituante. Il avait été développé par Condorcet et Jefferson, à la fin du XVIIIe siècle ; cf. notre ouvrage *Théorie et Pratique du pouvoir constituant*, p. 134 *sq*. A l'époque du discours de Ben Gourion, la République fédérale d'Allemagne venait de décider de se contenter d'une loi fondamentale ; ce n'est qu'après la réunification démocratique du peuple allemand qu'une Constitution devrait être adoptée, ce que la République fédérale s'abstint d'ailleurs de faire.

Pour intéressants qu'ils soient, ces arguments ne sont pas convaincants. Il est acquis aujourd'hui que les véritables motifs de Ben Gourion étaient différents. Il est important de les connaître, d'autant qu'ils sont toujours actuels.

En premier lieu, Ben Gourion était lié par l'opposition des milieux religieux. Celle-ci était absolue, véritable *non possumus*. Encore convient-il de distinguer entre les différents partis religieux.

Une première attitude peut paraître relativement formelle et symbolique. Pour les milieux religieux les plus extrémistes, la Loi de Dieu, telle qu'elle est exprimée par la Thora [1], est la seule Constitution possible. Pour les autres partis religieux, l'opposition est plus tactique, mais tout aussi forte. Elle est fondée sur l'idée – qui n'est remise en cause par personne – qu'une Constitution écrite est supérieure à la loi ordinaire et qu'elle comporte nécessairement un contrôle de la constitutionnalité des lois. Dans la mesure où la Constitution doit comporter une Déclaration des droits, le danger serait grand de voir la Cour suprême [2] censurer des lois à contenu religieux [3].

Sans le dire, Ben Gourion pouvait facilement s'abriter derrière ce *non possumus* religieux : dès la première Knesset, il lui était impossible de former une coalition sans les partis religieux. Cette réalité politique et arithmétique se maintint pendant très longtemps : dans une certaine mesure, elle reste encore d'actualité. Pourtant, il faut remarquer que même les périodes de coalition d'unité nationale n'ont pas permis de faire des progrès dans ce domaine.

En second lieu, il convient de prendre en compte l'hostilité personnelle de Ben Gourion, tout aussi forte. En effet, celui-ci s'était toujours opposé à une activité trop marquée du pouvoir judiciaire. Pour lui, l'idée de voir la Cour suprême annuler

1. C'est-à-dire avant tout le Pentateuque.
2. Ou tout autre organe chargé du contrôle.
3. Ainsi des lois sur le statut personnel (mariages et divorces).

des décisions entérinées par le parti et par la Knesset était inadmissible.

Le résultat de ces prises de position fut l'adoption d'une résolution, dite « résolution Harari [1] », le 13 juin 1950. Cette résolution était ainsi conçue :

> La première Knesset charge la commission de la Constitution, des lois et du droit de la tâche de préparer une Constitution pour l'État.
> Cette Constitution sera préparée sous forme de chapitres séparés, de telle sorte que chaque chapitre forme par lui-même une loi fondamentale. Chaque chapitre sera présenté à la Knesset, lorsque la commission aura terminé son travail ; tous les chapitres seront réunis et formeront la Constitution de l'État.

Comment s'analyse cette résolution ? Certes, techniquement et juridiquement, il ne s'agit que d'une résolution qui n'affecte le processus constituant que sur le seul plan procédural. Pourtant, on s'aperçoit que la résolution Harari fut scrupuleusement observée. Le processus de mise en place se déroula et se déroule encore précisément selon ce schéma. On discerne clairement dans cette résolution une double influence, allemande et française.

L'influence allemande se retrouve, ainsi qu'on l'a déjà signalé un peu plus haut, dans le choix même de l'expression « loi fondamentale ». Le *Grundgesetz* de la République fédérale d'Allemagne vient d'être adopté il y a quelques mois à peine [2].

L'influence française est sans doute moins apparente. Elle nous semble résider dans le processus constituant choisi. La référence est celle de la IIIe République. Le processus utilisé en 1875 est, à notre connaissance, le premier qui abandonne la voie classique de l'adoption d'une Constitution sous forme de document unique. On sait que la IIIe République n'avait pas

1. Du nom du député qui la déposa sur le bureau de l'Assemblée.
2. Outre la similitude de l'appellation, on y a vu une similitude de motivation.

de Constitution, mais une série de lois constitutionnelles, dont la mise en place s'étendit de 1875 à 1926[1].

Sur le plan politique, la résolution Harari traduisait la volonté de Ben Gourion de repousser l'adoption de la Constitution aux calendes grecques[2]. De fait, c'est bien ainsi qu'elle fut interprétée à l'époque.

Un an plus tard, en avril 1951, à la suite d'un désaccord avec les partis religieux, Ben Gourion était amené à présenter la démission de son gouvernement et à faire voter une loi d'autodissolution de la Knesset. Les élections anticipées pour la deuxième Knesset se tinrent le 31 juillet 1951. Sur le plan constituant, aucun progrès n'avait été enregistré : la loi de transition vers la deuxième Knesset, adoptée le 4 avril 1951, transférait les pouvoirs de la première Knesset (c'est-à-dire de l'Assemblée constituante) à la Knesset suivante. Cette disposition a été critiquée et longuement discutée[3]. On se contentera de signaler qu'en fin de compte la Cour suprême semble avoir admis la validité de ce curieux transfert du pouvoir constituant[4]. En d'autres termes, on considère que lorsqu'elle adopte des lois fondamentales la Knesset agit effectivement en vertu d'un pouvoir constituant permanent.

---

1. Nous excluons évidemment la loi constitutionnelle du 10 juillet 1940 qui mit fin à la IIIe République.

2. Un témoignage supplémentaire en est fourni par le fait que la résolution Harari fut adoptée contre deux autres résolutions présentées le même jour par l'opposition de l'époque (les communistes, le Herout de M. Begin et le parti de gauche Mapam) et, d'autre part, à l'instigation du front religieux. La résolution de l'opposition, qui revenait à exiger l'adoption rapide d'une Constitution, obtint 39 voix. La résolution Harari, qui fut adoptée, obtint 50 voix. La résolution du front religieux se contentait de faire référence à la protection des droits et des fondements du pouvoir dans le cadre d'une loi fondamentale : elle n'obtint que 13 voix.

3. Nous avons rapporté les éléments de cette discussion dans *Théorie et Pratique du pouvoir constituant*, *op. cit.*, p. 52 *sq.*

4. Dans un arrêt rendu le 9 novembre 1995 qui sera examiné plus loin.

2. Les lois fondamentales et leur statut

C'est à partir de 1958 (c'est-à-dire sous la 3e législature) que la Knesset entama le processus d'adoption des lois fondamentales. Au moment où ces lignes ont été écrites (été 1996), onze lois fondamentales avaient été adoptées. Ces lois sont les suivantes :

– la loi fondamentale sur la Knesset (1958) ;
– la loi fondamentale sur les terres domaniales (1960) ;
– la loi fondamentale sur le président de l'État (1964) ;
– la loi fondamentale sur le gouvernement (1968)[1] ;
– la loi fondamentale sur le budget (1975) ;
– la loi fondamentale sur l'armée de défense d'Israël (1975) ;
– la loi fondamentale sur Jérusalem, capitale d'Israël (1980) ;
– la loi fondamentale sur le pouvoir judiciaire (1984) ;
– la loi fondamentale sur le contrôleur de l'État (1986) ;
– la loi fondamentale sur la liberté professionnelle (1992[2]) ;
– la loi fondamentale sur la dignité et la liberté de l'individu (1992).

Du point de vue matériel, on pourrait avancer que seule une véritable Déclaration des droits (*Bill of Rights*) manque à cet ensemble pour qu'il puisse être considéré comme une Constitution à part entière. Encore est-il des juristes qui pensent que les deux dernières lois (adoptées en 1992 et qui ont subi d'importants amendements en 1994[3]) peuvent servir de référence

1. Cette loi fondamentale a été abrogée et remplacée en 1992 par une nouvelle loi fondamentale portant le même nom et qui comprend notamment l'élection au suffrage universel du Premier ministre. L'entrée en vigueur de cette loi fondamentale avait été repoussée aux élections à la 14e Knesset, soit à l'année 1996.

2. Cette loi fondamentale adoptée en mars 1992 a été remplacée par une nouvelle loi portant le même nom, deux ans plus tard.

3. En particulier du fait de l'adjonction par ces amendements des principes de la Déclaration d'indépendance à la liste des principes supérieurs.

supra-législative et qu'une véritable jurisprudence des droits de l'homme pourrait se développer. Pourtant, depuis 1958, c'est-à-dire l'adoption de la première loi fondamentale, un grand débat s'était instauré en Israël à propos de la détermination du statut exact des lois fondamentales. Ce débat devait durer trente-sept ans ; en effet, au travers d'une évolution jurisprudentielle compliquée[1], le 9 novembre 1995, la Cour suprême a rendu une décision essentielle qui fixe désormais sa position officielle[2].

On voudrait rapidement rappeler l'évolution de la jurisprudence et plus particulièrement de l'appréciation de la nature juridique des lois fondamentales. Celle-ci est importante dans la mesure où elle conditionne de manière plus générale la réponse à la question de la présence en Israël d'un ensemble de règles à valeur supra-législative, c'est-à-dire une Constitution.

Dans le cadre de la présente étude, nous voudrions éviter de nous lancer dans des développements de théorie juridique trop techniques[3]. Nous nous contenterons donc de relever les éléments les plus caractéristiques du débat.

En premier lieu doit être exposée une donnée importante concernant les lois fondamentales : en effet, il convient de considérer que, dans l'ensemble des lois fondamentales, seuls

---

1. Cette évolution fut également influencée par l'adoption des nouvelles lois fondamentales en 1992, qui marquèrent une avancée certaine. Pour une analyse théorique approfondie en la matière, on peut se reporter à l'article d'Aharon Barak (juge à la Cour suprême au moment de sa rédaction et qui depuis a été nommé président de cette Cour) « La révolution constitutionnelle. La protection des droits fondamentaux », *Pouvoirs*, n° 72, p. 17-35.

2. Il s'agit d'un appel en matière civile : *Bank Hamizrahi c. village coopératif Migdal et autres*, analysé ci-dessous.

3. Ceux-ci apparaissent dans les travaux cités plus haut (Aharon Barak et Claude Klein). En 1971, nous avions consacré un article à l'exposé des différentes théories possibles et effectivement soutenues quant au statut des lois fondamentales, sous le titre « A New Era in Israel's Constitutional Law », *Israel Law Review*, vol. 6, p. 376-397. Bien entendu, dans cet article la situation ne pouvait être analysée qu'à la lumière des quatre lois fondamentales qui existaient à ce moment-là. Cependant, les données théoriques n'ont pas été modifiées depuis.

quelques articles ont été « rigidifiés », c'est-à-dire protégés par l'exigence d'une majorité spéciale pour être amendés.

Parmi ces articles, on peut citer :

– dans la loi fondamentale sur la Knesset, l'article 4, qui traite du mode de scrutin, est protégé par l'exigence de la majorité absolue des membres de la Knesset, soit 61 voix ;

– dans cette même loi, l'article 44 qui protège cette loi fondamentale contre les ordonnances prises en vertu de l'état d'urgence[1] est lui-même protégé par la nécessité de réunir 80 voix (soit les deux tiers) pour être amendé ;

– la loi fondamentale sur le gouvernement[2] est protégée par la nécessité d'obtenir 61 voix pour tout amendement[3] ;

– la loi fondamentale sur la liberté professionnelle est elle aussi protégée par l'exigence de cette même majorité.

Pendant longtemps l'article 4 de la loi fondamentale sur la Knesset fut le seul qui réellement pouvait le cas échéant servir de base à un contrôle de constitutionnalité. Cet article, comme nous le montrerons au chapitre suivant, est souvent considéré comme l'une des clés du système politique israélien, dans la mesure où il définit le mode de scrutin, c'est-à-dire la représentation proportionnelle à l'échelle nationale. Les circonstances d'un possible contrôle de constitutionnalité des lois ne furent réunies pour la première fois qu'en 1969. Il s'agissait, dans cette affaire très particulière de l'appréciation par la Cour suprême, de la constitutionnalité d'une loi de financement des partis politiques adoptée en avril 1969, soit à quelques mois des élections qui devaient se tenir en octobre de la même année.

---

1. Lorsque l'état d'urgence est proclamé sur le territoire (par la Knesset), le gouvernement est habilité à suspendre, modifier ou annuler par ordonnance toute loi, pour une période qui ne peut excéder trois mois (à moins d'une prorogation par la Knesset). La disposition en question signifie donc que la loi fondamentale sur la Knesset jouit d'un statut particulier à cet égard.

2. Dans sa nouvelle formulation de 1992.

3. En d'autres termes, l'élection du Premier ministre ne peut être modifiée qu'à la majorité de 61 voix.

Le requérant, A. Bergmann, avait intenté une action directement devant la Cour suprême, ayant pour objet d'interdire au ministre des Finances – par voie d'injonction [1] – de mettre les sommes prévues par la loi à la disposition des partis politiques [2]. Le motif invoqué était celui de la rupture de l'égalité entre les partis, alors que l'article 4 de la loi fondamentale prévoit *inter alia* que les élections sont... *égales*.

Dans l'arrêt connu sous le nom de *Bergmann c. ministre des Finances* [3], la Cour suprême a retenu l'argumentation du requérant. La Cour a constaté que le système de financement prévu par la loi était contraire au principe d'égalité (notamment l'égalité des chances). La Cour a constaté que la loi en question n'avait pas été votée à la majorité spéciale (c'est-à-dire la majorité absolue de 61 voix).

Les spécialistes en la matière peuvent apprécier cette dernière donnée : pour la Cour suprême, il eût suffi que la loi en question fût adoptée à la majorité absolue des membres de la Knesset pour qu'elle soit valide. Il s'agit là d'une application de la technique dite de la dérogation : la loi sur le financement des partis politiques pouvait déroger au principe d'égalité qui figure à l'article 4 de la loi fondamentale sur la Knesset, pourvu que la dérogation eût été adoptée à la majorité requise. On sait que cette technique est contraire, par exemple, à la tradition française : pour cette dernière, en effet, seul est concevable un amendement exprès de la Constitution. Depuis l'arrêt cité du 9 novembre 1995, il semble que cette approche dérogatoire soit abandonnée.

---

1. A l'inverse du droit administratif français, le droit israélien autorise les injonctions à l'endroit de l'Administration.

2. Cf. notre article « Les problèmes constitutionnels de l'État d'Israël. Le contrôle de la constitutionnalité des lois », *Revue du droit public*, 1969, p. 1105-1125.

3. La traduction intégrale (en anglais) de cet arrêt a été publiée dans *Israel Law Review*, vol. 4, 1969, p. 559, ainsi que dans le grand recueil *Selected Judgments of the Supreme Court of Israel*, vol. 8, qui couvre les années 1968-1988, p. 13.

Au cours des années 1969-1984, la Cour suprême eut l'occasion, à plusieurs reprises, de rendre des arrêts similaires, notamment en matière de financement des partis et de répartition du temps d'antenne pour les campagnes électorales, à la radio et à la télévision. Cependant, malgré de nombreuses discussions, notamment doctrinales, il fallut attendre l'année 1992 pour qu'une nouvelle étape soit franchie. Celle-ci le fut par les lois fondamentales adoptées en mars 1992.

3. Les nouvelles lois fondamentales en matière de libertés : la « révolution constitutionnelle[1] » de 1992

Les circonstances politiques dans lesquelles furent adoptées ces lois fondamentales sont exposées au chapitre qui traite de l'élection du Premier ministre au suffrage universel. On peut signaler ici qu'il s'agissait d'une fin de législature très agitée, au cours de laquelle la discipline de parti s'était beaucoup relâchée.

Techniquement, l'idée qui présida à l'adoption de ces deux lois fondamentales (l'une sur la liberté professionnelle, l'autre sur la dignité et la liberté de l'individu[2]) est simple : elle reprend ce que l'on peut appeler la technique de la résolution Harari, c'est-à-dire celle d'une adoption graduelle des lois fondamentales. Une nouvelle loi fondamentale serait adoptée au fur et à mesure qu'un consensus serait dégagé. L'essentiel du travail constituant ayant été réalisé, il restait à codifier les libertés publiques. L'idée fut celle d'utiliser pour cette codification la même voie graduelle : une loi fondamentale particu-

1. L'expression est du juge Barak, dans son article « La révolution constitutionnelle... », art. cit.

2. Outre l'adoption de la nouvelle loi fondamentale sur le gouvernement.

lière serait ainsi adoptée chaque fois qu'un consensus se dégagerait sur une liberté spécifique. C'est ainsi que la première de ces libertés fut la liberté professionnelle (version israélienne de la liberté du commerce et de l'industrie). La raison en est évidemment qu'il existait un large consensus à son sujet. En raison de sa relative brièveté, il est possible d'en donner ici le contenu intégral :

LOI FONDAMENTALE SUR LA LIBERTÉ PROFESSIONNELLE [1]

1. Tout citoyen ou résident de l'État est libre de s'adonner à toute activité, profession ou métier ; seule la loi peut limiter ce droit, à condition que celle-ci intervienne dans un but approprié et pour des considérations d'intérêt général.

Considérations relatives à la délivrance des autorisations

2. Lorsqu'une activité est soumise à autorisation, le droit à obtenir celle-ci ne pourra être refusé qu'en vertu d'une loi et pour des motifs qui tiennent à la sécurité de l'État, à l'ordre public, à la tranquillité et la salubrité publiques, la sécurité, l'environnement ou la défense de la morale publique.

Champ d'application

3. Toutes les autorités de l'État sont tenues de respecter la liberté professionnelle de chaque citoyen ou résident.

Stabilité de la loi

4. Les ordonnances prises en vertu de l'état d'urgence ne peuvent ni modifier la présente loi fondamentale ni en suspendre provisoirement l'application ou encore lui fixer des conditions d'application.

Rigidité de la loi

5. La présente loi fondamentale ne pourra être amendée que par une loi fondamentale adoptée à la majorité absolue des membres de la Knesset.

Dispositions temporaires

6. Les dispositions législatives applicables avant l'adoption de la présente loi fondamentale et qui seraient en contradiction

---

1. La loi a été adoptée le 3 mars 1992. Le texte qui suit est celui de la loi dans sa formulation originelle de 1992. Celui-ci a subi d'importants changements en 1994. Les titres imprimés ici en italiques font partie de la loi et figurent en marge de chaque article. Ces indications marginales figurent dans toutes les lois.

avec ses dispositions continueront de s'appliquer pendant une période de deux années à partir de l'entrée en vigueur de la présente loi fondamentale ; cependant, lesdites dispositions seront interprétées dans l'esprit de cette loi fondamentale[1].

Deux semaines plus tard, soit le 17 mars 1992, la Knesset adoptait la loi fondamentale sur la dignité et la liberté de l'individu, ainsi formulée[2] :

LOI FONDAMENTALE SUR LA LIBERTÉ ET LA DIGNITÉ DE L'INDIVIDU
But de la loi
1. Le but de la présente loi fondamentale est de sauvegarder la dignité et la liberté de l'individu, en vue d'établir dans une loi fondamentale les valeurs de l'État d'Israël, comme État juif et démocratique.
Sauvegarde de la vie, du corps humain et de la dignité
2. Il ne peut être porté atteinte à la vie, au corps humain ou à la dignité de toute personne.
Protection de la propriété
3. Il ne peut être porté atteinte à la propriété de l'individu.
Protection de la vie, du corps humain et de la dignité
4. Toute personne a droit à la protection de sa vie, de son corps et de sa dignité.
Liberté personnelle
5. Nul ne peut être privé de sa liberté ou voir celle-ci limitée par voie d'emprisonnement, de détention, d'extradition ou de toute autre manière.
Entrée et sortie d'Israël
6. (a) Toute personne est libre de quitter Israël.
(b) Tout citoyen israélien qui se trouve à l'étranger est libre d'entrer en Israël.
Intimité et confidentialité
7. (a) Toute personne a droit à la protection de l'intimité et de la confidentialité de sa vie.

1. Sauf indication contraire, la traduction des textes en hébreu est de notre fait.
2. Cette loi fondamentale a, elle aussi, été amendée en 1994. Cependant, il est important d'en connaître le texte originel pour comprendre la portée de la « révolution constitutionnelle ». Les nouveaux textes sont présentés plus loin.

(b) L'accès au domicile privé d'une personne ne peut se faire sans son accord.

(c) Nulle perquisition ne peut se faire au domicile privé d'une personne, de même que nulle fouille ne peut se faire sur son corps, de son corps ou dans ses effets personnels.

(d) Il ne sera pas porté atteinte au secret de la conversation de l'individu, de ses écrits ou de ses notes.

Atteinte aux droits

8. Il ne peut être porté atteinte aux droits qui découlent de la présente loi fondamentale que par une loi conforme aux valeurs de l'État d'Israël adoptée dans un but valable et dans la stricte mesure du nécessaire.

Exception pour les forces de sécurité

9. Pour les personnes qui servent dans les forces de défense de l'État d'Israël, la police d'Israël, les services des prisons ou toute autre organisation de sécurité de l'État, les droits qui découlent de la présente loi fondamentale ne peuvent être restreints ou soumis à condition que par une loi et dans une mesure qui n'excède pas ce qui est requis par la nature et le caractère du service.

Maintien du droit antérieur

10. Les dispositions de la présente loi fondamentale n'affectent pas la validité des mesures applicables avant l'entrée en vigueur de celle-ci.

Champ d'application.

11. Toutes les autorités de l'État sont tenues au respect des droits découlant de la présente loi fondamentale.

Stabilité de la loi

12. Les ordonnances prises en vertu de l'état d'urgence ne peuvent modifier la présente loi fondamentale, la suspendre temporairement ou y poser des conditions ; cependant lorsque l'état d'urgence en vertu de l'article 9 de l'ordonnance sur les pouvoirs publics et le droit de 1948 aura été proclamé, il sera possible de promulguer des ordonnances d'urgence de nature à supprimer ou à réduire les droits qui découlent de cette loi fondamentale, pourvu que cette suppression ou cette limitation intervienne dans un but valable et pour une période qui n'excède pas ce qui est nécessaire.

Ce sont ces deux lois fondamentales qui constituent la « révolution constitutionnelle » de 1992, dont parle le juge

Aharon Barak[1]. Quelques remarques s'imposent, pour comprendre la portée de cette « révolution » :

L'article 5 de la loi sur la liberté professionnelle consacre le principe de la supériorité de la loi fondamentale, au-delà du simple principe de majorité tel qu'il était conçu précédemment. En stipulant que la loi fondamentale ne peut être amendée que par une loi fondamentale adoptée à la majorité absolue des membres de la Knesset, la technique dérogatoire est désormais expressément rejetée. Il en résulte que cette loi fondamentale est certainement une loi supérieure, voire d'une nature juridique différente. On en vient naturellement à considérer qu'elle est l'œuvre du pouvoir constituant. La chose est d'autant plus intéressante à relever que cette loi fondamentale, comme celle sur le gouvernement, tout en étant « rigidifiée », a elle-même été adoptée à la majorité simple. Il n'est point d'autre explication à cette curiosité juridique que celle du pouvoir constituant : la Knesset comme organe constituant lie la Knesset comme législateur. Cependant, si juridiquement l'explication est parfaite, politiquement elle est douteuse et pourrait conduire à des abus, si d'aventure une majorité de circonstance « profitait » de celle-ci pour « rigidifier » une disposition controversée.

La loi fondamentale sur la dignité et la liberté de l'individu ne comporte pas de clause de « rigidité »[2]. On y trouve par ailleurs une clause qui protège l'ensemble de la législation antérieure contre tout contrôle de constitutionnalité. Seules les

1. Notamment dans « La révolution constitutionnelle... », art. cit. Cependant, l'expression est devenue très courante pour désigner le train de législation constitutionnelle de 1992. Aux deux lois constitutionnelles citées ici et à celle sur le gouvernement on peut ajouter une loi sur les partis politiques également adoptée en 1992. Sans être une loi fondamentale, cette loi est très importante pour le régime des partis.

2. En réalité, cette clause figurait dans le projet et n'en a été extraite, par voie d'amendement, qu'au cours de la deuxième lecture. A ce moment-là, les partis religieux, dont certains avaient soutenu la première loi fondamentale, deux semaines plus tôt, avaient déjà compris les « dangers » de cette dernière.

lois nouvelles peuvent faire l'objet d'un examen[1]. Cependant, comme la loi précédente, elle comprend une clause dite « limitative »[2]. Ainsi son article 8, selon lequel « il ne peut être porté atteinte aux droits qui découlent de la présente loi fondamentale que par une loi conforme aux valeurs de l'État d'Israël adoptée dans un but valable et dans la stricte mesure du nécessaire », constitue-t-il une clause limitative type, en l'absence même de clause de « rigidité ». Une telle clause permet l'examen de la constitutionnalité d'une loi à l'aune de cette clause limitative.

C'était là l'hypothèse dans l'affaire *Bank Hamizrahi c. Village coopératif Migdal et autres*. Cette affaire est intéressante à plus d'un titre. Rendue le 9 novembre 1995, la décision, historique, passa presque inaperçue, car elle intervint cinq jours après l'assassinat du Premier ministre Rabin. Elle est par ailleurs l'une des plus longues jamais écrites par une cour, quelle qu'elle soit, puisqu'elle occupe 500 pages[3] !

La Cour était saisie de la question de savoir si une loi adoptée en 1993[4], c'est-à-dire *après* l'adoption de la loi fondamentale sur la dignité et la liberté de l'individu, portait atteinte au droit de

---

1. Ce qui, pour des raisons techniques différentes, est précisément la solution prévalant en France.

2. Dont la nature est longuement étudiée par le juge Barak dans « La révolution constitutionnelle… », art. cit., p. 28 *sq*.

3. En fait, dans une deuxième impression plus serrée, le texte atteignait deux cent vingt pages. Si l'on tient compte de l'absence de voyelles en hébreu (à l'impression), on doit ajouter environ un tiers dans une traduction. En d'autres termes, cet arrêt couvrirait en français près de trois cent soixante-dix pages imprimées. Un autre paradoxe est que cet arrêt est à considérer comme *obiter dicta* presque entièrement. En d'autres termes, les motifs ne constituant pas un support nécessaire du dispositif, techniquement ils peuvent ne pas être considérés comme formant la nouvelle jurisprudence (ou *ratio decidendi*).

4. La procédure israélienne, issue de la *Common Law,* a pour conséquence l'existence d'un contrôle (par voie d'exception) devant chaque juge. L'affaire avait été portée devant la Cour suprême en appel d'une décision d'un tribunal de district. La loi attaquée était d'ailleurs un amendement à une loi antérieure à 1992. La Cour a considéré qu'un amendement devait être assimilé à une loi nouvelle et pouvait donc faire l'objet d'un examen de constitutionnalité. La tentative d'appliquer en la matière un critère de « détachabilité » a été écartée.

propriété. En l'espèce, une loi était intervenue pour réduire, voire effacer complètement les dettes de certains villages collectifs à l'égard des banques, permettant ainsi de sauver un secteur en état de cessation de paiement. La violation alléguée était celle du droit de propriété, tel qu'il figure à l'article 3 de la loi fondamentale. Une vive polémique opposait les neuf juges siégeant pour cette affaire, notamment à propos du pouvoir constituant de la Knesset. Cependant, les neuf juges admettaient qu'il y avait eu violation du droit de propriété, mais que celle-ci était intervenue « dans un but approprié et dans une mesure qui n'excède pas ce qui est nécessaire » et que par ailleurs la loi en question était conforme aux « valeurs de l'État d'Israël comme État juif et démocratique ». Sur le fond, la loi n'était pas remise en cause.

Cette décision a cependant été vivement critiquée. On a souligné notamment que non seulement la Cour suprême avait décidé qu'elle pouvait statuer sur la constitutionnalité des lois, mais que, bien au-delà, c'était la Cour qui, en fin de compte, avait décidé que les lois fondamentales pouvaient être considérées comme les éléments d'une Constitution ou même comme la Constitution elle-même [1].

La loi fondamentale sur la dignité et la liberté de l'individu fait référence aux valeurs de l'État d'Israël comme « État juif *et* [2] démocratique ». Dès lors, ces valeurs accèdent à un statut de supra-légalité. La question se pose de savoir quelles sont les valeurs d'un État juif et démocratique ? Comment les définir ? Nous aborderons ce débat délicat dans notre dernière partie, au moment de la discussion du caractère juif de l'État d'Israël.

Peu après l'adoption des deux lois fondamentales, en 1992, les milieux religieux s'étaient aperçus que celles-ci recelaient

1. Ce point de vue a été exprimé dans plusieurs milieux, bien au-delà des cercles religieux. Cf. notamment l'article (en hébreu) de Moshe Landau (ancien président de la Cour suprême) dans son article au titre significatif « L'adoption d'une Constitution par la voie jurisprudentielle », *Mishpat Umimshal*, revue de la faculté de droit de l'université de Haïfa, vol. 3, 1996, p. 697.

2. Souligné par nous.

bien des dangers, du point de vue de la législation religieuse.

Une décision rendue dès le 22 octobre 1992 par la Cour suprême avait déjà provoqué une nouvelle évolution de la législation constitutionnelle : elle allait conduire la Knesset à procéder à certains remaniements des deux lois fondamentales[1].

Le requérant avait créé une société d'importation de viande non cachère. L'Administration avait refusé de lui délivrer un permis d'importation. Les motifs réels de l'Administration étaient relativement complexes ; la Cour parvint cependant à la conclusion que le refus de délivrance d'une autorisation d'importer était illégal, en partie du fait de l'existence du principe de la liberté professionnelle (liberté du commerce et de l'industrie).

Devant ce « danger », le parti religieux Shas[2] exigea la révision des lois fondamentales. Celle-ci fut votée le 9 mars 1994 (à la majorité requise). La nouvelle loi fondamentale remplace l'ancienne loi fondamentale sur la liberté professionnelle et ajoute un article à la loi fondamentale sur la dignité et la liberté de l'individu. En voici le texte intégral :

> *Principes fondamentaux*
> 1. Les droits de l'homme en Israël sont fondés sur la reconnaissance de la valeur de l'individu, la sainteté de sa vie et sa liberté ; ces droits seront respectés dans l'esprit des principes de la Déclaration d'indépendance de l'État d'Israël.
> *But*
> 2. Le but de la présente loi fondamentale est de sauvegarder la dignité et la liberté de l'individu, en vue d'établir dans une loi fondamentale les valeurs de l'État d'Israël, comme État juif et démocratique.

---

1. Affaire *Mitrael c. Itzhak Rabin, Premier ministre et ministre des Cultes, et contre le ministre de l'Industrie et du Commerce*, *Recueil des arrêts de la Cour suprême*, vol. 47, t. 5, p. 485.

2. Durant une première période de près de deux ans, le parti Shas a fait partie de la coalition de gauche du gouvernement Rabin. Le Premier ministre s'était employé avec succès à faire voter la révision des lois fondamentales par son parti, dans le sens exigé par les partis religieux.

Liberté professionnelle
3. Tout citoyen ou résident de l'État est libre de s'adonner à toute activité, profession ou métier.
Atteinte à la liberté professionnelle
4. Il ne peut être porté atteinte à la liberté professionnelle que par une loi conforme aux valeurs de l'État d'Israël adoptée dans un but valable et dans la stricte mesure du nécessaire, soit encore en vertu d'une loi conforme à ces principes et par une délégation expresse contenue dans cette loi.
Champ d'application
5. Reprend l'ancien article 3.
Stabilité de la loi
6. Reprend l'ancien article 4.
Rigidité de la loi
7. Reprend l'ancien article 5.
Validité d'une loi dérogatoire
8. Une disposition législative dérogatoire à la liberté professionnelle sera valable alors même qu'elle serait contraire à l'article 4, pourvu que cette disposition soit incluse dans une loi adoptée à la majorité absolue qui stipule qu'elle sera valide malgré la présente loi fondamentale ; une telle disposition cesse ses effets quatre ans après son adoption, à moins qu'une date antérieure n'ait été déterminée.
9. [Annule formellement la précédente loi fondamentale sur la liberté professionnelle.]
Dispositions transitoires
10. Des dispositions légales qui étaient valides avant la présente loi ou avant la loi annulée à l'article 9 continueront d'être en vigueur pendant une période de deux années du jour où la présente loi entre en vigueur, à moins qu'elles ne soient annulées antérieurement ; cependant l'interprétation desdites dispositions se fera dans l'esprit de la présente loi fondamentale.
Amendement à la loi fondamentale sur la dignité et la liberté de l'individu
11. L'article 1er de la loi fondamentale sur la dignité et la liberté de l'individu devient l'article 1A et sera précédé d'un article 1er ainsi rédigé :
« *Principes fondamentaux*
« 1. Les droits de l'homme en Israël sont fondés sur la reconnaissance de la valeur de l'individu, la sainteté de sa vie et sa liberté ; ces droits seront respectés dans l'esprit des principes de la Déclaration d'indépendance de l'État d'Israël... »

On perçoit les différences avec l'ancienne formulation. Le nouvel énoncé de la loi fondamentale permet l'adoption de mesures dérogatoires dans une loi ordinaire, pourvu que ce caractère dérogatoire soit expressément constaté et qu'il ait été adopté à la majorité absolue. Cette technique est directement inspirée d'une formule très proche dans la Charte canadienne des droits et libertés de 1982[1]. Elle a été employée en Israël précisément à propos de l'importation de viande, quelques jours après l'adoption de la nouvelle loi fondamentale.

Une loi du 15 mars 1994, votée à la majorité requise, dispose très clairement que, « nonobstant toute disposition législative contraire […] l'importation de viande non cachère n'est pas autorisée… ».

Cependant, il semble bien que la grande nouveauté, issue des amendements de 1994, consiste dans la référence aux principes de la Déclaration d'indépendance. Celle-ci indique :

> […] L'État d'Israël sera fondé sur la justice, la liberté et la paix selon l'idéal des prophètes d'Israël ; il assurera la plus complète égalité sociale et politique à tous ses habitants, sans distinction de religion, de race ou de sexe ; il garantira la liberté de culte, de conscience, de langue, d'éducation et de culture ; il assurera la protection des Lieux saints de toutes les religions et sera fidèle aux principes de la Charte de l'Organisation des Nations unies.

1. L'influence canadienne sur la rédaction des lois fondamentales et sur la jurisprudence est très importante. Ainsi, l'article 1er de celle-ci indique : « La Charte canadienne […] garantit les droits et libertés qui y sont énoncés. Ils ne peuvent être restreints que par une règle de droit, dans des limites qui soient raisonnables et dont la justification puisse se démontrer dans le cadre d'une société démocratique. » De même, l'article 33 de cette même Charte prévoit que le Parlement (ou une législature provinciale) « peut adopter une loi où il est expressément déclaré que celle-ci ou une de ses dispositions a effet indépendamment d'une disposition donnée de l'article 2 et des articles 7 à 15 de la présente Charte ». Cette déclaration n'est valable que pour cinq ans, mais peut être renouvelée. La Charte a elle-même été influencée par la Convention européenne de sauvegarde des droits de l'homme de 1950.

Ce texte fait ainsi tardivement l'objet d'une reconnaissance juridique[1]. Il peut donc, le cas échéant, fournir un point d'appui pour un examen de la constitutionnalité des lois. Cependant, la Cour reste encore réticente. En effet, on perçoit bien que la clause limitative signalée plus haut permet à la Cour d'interpréter les lois, voire dans certains cas de les censurer, sans lui fournir d'indications précises. Comment définir un but valable ? Comment déclarer qu'une mesure dépasse ou ne dépasse pas ce qui est nécessaire ? Enfin, la référence aux valeurs de l'État « juif et démocratique » ouvre elle aussi de vastes perspectives. Malgré le prestige de la Cour suprême, il est clair que cette nouvelle époque, consacrée par la révolution constitutionnelle, peut mener le pouvoir judiciaire sur une route dangereuse. C'est la raison pour laquelle il nous a paru utile de consacrer quelques réflexions au légalisme de la vie publique israélienne et au rôle de la Cour suprême.

4. Le rôle de la Cour suprême dans la vie publique et le légalisme de la vie politique[2]

a) La Cour suprême

Toutes les enquêtes le montrent clairement : la Cour suprême israélienne est de loin l'institution du pays la plus respectée[3]. Il est incontestable que celle-ci a réussi en près de cinquante

1. Depuis la création de l'État, la jurisprudence constante de la Cour suprême avait consisté à rejeter la valeur juridique de la Déclaration d'indépendance. La Cour suprême avait jugé que la Déclaration ne pouvait être considérée comme ayant une valeur supra-législative. Au mieux, elle pouvait servir de source pour les principes d'interprétation.

2. Sur cette question, on peut aussi se référer à l'article de Françoise Dreyfus « La Cour suprême. L'audace du juge », *Pouvoirs*, n° 72, p. 61-72.

3. Malgré les attaques qu'elle subit.

années d'existence à acquérir une stature exceptionnelle. Aujourd'hui, il semble d'ailleurs qu'elle soit sur le point d'être victime de son succès : dans de nombreuses matières où elle a fait preuve d'un activisme poussé, la Cour fait l'objet de vives critiques (en particulier dans les milieux religieux).

Cet activisme est flagrant en matière des droits de l'homme et des libertés publiques, d'où le heurt avec les milieux religieux [1]. Il est d'ailleurs de nature à se développer avec l'application des lois fondamentales comportant la notion d'État juif *et* démocratique. Cependant, la Cour est intervenue de manière moins tranchée dans les affaires relatives aux territoires occupés. On a pu avancer que le fait même de l'existence d'un contrôle juridictionnel sur les autorités militaires d'occupation représentait une nouveauté importante. Pourtant, les cas dans lesquels les décisions militaires se sont vu censurer ont été relativement rares [2].

Un autre domaine d'activisme concerne l'instauration d'une certaine morale publique. Ainsi la Cour a-t-elle ordonné au Premier ministre de se séparer d'un ministre mis en accusation pour corruption, alors qu'aucun texte ne le requérait [3] ; elle a

---

1. Une affaire qui a particulièrement choqué les milieux religieux a été le cas *El Al c. Danilevitch, Recueil des arrêts de la Cour suprême*, vol. 48, t. 5, 1994, p. 749 : dans cette affaire il s'agissait de savoir si le compagnon mâle vivant en couple avec un steward (mâle) d'El Al pouvait bénéficier des avantages accordés par la compagnie aux conjoints de ses employés. La Cour a statué en faveur de l'égalité de traitement, déclenchant l'ire des milieux religieux.

2. Ainsi, on a pu dire que l'activisme de la Cour suprême s'arrêtait à la ligne verte (c'est-à-dire aux lignes d'armistice de 1948-1949). La Cour avait d'ailleurs décidé que, dans la mesure où la 4e convention de Genève sur le traitement des civils en cas de conflit n'avait pas été « transformée » en droit interne (israélien) – alors même qu'elle avait été dûment ratifiée –, elle ne pouvait être invoquée par les requérants devant les tribunaux israéliens. Par contre, les requérants pouvaient s'appuyer sur les protocoles de La Haye (1899-1907), qui accordent une protection moins poussée aux civils (les dispositions de La Haye sont considérées comme faisant partie du droit international coutumier). Cependant, on a fait remarquer que la simple existence du recours devant la Cour a profondément transformé l'approche militaire.

3. Ainsi l'ancien ministre de l'Intérieur Arieh Deri, du parti Shas : celui-ci est resté député, mais le Premier ministre a mis fin à ses fonctions sur injonction de

interdit la nomination d'un haut fonctionnaire convaincu de mensonge devant une commission d'enquête[1]; elle est intervenue pour ordonner la publication des accords de coalition[2], au nom de la liberté d'information des citoyens; de même, elle n'a pas hésité à censurer certaines dispositions dans plusieurs de ces accords, au nom de l'ordre public, etc. On peut ajouter à ces éléments le développement parallèle du contrôle de la *reasonableness*[3] des décisions qui place le contrôle juridictionnel de l'Administration à la limite du contrôle de l'opportunité.

Pour comprendre l'importance de la Cour dans le système israélien, ainsi que son prestige, il faut rappeler cette évidence : le pouvoir judiciaire a été construit tout entier sur le modèle anglais. Bien plus, la Cour suprême se considère comme l'héritière et la continuatrice de l'ancienne Cour suprême de la Palestine mandataire. Durant les premières années, l'ordonnance mandataire de 1940 sur les tribunaux continua de s'appliquer : lorsque fut votée la première grande loi sur le pouvoir judiciaire qui remplaça le texte mandataire, les principaux articles gardèrent la même numérotation, comme pour mieux souligner la continuité. Ce n'est qu'en 1984, avec l'adoption de la loi fondamentale sur le pouvoir judiciaire, qu'intervint un profond remaniement du texte[4]. La Cour suprême comprend

---

la Cour suprême, à la suite d'un recours intenté par l'Association pour la qualité de la vie publique. Accusé de corruption, Arieh Deri a été traduit en justice. Le procès, commencé en 1994, devrait durer trois ans.

1. Alors même qu'il avait été gracié sur le fond. Dans cette affaire, un ancien chef des services secrets avait couvert certains agents, soupçonnés d'avoir battu à mort un terroriste *après* sa capture.

2. Cette obligation est devenue statutaire depuis. Toutes ces affaires se situent au moment de la grande crise politique et parlementaire de 1990, analysée plus loin.

3. La notion de *reasonableness* a été « importée » du droit administratif anglais. Elle permet au juge de censurer une décision administrative jugée « non raisonnable ». Cette jurisprudence a beaucoup évolué depuis les années quatre-vingt et permet au juge un contrôle très poussé de la motivation de l'acte administratif.

4. Pourtant, de nombreuses dispositions furent conservées sans le moindre changement : ainsi l'article 15 de la loi fondamentale, qui définit les compétences de la Cour suprême comme cour d'appel et surtout comme cour adminis-

au total quatorze juges, mais les décisions sont rendues par une formation dont la taille varie selon l'importance de la question traitée. La plupart des décisions sont rendues par des formations de trois juges ; cependant, depuis plusieurs années, le nombre d'affaires traitées par des formations plus larges n'a cessé de croître : quelques affaires ont déjà été traitées par la formation la plus nombreuse, c'est-à-dire treize juges. Rappelons aussi qu'à l'instar du modèle anglais les juges peuvent écrire des opinions dissidentes. Les juges jouissent de l'inamovibilité (sauf faute disciplinaire) et doivent prendre leur retraite à 70 ans.

Les juges (à tous les échelons de l'organisation judiciaire) sont choisis par une commission comprenant neuf membres : le ministre de la Justice (qui la préside) ainsi qu'un autre ministre (nommé par le gouvernement), le président de la Cour suprême et deux autres juges de cette cour, choisis par leurs pairs, deux députés à la Knesset (élus par celle-ci) et deux représentants de l'Ordre des avocats.

Relevons les qualifications requises pour être nommé à la Cour suprême :

– soit avoir été juge pendant cinq ans au moins dans un tribunal de district ;

– soit avoir été inscrit à l'Ordre des avocats et avoir exercé une profession juridique de tout type pendant au moins dix ans ;

– soit être considéré comme un juriste de « très haut niveau » [1].

Le système constitue une remarquable réussite. Les juges sont, en général, de très haut niveau et jouissent d'un grand prestige dans la société israélienne. Ce prestige est également

---

trative (en premier et dernier ressort). La pyramide judiciaire n'a pas changé : elle comporte, à la base, des justices de paix, des tribunaux de district et, au sommet, la Cour suprême. Une juridiction du travail existe depuis 1969, ainsi que des tribunaux religieux (rabbiniques, musulmans, druzes).

1. Cette dernière disposition, très curieuse, a permis, en 1949, la nomination à la Cour suprême d'un rabbin célèbre pour sa compétence, mais qui n'avait aucun diplôme juridique.

lié au fait que, outre le niveau professionnel élevé, les juges sont tenus à un devoir de réserve poussé à l'extrême [1].

Signalons cependant un élément particulièrement intéressant dans les débats qui se déroulent autour de la Cour suprême, notamment depuis que celle-ci a été amenée à exercer un contrôle de constitutionnalité, en interprétant des dispositions dont le contenu fait l'objet de controverses. Ainsi en est-il, à l'évidence, des valeurs juives et démocratiques. On voit bien qu'il n'existe pas à cet égard d'interprétation unique, et que celle-ci varie en fonction du juge, c'est-à-dire en fonction de la conception que se fait chaque juge des valeurs juives et démocratiques, de la tension entre les deux éléments [2].

Le débat actuel porte donc sur le portrait type du juge à la Cour suprême, présenté comme ashkénaze, libéral et laïque. La vérité est que la grande majorité des juges nommés correspondent bien à ce modèle. *A contrario*, l'*establishment* judiciaire a fourni la preuve de la pertinence de ce portrait-robot : en effet, une tradition – dont l'existence est parfois contestée – veut qu'il faille constamment veiller à la représentation minimale de certains secteurs. Il en va ainsi plus particulièrement des juges sépharades ou encore des juges religieux. De même qu'à la Cour suprême américaine, au sein de laquelle existe le concept de *jewish seat* ou de *black seat,* on peut parler de siège religieux ou sépharade. A ce sujet, quelques remarques s'imposent :

– le concept de « juge religieux » va au-delà des pratiques religieuses du candidat : il s'agit aussi de garantir la présence à la Cour de juges ayant une solide formation talmudique ;

– il n'y a pas de juge arabe à la Cour suprême [3] ; la question est, elle aussi, discutée ;

– depuis 1970, les femmes sont entrées à la Cour suprême.

1. Il va de soi que toute activité syndicale et surtout toute affiliation politique sont proscrites.

2. Cette question sera analysée dans notre troisième partie.

3. De nombreux juges arabes siègent dans les justices de paix et dans les tribunaux de district.

On a parfois avancé que les conceptions de la Cour suprême reflètent un univers très typé et ne permettent pas la représentation de tous les secteurs de la population du pays. La question est devenue très actuelle : déjà des voix se sont levées pour demander la prise en considération du modèle « européen » des Cours constitutionnelles, qui permettrait un meilleur équilibre.

Depuis la fin des années soixante-dix, la Cour est entrée dans une période de grand activisme, dont on a déjà donné quelques exemples. D'autres cas seront traités plus loin. Cependant, il convient de signaler que la Cour suprême a été appelée à jouer un rôle fondamental dès les premières années après la création de l'État.

En matière de droits de l'homme, dès 1953, la Cour a été amenée à formuler une position très avancée en matière de liberté d'expression.

L'affaire *Kol Haam c. ministre de l'Intérieur*[1] a été le cadre de cette première révolution. Dans cette affaire, le ministre de l'Intérieur avait fait usage du pouvoir exorbitant que lui attribue l'ordonnance mandataire sur la presse (1933) : en effet, il lui est loisible d'ordonner la suspension pour une certaine période d'un journal qui aurait publié des informations de nature à mettre la tranquillité publique en danger *(« likely to endanger… »)*. Le ministre avait ainsi ordonné la suspension du quotidien communiste *Kol Haam* (La Voix du peuple), qui avait publié une information selon laquelle Israël se serait apprêté à envoyer des troupes en… Corée ! La Cour censura la décision en ayant recours à une interprétation audacieuse[2].

---

1. *Recueil des arrêts de la Cour suprême*, vol. 7, 1953, p. 871. Une traduction anglaise figure dans le recueil *Selected Judgments of the Supreme Court of Israel, op. cit.*, vol. 1, 1962, p. 90. Cf. aussi l'article de David Kretzmer « Les droits de l'homme en Israël », *Pouvoirs*, n° 72, p. 37.

2. Directement inspirée des récents développements de la jurisprudence américaine de l'époque sur le 1er amendement. L'arrêt fut rendu par le juge Agranat, lui-même d'origine américaine.

Pour la Cour suprême, il résulte de la Déclaration d'indépendance – malgré son caractère non obligatoire – que l'État d'Israël est un État démocratique et libéral. Il s'ensuit que la liberté d'expression doit être placée au niveau le plus élevé et que toute limitation législative d'une telle liberté doit nécessairement être interprétée restrictivement : en d'autres termes, l'expression *« likely to endanger public peace »* doit prendre le sens d'une évidence. Autrement dit, le critère de lecture est tout simplement celui de la jurisprudence américaine de l'époque, de *« clear and present danger »*. On voit le travail qui a abouti à doter l'État d'Israël d'un cadre d'interprétation libéral des droits, en l'absence d'une Constitution écrite et d'un *Bill of Rights* [1].

Par la suite, les exemples d'une telle créativité abondent; certains ne sont pas nécessairement orientés dans un sens libéral. Ainsi, en 1965, dans l'affaire connue sous le nom d'*El Ard* (en arabe : la Terre), la Cour suprême entérinait la décision de la Commission centrale de contrôle des élections – dont le rôle consiste à vérifier les conditions formelles relatives aux candidatures à la Knesset – d'écarter de la compétition électorale une liste arabe, au motif que celle-ci avait comme plate-forme électorale la destruction de l'État d'Israël et son remplacement par un autre État (palestinien) [2]. La Cour a considéré qu'il résultait de la Déclaration d'indépendance que l'État d'Israël était un État juif, qu'il lui était loisible de se protéger contre toute tentative de destruction [3].

1. Certains commentateurs ont avancé l'idée que la Cour avait adopté cette position précisément en raison de l'absence de Constitution, c'est-à-dire lorsqu'elle parvint à la conclusion qu'une Constitution ne serait pas adoptée dans un proche avenir. Un an avant la décision Kol Haam, la Cour avait rejeté une requête en tous points semblable.

2. Nous traiterons ces questions plus à fond dans notre troisième partie.

3. Nous avons qualifié cette situation de « syndrome de Weimar » ; cf. Claude Klein, « Le syndrome de Weimar, version israélienne », *Le Genre humain*, n° 26, 1992, p. 181.

Nombreuses furent également les décisions en matière religieuse (notamment sur la question : « Qui est juif ? ») qui permirent à la Cour de jouer un rôle central dans les grands débats israéliens. Il suffit de se référer au problème qui a provoqué (été 1996) des manifestations imposantes à Jérusalem, en vue de la fermeture à la circulation automobile d'une grande artère habitée presque exclusivement (95 %) par des orthodoxes. Une fois de plus, la Cour a été appelée à trancher.

Cette affaire est instructive à plus d'un titre. Il s'agit de la rue Bar-Ilan, une longue artère de près de deux kilomètres qui jouxte le quartier ultra-religieux de Mea-Shearim et qui relie le nord de la ville au sud. Du fait du développement de la population haredite, celle-ci réside aujourd'hui des deux côtés de cette rue. Depuis plusieurs années, les milieux ultra-orthodoxes en exigeaient la fermeture à la circulation les samedis (de fait, depuis le vendredi soir jusqu'au samedi soir) et jours de fêtes : c'est-à-dire environ vingt-six heures de fermeture continue. Depuis longtemps certaines rues exclusivement habitées par une population haredite étaient ainsi fermées à la circulation (dont le quartier de Mea-Shearim). Cependant, pour la première fois, la demande de fermeture visait une grande artère de communication. Peu après l'élection de M. Netanyahou, le nouveau ministre des Transports (lui-même du Parti national-religieux) prit un arrêté ordonnant la fermeture à la circulation de ladite rue les samedis et jours de fête aux heures de prières, soit une heure le vendredi soir, deux heures le samedi matin et une heure le samedi soir. Cet arrêté fut attaqué devant la Cour suprême, en même temps que se déroulaient, chaque samedi, de violentes manifestations.

Dans un premier temps, la Cour émit une injonction, suspendant l'application de l'arrêté jusqu'au jugement sur le fond. Quelques semaines plus tard, le 15 août 1996, la Cour proposait au ministre des Transports la constitution d'une commission d'enquête qui porterait sur la politique de la fermeture des rues dans l'ensemble du pays. Cette commission devait comprendre des représentants de tous les horizons et de toutes les opinions et devrait formuler des recommandations dans un esprit de tolérance. La base juridique de cette recommandation (immédiatement acceptée par les parties en conflit) est étonnante : en effet, il est apparu que deux ans avant l'arrêté, le ministre des Transports et le directeur de la voirie publique avaient pris une décision contraire (refusant la fermeture de la rue). La question était donc celle de la *reasonableness* de la décision. La création de la commission permettait au ministre de reconsidérer sa position et d'exposer les conditions dans lesquelles elle avait été prise. A la majorité de 6 voix contre 1 (le seul juge religieux siégeant dans la formation vota contre le maintien de l'injonction), la Cour a décidé de maintenir l'injonction temporaire. La circulation automobile devait donc continuer, les samedis et jours de fête, jusqu'à la décision de fond. La Cour a fixé un délai de deux mois pour les travaux de la commission. Il s'agit sans nul doute d'un remarquable exemple d'interventionnisme judiciaire dans un domaine particulièrement sensible.

Au cours de la période la plus récente, ce rôle n'a cessé de croître, en particulier sous l'impulsion de certains « grands » juges, dont l'ancien président de la Cour Meïr Shamgar et, plus récemment, le juge Aharon Barak, qui préside la Cour depuis août 1995. Certains exemples d'intervention de la Cour sont tout à fait étonnants, notamment ceux ayant trait à l'activité parlementaire. On a vu que la Cour avait eu à se prononcer également sur le statut des lois fondamentales, ce qui aboutissait à faire décider par l'organe judiciaire non seulement la question (traditionnelle) du contrôle de la constitutionnalité, mais plus encore celle de l'existence de la Constitution elle-même [1].

---

1. Il est symptomatique de constater que la Cour semble avoir abandonné toute référence à la théorie de la *Justiciability*, version américaine et longtemps israélienne de la théorie française de l'acte de gouvernement.

Les attaques contre la Cour suprême et contre son président, le juge Barak, ont été marquées au cours de l'été 1996 par une violence verbale inouïe, en particulier dans la presse haredite, qui désignait le président de la Cour suprême comme l'ennemi public, à l'instar de la campagne contre Itzhak Rabin après la signature des accords d'Oslo, au point que l'attentat contre sa personne ne semblait plus à exclure [1]. Cependant, les menaces n'émanaient plus des mêmes milieux que ceux qui avaient menacé Itzhak Rabin.

Pour les milieux haredis, la Cour suprême apparaît comme le dernier rempart contre leurs revendications, puisque désormais la « menace » de l'invalidation de lois n'est plus à écarter. Leurs exigences à l'encontre de la Cour sont maintenant de plusieurs ordres : nomination de juges religieux ou *haredim* ; création d'une Cour constitutionnelle dont certains membres seraient élus par la Knesset ainsi que par les différents ordres judiciaires (y compris les tribunaux rabbiniques) ; exclusion de certains domaines du champ d'intervention de la Cour…

b) Le légalisme extra-judiciaire : les commissions d'enquête

On peut rattacher au pouvoir de la Cour suprême l'institution spécifique des commissions publiques d'enquête. Instituées par une loi de 1968, elles ont pour but de permettre de faire la lumière sur une question d'importance nationale. Si le gouvernement est seul habilité à en décider la création et à en définir le champ d'activité (*terms of reference*), c'est au président de la Cour suprême qu'il revient de nommer les membres de la commission. Le président doit être un juge. Ainsi peut-on citer parmi les grandes commissions : la commission Agranat

1. Le gouvernement a décidé de protéger le juge Barak, ainsi que d'autres juges de la Cour.

sur la guerre de Kippour[1] ; la commission Kahane concernant les responsabilités israéliennes (indirectes) dans le massacre de Sabra et Chatila (septembre 1982) ; la commission Shamgar sur le massacre perpétré par un colon israélien dans la mosquée des Patriarches à Hébron (février 1994) ; la commission Shamgar sur l'assassinat du Premier ministre Rabin, etc.

Les commissions ont de très larges pouvoirs d'enquête : elles établissent les faits, mais elles formulent également des recommandations : celles-ci sont toujours suivies[2].

c) *L'attorney general*

Cependant, le légalisme de la vie politique israélienne se manifeste sous bien d'autres formes. On voudrait simplement citer ici l'existence d'un personnage central, qui porte le titre (en hébreu) de conseiller juridique du gouvernement, s'inscrivant dans la tradition de l'*attorney general*. De fait, celui-ci remplit deux fonctions distinctes, dont le cumul en fait l'une des autorités les plus puissantes du pays. Nommé par le gouvernement (sur proposition du ministre de la Justice), il est révocable, mais les cas de révocation sont rares. La tradition veut que l'on attende qu'il annonce son départ[3] ; certains restèrent en fonction près de dix ans.

D'une part il est le procureur de l'État, d'autre part il est effectivement le conseiller juridique du gouvernement, auquel il dispense ses avis. Depuis 1977, il assiste à toutes les réunions

1. Shimon Agranat était président de la Cour suprême. Il se désigna donc comme président de la commission d'enquête.

2. Ainsi la révocation de plusieurs responsables militaires après la guerre de Kippour. De même, Ariel Sharon, ministre de la Défense au moment du massacre de Sabra et Chatila, dut-il abandonner ses fonctions (tout en restant au gouvernement).

3. Cependant, en 1986, l'*attorney general* I. Zamir fut-il remplacé pour éviter qu'il n'intente des poursuites contre des membres des services secrets qui avaient tué les auteurs d'une prise d'otages, *après* qu'ils eurent été maîtrisés.

du gouvernement. Pour bien marquer son statut particulier, il n'est jamais remplacé en cas de changement de gouvernement.

En tant que procureur de l'État, c'est lui et lui seul qui décide de l'opportunité de poursuites judiciaires. A ce sujet, il peut aussi formuler des règles générales de non-poursuite : ainsi Haïm Cohn, en fonction de 1950 à 1960, décida-t-il qu'en matière d'avortement il n'y aurait de poursuite qu'en cas de décès de la femme. De même avait-il décidé que, malgré un texte ancien (abrogé plus tard), il n'y aurait jamais de poursuites en raison d'actes d'homosexualité entre adultes consentants.

Le grand pouvoir de l'*attorney general* provient avant tout de la doctrine de l'indépendance de son pouvoir de décision : nul ne peut lui donner d'instructions en matière de poursuites. S'il en était autrement, sa décision de poursuivre ou de ne pas poursuivre, ou encore de suspendre des poursuites déjà engagées, serait entachée d'illégalité. En effet, en vertu du principe d'opportunité des poursuites, il peut décider de ne pas poursuivre, au nom de l'intérêt public. Cependant, depuis 1990, une jurisprudence révolutionnaire de la Cour suprême applique à de telles décisions la règle de la *reasonableness* : la Cour suprême a annulé pour excès de pouvoir une décision de l'*attorney general* de *ne pas* poursuivre des directeurs de banques coupables d'avoir influé sur le cours des actions bancaires, entraînant ainsi une grave crise financière (en 1983)[1]. Les exemples de l'indépendance de l'*attorney general* sont fréquents ; on peut citer la décision de poursuivre la femme du Premier ministre Itzhak Rabin (en 1977)[2] ou des hommes

1. *Ganor et autres c. attorney general, Recueil des arrêts de la Cour suprême*, vol. 44, t. 2, 1990, p. 485. Le 7 août 1996, dans un arrêt soigneusement motivé, la Cour annulait également la décision prise par l'*attorney general* de ne pas intenter des poursuites à l'encontre d'un député.

2. Pour détention illégale d'un compte bancaire à l'étranger. L'*attorney general* de l'époque était Aharon Barak, président de la Cour suprême depuis août 1995.

publics et hauts fonctionnaires. Au début du mois d'août 1996, l'*attorney general* Ben Yaïr décidait qu'il y avait lieu d'ordonner une enquête de police contre le ministre de la Justice, nommé depuis moins de deux mois. Le jour même, le ministre annonçait sa démission [1].

En tant que conseiller juridique, l'*attorney general* formule des recommandations et exprime des avis juridiques qui, selon la coutume, lient le gouvernement et de manière plus générale l'ensemble de l'Administration. Ces avis figurent dans un recueil de plusieurs volumes qui apparaît ainsi comme une source accessoire du droit [2]. Ces avis peuvent également être *ad hoc* ou *ad personam :* ainsi, après la commission d'enquête sur le massacre de Sabra et Chatila, ce fut l'*attorney general* qui formula un avis, interprétant les recommandations de la commission, selon lequel le ministre de la Défense Ariel Sharon devait quitter son poste, mais pouvait occuper d'autres fonctions gouvernementales.

Avec la Cour suprême, l'*attorney general* représente un élément central dans le fonctionnement de la vie juridique du pays [3], mais aussi dans une vie politique fortement empreinte de légalisme.

---

1. Non sans avoir publiquement critiqué la décision de l'*attorney general* et annoncé son retour après qu'il serait blanchi.

2. Il arrive que ces avis soient soumis à un contrôle de légalité devant la Cour suprême et qu'ils soient annulés.

3. Nombreux furent les titulaires du poste nommés à la Cour suprême après avoir quitté leurs fonctions.

7

La proportionnelle, clef du système politique ?

1. Le système électoral et ses caractéristiques techniques

Du point de vue de la technique des modes de scrutin, le système israélien est d'une très grande simplicité. Le mode de scrutin est défini à l'article 4 de la loi fondamentale sur la Knesset :

> Les élections à la Knesset sont générales, nationales, directes, égales, secrètes et proportionnelles, conformément à la loi sur les élections à la Knesset ; le présent article ne peut être modifié qu'à la majorité absolue des membres de la Knesset[1].

Il faut ajouter que la Knesset est élue pour quatre ans et, dès 1948, l'âge de la majorité électorale a été fixé à 18 ans (hommes et femmes).

---

1. Dès son adoption, en 1958, cet article apparut comme ayant un statut particulier. En effet, c'était alors le seul article « rigide » dans la législation constitutionelle israélienne, c'est-à-dire nécessitant une majorité spéciale pour toute modification ; encore s'agit-il d'une rigidité minimale, puisqu'il est question de la majorité absolue, soit 61 voix sur les 120 que compte la Knesset. Les circonstances dans lesquelles cette décision fut adoptée sont rappelées plus loin. De ce fait, cet article devait devenir l'embryon du contrôle de la constitutionnalité des lois en Israël. Cf. Claude Klein, « Les problèmes constitutionnels de l'État d'Israël… », art. cit., p. 1105-1125, et id., *Théorie et Pratique du pouvoir constituant*, *op. cit.*, p. 49-66.

On doit mettre en avant le caractère à la fois national *et* proportionnel du mode de scrutin, d'où l'expression de « proportionnelle intégrale » qui s'applique ainsi au système israélien [1]. L'électeur ne met dans l'urne qu'un bulletin portant le nom du parti pour lequel il souhaite voter. De fait, le nom du parti apparaît à peine sur le bulletin : le plus souvent il est identifié par une lettre ou une série de lettres [2], symbole d'une dépersonnalisation totale du lien entre électeurs et élus.

Les caractéristiques techniques de la proportionnelle israélienne sont les suivantes :

– seuil électoral de 1,5 % ;

– répartition des restes à la plus forte moyenne ;

– possibilité d'apparentement entre deux partis pour l'attribution des restes.

Ajoutons que le panachage et (ou) le vote préférentiel sont exclus.

Il a parfois été avancé que l'introduction du panachage et/ou du vote préférentiel pourrait contribuer à corriger quelque peu les conséquences trop extrêmes du mode de scrutin [3]. Cependant, les auteurs de ces propositions, tout en soulignant certains avantages, ne manquent pas de signaler les dangers de fractionnement qu'ils présentent, en contribuant à mettre l'accent sur des campagnes personnalisées.

Analysons rapidement ces caractéristiques essentielles, ainsi que leur signification.

1. A notre connaissance, seuls les Pays-Bas pratiquent un système quelque peu analogue.

2. Une grande partie de la campagne électorale est d'ailleurs consacrée à bien faire connaître ces lettres symbolisant les partis aux électeurs. Les grands partis conservent jalousement leurs symboles d'un tour de scrutin à l'autre. Il semble que la représentation par des lettres fut introduite pour pallier le fait que beaucoup d'électeurs nouveaux immigrants ignoraient l'hébreu et pouvaient ainsi mémoriser plus facilement les partis pour lesquels ils entendaient voter lors du passage dans l'isoloir.

3. Cf. le rapport *Electoral Reform in Israel*, publié par l'Institut Israël-Diaspora, université de Tel-Aviv, août 1989, 2e partie, p. 39.

a) Le seuil électoral

Si le seuil électoral joue un rôle important dans l'ensemble du système, il n'en est pas moins vrai qu'un véritable mythe s'est développé à ce sujet, selon lequel il suffirait d'élever le seuil pour corriger certains effets de la proportionnelle.

A l'origine, c'est-à-dire en 1949, le seuil avait été fixé à 1 % [1]. Il fut porté à 1,5 % en 1991. Il est censé devoir compenser les effets les plus marquants de la proportionnelle intégrale, dans la mesure où il permet de réduire le nombre des listes obtenant un siège. Arithmétiquement, il est aisé de mesurer, de manière extrêmement précise, l'effet réducteur du seuil électoral : il se situe en effet entre le quotient électoral et le seuil électoral. Ainsi, en 1992, le quotient électoral était-il de 20 715 voix et le seuil de 39 252 voix. De ce fait, en 1992, deux listes qui avaient franchi le quotient électoral sans parvenir à atteindre le seuil de 1,5 % furent éliminées de la répartition des sièges [2]. Le nombre des listes représentées à la Knesset ne fut dès lors que de dix au lieu de douze. Aux élections de 1996, le seuil électoral de 1,5 % a été de 45 773 voix (on remarque l'augmentation par rapport à 1992 : celle-ci, qui est de l'ordre de 15 %, s'explique tant par la croissance démographique que par un taux de participation plus élevé qui est passé de 77,4 à 79,5 % [3]), alors que le quotient électoral a été de 24 774 voix (contre

1. Notons que le seuil était de 4 000 voix ! Certains partis qui réussirent à obtenir un ou deux sièges en 1949 représentaient des secteurs très limités. Cf. l'annexe en fin de volume.

2. Ces deux listes étaient, d'une part, la liste de droite Renaissance (Tehiya), avec 31 957 voix, et, d'autre part, la Liste progressiste pour la paix (une liste arabe), avec 24 181 voix.

3. Encore faut-il tenir compte d'une légère différence de participation aux deux scrutins du 29 mai 1996, à savoir 2 000 voix. Cependant, il est plus intéressant de relever le chiffre élevé des bulletins blancs ou nuls à ces deux élections. La différence entre les deux scrutins est beaucoup plus significative : elle sera examinée plus loin.

20 715 voix en 1992). Cependant, contrairement à ce qui s'est passé en 1992, en 1996 aucune liste ne s'est trouvée dans la situation qui l'aurait placée entre le quotient électoral et le seuil de 1,5 %. Les neuf listes éliminées se situaient toutes en deçà du quotient électoral, obtenant des résultats variant respectivement de 0,7 à 0,01 %. Il apparaît d'ailleurs que les règles de l'arithmétique et des bases de calcul des deux chiffres considérés font qu'il sera de plus en plus difficile, voire impossible, qu'une liste n'emporte qu'un seul siège. En effet, il faut rappeler que le seuil de 1,5 % se calcule à partir du chiffre total des suffrages exprimés et valables (en 1996, celui-ci a été de 3 051 594 voix), alors que le quotient de 1 % se calcule à partir du total des voix obtenues par les différentes listes ayant franchi le seuil de 1,5 % (soit, pour 1996, 2 973 580 voix à diviser par 120)[1].

Il reste que la question de l'élévation du seuil est toujours au centre des débats politiques, en particulier dans l'optique d'une réforme des structures politiques israéliennes, à défaut de pouvoir réaliser une réforme électorale en profondeur. Il semble admis aujourd'hui qu'un taux plus élevé ne serait guère de nature à modifier la carte politique, sauf à rechercher l'exclusion totale de certains groupes. Cependant, il est clair que certains groupes n'hésiteraient pas à s'unir – ne fût-ce que provisoirement – en vue des élections, quitte à agir en ordre séparé au lendemain de celles-ci. C'est ainsi que, dans l'hypothèse d'une élévation du seuil, on peut imaginer un bloc religieux regroupant l'ensemble des partis religieux[2] ou encore un bloc arabe[3]. On remarque que cette technique de regroupe-

1. Il faut insister sur le fait que cette remarque n'a pas de valeur absolue : il s'agit d'une simple estimation, qui varie également en fonction du nombre total de voix perdues, c'est-à-dire des voix de toutes les listes exclues de l'attribution des sièges.

2. Aux premières élections, qui eurent lieu en 1949, l'ensemble des partis religieux se présenta sous l'étiquette Front de la Thora (cf. tableau en annexe).

3. Pendant très longtemps la question de l'élévation du seuil (à l'époque où il n'était que de 1 %) a été liée à celle de la survie du Parti communiste. Il était

ment est souvent pratiquée en Israël. En effet, la vie politique et partisane est constituée d'une succession de fusions et de scissions des partis. Lorsque se produisent des fusions, lesquelles ne sont en réalité que des fronts communs électoraux, les partis procèdent à une répartition très précise dans l'ordre de présentation des candidats. Le calcul se fait sur la base de la représentation à la Knesset au moment où intervient la formation du front électoral, en particulier pour l'attribution des places qualifiées de sûres.

On peut prendre l'exemple de la liste présentée par le Likoud et deux autres partis aux élections du 29 mai 1996. Le Likoud avait 32 sièges [1], le groupe Tsomet avait 8 sièges [2]. Le troisième groupe, Gecher, né du départ de David Lévy du Likoud, n'avait en fait que 2 députés dans la Knesset sortante. La clé pour les premières places fut la suivante : n° 1, Likoud ; n° 2, Gecher ; n° 3, Tsomet ; n° 4 à 7, Likoud ; n° 8, Tsomet ; n° 9, Gecher ; n° 10 à 13, Likoud ; n° 14, Gecher, etc.

La liste n'ayant obtenu que 32 sièges, le Likoud, *stricto sensu,* n'a en fin de compte que 22 députés. M. Netanyahou ne dispose pas d'un soutien très fort de son propre parti.

On note également que cette clé de répartition a des répercussions sur la composition du gouvernement, pour laquelle sont également prises en considération les forces respectives des différentes composantes de la coalition.

Il s'agit, on le voit, d'un système de regroupement qui est de nature à mettre en échec l'élévation éventuelle du seuil, dans

---

alors question de porter ce seuil à 3 ou 4 % (ou même 5 %, selon l'exemple de la République fédérale d'Allemagne), ce qui pouvait purement et simplement mener à l'élimination du Parti communiste. Très rapidement on se rendit compte qu'il était préférable que ce parti soit représenté, offrant ainsi à la population arabe du pays une représentation, plutôt que de la reléguer à l'extérieur de la scène politique. A long terme cette manière de voir devait se révéler exacte. Les gouvernements de MM. Rabin et Peres, jusqu'aux élections du 29 mai 1996, n'ont pu se maintenir que grâce à l'appui – passif ou actif – de ces députés.

1. Au moment des élections de 1992 ; il en perdit 2 plus tard.
2. Au moment des élections de 1992 ; il en perdit 3 plus tard.

la mesure où les groupes parlementaires éclatent fréquemment après les élections. Ce n'est, à notre sens, qu'un mythe qui ne saurait corriger en profondeur les effets de la proportionnelle intégrale.

b) L'attribution des restes à la plus forte moyenne

Sur ce point le système a varié. Aux premières élections (en 1949), c'est la plus forte moyenne qui fut utilisée. Elle fut remplacée en 1951 par le système des plus forts restes, qui fut appliqué jusqu'en 1973. Depuis le scrutin du 31 décembre 1973, la plus forte moyenne a été à nouveau appliquée. Les conditions dans lesquelles s'opéra le changement en mars 1973 sont intéressantes à rappeler. On sait que le système de la plus forte moyenne favorise les grands partis : c'est précisément une alliance *ad hoc* entre les deux grands partis (les travaillistes et le Gahal, prédécesseur du Likoud[1]) qui permit son adoption. On a donc pu assister à un phénomène d'alliance limitée, d'autant plus intéressant que la disposition en question dut être adoptée à la majorité absolue pour éviter de faire l'objet d'une censure de la Cour suprême[2]. Dans le jargon politique israélien, le système est connu sous l'appellation « loi Bader-Ofer », du nom de deux dirigeants, l'un de droite, l'autre de gauche, qui s'employèrent à la faire adopter. Il n'est

1. Le Likoud n'apparaît que plus tard sous cette appellation. En 1973, la droite dirigée par M. Begin portait le nom de Gahal (acronyme hébraïque pour « Front commun Herout-libéraux »).

2. Rappelons que l'article 4 de la loi fondamentale sur la Knesset qui définit le mode de scrutin ne peut être modifié qu'à la majorité absolue. Les dirigeants des deux grands partis craignaient que la Cour ne considère la réintroduction du principe de la plus forte moyenne comme contraire au principe d'égalité (car il favorise les grands partis). La loi fut d'ailleurs contestée, mais la Cour refusa d'intervenir, constatant que la majorité absolue avait été réunie sur le texte. Ces questions – sous leur aspect juridique – sont analysées plus loin, dans le cadre de la discussion sur le problème constitutionnel.

pas d'autre exemple aussi significatif d'une alliance entre les deux grandes formations. Le système allemand de la grande coalition n'a jamais réellement fonctionné en Israël. Il y eut certes des périodes de gouvernement d'union nationale (1967-1970, 1984-1988, 1988-1990), mais la coalition au pouvoir englobait également les autres partis (notamment les partis religieux). En d'autres termes, l'union nationale n'a jamais été conçue en Israël comme remède à la pression des petits partis. La différence entre la formule du gouvernement de grande coalition et celle de l'union nationale est d'ailleurs claire.

On a pu montrer de manière évidente que les grands partis ont toujours été favorisés par le système de la plus forte moyenne et ont régulièrement gagné des sièges aux dépens des petits partis.

Aux élections de 1977, le système a permis au Likoud et au Parti travailliste de gagner respectivement 2 sièges chacun (43 au lieu de 41 pour le Likoud et 32 au lieu de 30 pour les travaillistes). Le troisième parti à cette même élection (le parti du centre Dash, disparu depuis) obtint ainsi 15 sièges au lieu de 14. Ces cinq sièges gagnés par les trois plus grandes formations de l'époque auraient été attribués (sur la base des plus forts restes) à cinq petits partis dont la représentation respective fut, selon les cas, ainsi réduite d'un tiers ou de la moitié, c'est-à-dire que certains durent se contenter d'un siège au lieu de deux, d'autres de deux sièges au lieu de trois[1]. Cependant, il faut aussi remarquer qu'aux élections de 1992 l'un des trois sièges attribués sur la base de ce système le fut à un petit parti (la liste démocratique arabe), qui de ce fait obtint un second siège. Les deux autres sièges furent attribués au Likoud et aux travaillistes.

---

1. Cf. l'ouvrage (en hébreu) d'Asher Arian, *Politique et Gouvernement d'Israël*, Tel-Aviv, 1985, p. 218. Du même auteur, pour une analyse approfondie du système électoral déjà ancienne mais précieuse, *The Choosing People*, Case Western Press University, 1973. On peut aussi se reporter à l'article d'Ilan Greilsammer, « Réflexions sur le système électoral israélien », *Pouvoirs*, n° 72, p. 73.

Encore convient-il de signaler que le système n'aboutit pas à éliminer les petits partis, mais simplement à réduire leur représentation. En effet, comme nous l'avons indiqué plus haut, le système électoral israélien n'attribue pas de sièges en deçà du seuil électoral, c'est-à-dire *a fortiori* en deçà du quotient électoral[1].

c) Les apparentements ou accords de répartition commune des restes entre deux listes

Le système est quelque peu différent de celui que connut la France sous la IVe République. Dans le vocabulaire politique israélien, il est connu sous l'appellation « accords sur les restes ». La loi électorale prévoit que deux partis (au plus) peuvent signer, au plus tard onze jours avant les élections, un accord de répartition commune des restes. Les conséquences sont claires : pour le calcul de l'attribution des sièges restants les deux listes ayant signé un tel accord sont considérées comme formant une seule liste (à la condition toutefois que les deux listes aient franchi le seuil électoral). L'attribution de ces sièges restants s'effectue à la plus forte moyenne entre les deux listes ainsi apparentées.

Dans la pratique, la plupart des listes concluent de tels accords d'apparentement pour la répartition des restes. C'est ainsi qu'aux élections de 1996 le Parti travailliste a conclu un accord avec le parti de gauche Meretz, le Likoud ayant quant à lui signé un accord avec le parti orthodoxe Shas. Lorsque ces accords sont passés entre des listes d'inégale importance (comme dans les deux exemples précités), ils favorisent généralement la plus grande des deux listes. Dans l'autre cas

1. Rappelons qu'il existe des pays dans lesquels des partis peuvent participer à la répartition des « restes », alors même qu'ils se situeraient en deçà du quotient électoral.

de figure, c'est-à-dire lorsque les deux listes sont d'importance similaire [1], cet effet disparaît.

2. Les conséquences politiques du mode de scrutin et la recherche d'une alternative

a) La mise en place historique du système

Il n'est peut-être pas inutile de rappeler dans quelles circonstances le système de la représentation proportionnelle nationale fut adopté. En effet, non seulement il existe depuis la création même de l'État (puisqu'il fut utilisé dès le 25 janvier 1949 aux élections à la première Knesset élue comme Assemblée constituante), mais de fait il était appliqué dans la Palestine mandataire depuis 1920, dans le cadre des élections aux organisations représentant la population juive [2]. Il avait été adopté en raison de l'extrême hétérogénéité de la population juive de l'époque, l'idée étant qu'il fallait absolument garantir la représentation de tous les groupes. C'était là le prix à payer pour assurer leur participation aux élections, alors que les pouvoirs de ces organes étaient limités et que l'essentiel résidait dans la participation et la représentation. Pour permettre

1. Par exemple l'accord de 1996 entre le Parti national-religieux et la liste orthodoxe Judaïsme de la Thora (Agoudat Israël) ou encore les accords passés entre les différentes listes arabes.

2. A l'époque mandataire, la population juive élisait une Assemblée, dite « Assemblée des représentants ». Celle-ci élisait elle-même un exécutif, appelé « Comité national » (Vaad Leumi). Les élections devaient être quadri-annuelles, mais cette périodicité ne fut pas respectée. Des élections se tinrent en 1920, 1925, 1931 et 1944. La gauche l'emporta régulièrement. Certains milieux ultra-orthodoxes – notamment ceux qui étaient installés depuis longtemps en Palestine – se tinrent dès l'origine en dehors du système, considérant qu'il s'agissait d'une entreprise sioniste à laquelle ils n'avaient pas à participer.

l'homogénéisation future de la population, il fallait d'abord assurer la participation aux élections de tous les secteurs, en prenant en compte l'hétérogénéité fondamentale de la société juive mandataire. Certains groupes, dont les franges les plus extrêmes de l'ultra-orthodoxie, refusèrent d'ailleurs de participer à ces élections [1].

Les tableaux suivants donnent la répartition des votes aux quatre scrutins pratiqués durant le mandat [2].

Tableau 22
Les élections à l'Assemblée des représentants sous le mandat : statistiques générales

Années	Population juive totale	Inscrits	Votants	Nombre de listes élues
1920	67 000	28 765	22 200	20
1925	122 000	64 764	36 437	26
1931	174 610	89 659	50 436	12
1944	565 000	300 018	202 448	18

L'extrême morcellement est très clair. Il apparaît d'ailleurs que, dans cette phase de la construction d'une identité nationale nouvelle, la représentation politique reposait tant sur la conscience politique (d'où le succès de la gauche) ou religieuse que sur le sentiment ethnique (une représentation étant garantie par exemple à certains groupes très minoritaires à l'époque : Juifs yéménites, marocains, etc.).

La « prise du pouvoir » par les partis de gauche est évidente. La mise en place de l'hégémonie est très progressive.

Au moment de la proclamation de l'État, c'est tout naturellement que le système fut maintenu [3]. Ainsi que nous l'avons

1. Les motifs du refus étaient variés. Au refus de s'associer à toute entreprise qui pouvait paraître sioniste s'ajoutait la protestation contre le vote féminin.

2. Cf. Samuel Sager, *The Parliamentary System of Israel*, Syracuse University Press, 1985, p. 14.

3. Dans « The Electoral System, Government and Democracy », *in* Ehud Sprinzak et Larry Diamond (éd.), *Israel Democracy under Stress*, *op. cit.*, p. 83 *sq*, Vernon Bogdanor avance même l'idée que le scrutin proportionnel

Tableau 23
Répartition politique à l'Assemblée des représentants (en %)

	1920	1925	1931	1944
Partis ouvriers	37	36,5	42,3	59,1
Centre et droite	19,7	42,1	32,4	21
Religieux	20,3	8,8	7	16,6
Partis ethniques	23	12,6	18,3	3,3

déjà indiqué, c'est à partir du milieu des années cinquante que David Ben Gourion entreprit de réaliser une réforme électorale en profondeur. Il s'agissait, selon lui, ni plus ni moins que d'introduire le système majoritaire anglais, uninominal à un tour, dont on sait qu'il produit toujours des effets de sous-représentation très caractéristiques [1]. Rappelons que c'est pour pallier la volonté de Ben Gourion de procéder à une telle réforme qu'au moment de son adoption, en 1958, l'article 4 de la loi fondamentale sur la Knesset fut « rigidifié » (c'est-à-dire qu'il requiert, pour toute modification, la majorité absolue des membres de la Knesset, qui est de 61 voix sur 120). A cette époque, alors que le Parti travailliste se trouvait en position de parti dominant, au sens où l'entend Maurice Duverger [2],

avait été introduit hâtivement, pour les premières élections de 1949, faute de temps à consacrer à la question, mais qu'il avait été convenu que le système ne serait que provisoire et serait donc remplacé rapidement. Il utilise ensuite l'expression française « il n'y a que le provisoire qui dure » ; cependant, il n'y a pas de source historique à l'appui de cette thèse.

1. Le système majoritaire et uninominal à deux tours, tel qu'il est pratiqué en France, n'a jamais été sérieusement envisagé en Israël (alors qu'il est partiellement en vigueur pour l'élection du Premier ministre depuis 1996).

2. Dans *Les Partis politiques*, 2e éd., Paris, Armand Colin, 1954, p. 341 ; rééd. Éd. du Seuil, coll. « Points politique », 1981, p. 413. Rappelons la définition qu'en donnait cet auteur : « [...] un parti plus grand que les autres, qui vient en tête de tous, et qui distance assez nettement ses adversaires pendant un certain temps [...]. Un parti est dominant quand il s'identifie à une époque, quand ses doctrines, ses idées, ses méthodes, son style en quelque sorte coïncident avec ceux de l'époque. » Par ailleurs, M. Duverger indique bien qu'« un parti peut devenir dominant alors qu'il n'a jamais été majoritaire et qu'il ne le sera jamais, à moins d'un miracle ».

l'introduction du scrutin uninominal à un tour eût permis au Parti travailliste d'atteindre et de dépasser largement la majorité absolue, alors qu'aucun parti n'a jamais été en mesure d'y parvenir [1].

Pour bien marquer l'hostilité de la majorité de la Knesset à toute velléité de modification unilatérale du mode de scrutin par les travaillistes, les partis se coalisèrent après les élections de 1959 pour porter à la présidence de la Knesset un député qui n'était pas issu des rangs du Parti travailliste, majoritaire, conformément à la tradition [2].

b) Les effets de la proportionnelle pure

Dans le cadre de la présente étude, il n'entre certainement pas dans notre propos de présenter une théorie des modes de scrutin. Reste que dans une très large mesure les conséquences de la proportionnelle intégrale israélienne sont bien celles que l'on peut attendre d'un tel système. On voudrait se contenter de décrire rapidement les plus importantes d'entre elles.

On peut commencer par mettre en avant l'effet de représen-

---

1. Le résultat le plus élevé obtenu par une liste est celui des travaillistes en 1969, avec 56 députés, représentant 46,2 % des suffrages exprimés. Ce résultat s'explique par deux facteurs : d'une part il se situe peu après la guerre des Six Jours, en 1967, d'autre part le Parti travailliste venait de se fédérer avec deux petites formations et avait, de plus, formé un front avec un groupe situé à sa gauche. Si l'on excepte ce résultat spectaculaire de 1967, le résultat le plus élevé obtenu par une liste est celui des travaillistes en 1959 : 38,2 % des voix et 47 sièges. Ce chiffre assez élevé ne permit pas l'établissement d'une coalition stable et la Knesset dut s'autodissoudre après deux années. Le résultat le plus élevé obtenu jusqu'ici par le Likoud est celui de 1977 (qui vit l'alternance) : 37,1 % des voix pour 48 sièges.

2. Cet épisode est connu dans l'histoire politique israélienne sous l'appellation de « coalition Nir » (du nom du président de la Knesset élu par cette législature, la plus courte de l'histoire politique israélienne). Une telle coalition ne s'est jamais renouvelée.

tativité de ce mode de scrutin[1]. En effet, nul ne saurait nier que la proportionnelle israélienne permet de rendre compte de manière très exacte des opinions du corps électoral. En d'autres termes, on parvient ici à une véritable photographie de l'électorat. Encore convient-il de distinguer entre la photographie du corps électoral, c'est-à-dire celle de son expression politique, instantanée, au jour du scrutin, et celle de la société et de ses clivages, ainsi que nous l'avons montré dans la première partie. Nous voulons dire par là que le mode de scrutin encourage l'électeur, ou certains groupes d'électeurs, non à exprimer un vote, c'est-à-dire un choix politique, mais plutôt à affirmer une certaine appartenance sociale ou ethnique[2]. L'une des explications avancées récemment, après le scrutin du 29 mai 1996, concernant la montée de certains petits partis sectoriels, tient d'ailleurs à l'amplification de ce phénomène, que nous venons de souligner. En effet, c'est bien le double vote dans le nouveau système qui aurait permis aux électeurs d'exprimer une double préférence, chacune étant fondée sur des considérations différentes. En premier lieu, on trouverait un choix politique relativement simple et clair (à savoir celui qui devait conduire l'électeur à se prononcer entre M. Peres et M. Netanyahou, les deux candidats au poste de Premier ministre[3]). En deuxième lieu, une option plus subtile, celle

1. C'est ce que fait par exemple Ilan Greilsammer dans « Réflexions sur le système électoral israélien », art. cit.

2. Dans notre introduction nous avions remarqué que ce phénomène n'est pas inconnu ailleurs et qu'il est au fondement même de toute sociologie électorale. Cependant, il paraît avéré que la réalité israélienne imprime à cet élément bien plus de force. Nous voulons dire simplement qu'en Israël l'identification entre le choix politique et l'appartenance sociale est plus marquée qu'ailleurs.

3. En 1996, le choix fut simplifié à l'extrême, du fait que seuls deux candidats étaient en lice, dès le premier tour. Il n'est évidemment pas certain que ce cas se reproduise chaque fois. S'il devait y avoir deux tours de scrutin, les éléments à prendre en compte pour la détermination du choix de chacun, à chaque tour, pour les trois élections tenues en l'espace de deux semaines (deux élections pour le Premier ministre et une élection pour la Knesset), seraient plus compliqués à analyser.

qui permettrait d'exprimer de manière très nuancée et précise l'appartenance de chacun.

Il reste que l'on peut très classiquement résumer les principales conséquences de la proportionnelle. Celles-ci sont d'ailleurs communes à tous les pays qui pratiquent un système analogue, mais se trouvent en quelque sorte renforcées en Israël, du fait des caractéristiques particulières de la technique électorale israélienne (essentiellement le scrutin à l'échelle nationale).

L'éparpillement des listes et ses effets : on sait que ce mode de scrutin provoque un très grand éparpillement des listes. S'agissant d'Israël, on peut illustrer ce propos très simplement : si l'on examine les résultats des élections depuis 1949, on s'aperçoit que le nombre des listes ayant réussi à franchir la barre du seuil électoral n'a jamais été inférieur à 10 (ce fut le cas en 1973 et en 1981), et a même atteint 15 (aux élections de 1951 et de 1984[1]). L'élévation du seuil électoral à 1,5 % – adoptée en 1991 et appliquée pour la première fois en 1992, comme déjà indiqué plus haut – a quelque peu réduit ce nombre, sans toutefois modifier la réalité en profondeur. En effet, aux élections de 1992, on devait encore trouver 10 listes, puis 11 en 1996. Ces chiffres sont d'autant plus étonnants qu'en 1992 ainsi qu'en 1996, aucune liste n'a obtenu qu'un seul député (alors qu'aux élections de 1984 il y en avait 3, contre 2 en 1988).

Il est évident que le nombre des partis est très élevé et ne permet que difficilement la mise sur pied de coalitions stables, au prix d'âpres négociations et de marchandages peu sympathiques. Cependant, la gravité de ce phénomène est nettement plus marquée depuis 1977. On a vu que le Parti travailliste avait

1. Autre particularité du système : les chiffres indiqués sont ceux de la répartition au moment des élections. Très souvent les groupes parlementaires se coalisent ou bien, au contraire, se scindent en cours de législature.

pendant très longtemps occupé une position de parti dominant dans la vie politique israélienne. Or, dans une situation de domination classique, les difficultés d'établissement et de maintien d'une coalition étaient relativement limitées. A partir de 1977, c'est-à-dire de la première alternance, dans la mesure où aucun parti ne se trouvait plus en position de domination, ces difficultés rendirent la formation d'une coalition stable presque impossible. Le parti qui pouvait former le noyau d'une telle coalition (qu'il s'agisse du Likoud ou des travaillistes) devait, pour parvenir au chiffre fatidique de 61, négocier avec une véritable poussière de petits partis dont les idéologies et les intérêts étaient divergents.

Cette difficulté peut être illustrée par la chute du gouvernement Shamir en 1990. Le 15 mars 1990, pour la première fois dans l'histoire politique du pays, une motion de censure était adoptée en Israël, le plus étonnant étant sans doute que ce soit un gouvernement d'union nationale, dirigé par M. Shamir (issu des élections de 1988) qui en fasse l'objet... Il avait fallu pour cela que le Parti travailliste décidât de voter contre le gouvernement dont il était l'un des éléments ! Cet épisode peut être envisagé sous deux angles. Il est lié à une manœuvre parlementaire assez complexe, passée à la postérité sous le nom de « Manœuvre nauséabonde [1] ». Bien au-delà des circonstances conjoncturelles, il témoigne de la difficulté croissante de la formation d'une coalition quelle qu'elle soit, dans une réalité politique où les deux grands blocs se trouvent presque à égalité [2]. C'est d'ailleurs à cette réalité qui s'est progressivement

1. Littéralement en hébreu : « Manœuvre puante ». Cette manœuvre, conçue par Shimon Peres, avait pour but de faire éclater la grande coalition et de permettre la formation d'un gouvernement de gauche, intégrant les partis orthodoxes. Elle échoua lamentablement.

2. Après la chute du gouvernement Shamir, on assista à deux mois de tergiversations et de marchandages, avec, notamment, des tentatives parfois pittoresques de corruption (politique) de quelques députés à la charnière des deux blocs. Ces événements furent à l'origine d'une grave crise d'antiparlementarisme, qui contribua, comme on le verra plus loin, à l'adoption de la loi sur

instaurée en Israël depuis 1977 que le nouveau système d'élection directe du Premier ministre tente d'apporter une réponse, en combinant un élément majoritaire à une logique tout entière issue d'une vision proportionnelle de la vie politique. Sur ce point, la nouvelle loi a produit les effets escomptés.

Le poids des états-majors et la question du choix des candidats : ce sont des éléments particulièrement importants dans la mécanique proportionnelle. En effet, c'est l'ordre de présentation des candidats qui détermine, pour chacun, les chances d'être élu. Si l'on ajoute à cet ensemble quelques-unes des caractéristiques déjà signalées de la proportionnelle israélienne, on comprend que ses effets en soient en quelque sorte accentués : outre le caractère national maintes fois signalé, il nous faut rappeler ici l'absence de panachage et de vote préférentiel. Les listes apparaissent ainsi comme un bloc fermé, sans aucune possibilité d'intervention pour l'électeur. Il n'est guère nécessaire d'insister sur la portée de ces éléments. Tout comme l'Église catholique peut être conçue comme l'intermédiaire nécessaire entre Dieu et le croyant, le parti politique est ici l'intermédiaire nécessaire entre la souveraineté exprimée et le citoyen. Hors le parti, point de salut démocratique : c'était là le système durant la première période. On analysera plus loin les grands changements intervenus en la matière.

l'élection du Premier ministre au suffrage universel (en mars 1992). La législature suivante (1992-1996), c'est-à-dire celle du gouvernement Rabin-Peres, fut marquée par des épisodes similaires (quoique légèrement moins graves). Un débauchage politique du même type intervint, permettant au gouvernement de gauche de gagner l'appui de deux députés élus sur une liste de droite et qu'il fallut « compenser » par un poste de ministre et un poste de vice-ministre.

3. La mutation du régime des partis : vers la bipolarisation

Cette mutation du régime traditionnel des partis est évidemment déterminée par la grande alternance de 1977, dont il a déjà été question. Ainsi que nous l'avons signalé, au-delà de son effet le plus spectaculaire, à savoir l'accession de M. Begin au pouvoir, 1977 marque symboliquement le début d'un nouveau régime des partis. D'un système de parti dominant qui garantissait une certaine stabilité malgré le multipartisme, Israël est passé à un système de relative bipolarisation et d'instabilité de la vie politique qu'il faut analyser.

a) La relative stabilité

Ainsi que nous l'avons noté plus haut, il est remarquable de relever que, malgré le multipartisme, le système politique israélien n'a pas connu au cours de sa première période d'instabilité ministérielle. Aucun gouvernement ne fut renversé, malgré quelques crises profondes qui le plus souvent furent internes au Parti travailliste[1]. La notion de parti dominant que

---

1. Au point que Ben Gourion quitta son propre parti et présenta une liste séparée aux élections de 1965 (avec Shimon Peres et Moshe Dayan) qui n'emporta que 10 sièges. L'expression « Parti travailliste » pour l'époque 1948-1969 n'est pas tout à fait adéquate : dans sa forme actuelle, ce parti n'a été établi qu'en 1969 (résultat d'une fusion entre trois branches du travaillisme israélien). Cette rupture de Ben Gourion avec son propre parti est l'une des conséquences de l'affaire Lavon, qui secoua gravement le pays. Le point de départ était de savoir qui avait donné l'ordre malheureux, en 1953, d'organiser une série d'attentats en Égypte. Ben Gourion en avait profité pour essayer de secouer le joug des caciques de son parti et d'amener au pouvoir les « jeunes » de l'époque. Cette crise devait aussi miner le parti et sa domination.

l'on a appliquée à cette période au Parti travailliste s'explique, ainsi que nous l'avons rappelé, par l'ensemble des valeurs véhiculées[1] par les travaillistes et acceptées par la majorité de la population, mais elle a également une expression arithmétique fondamentale dont nous voudrions rapidement signaler les éléments constitutifs.

Au cours de la période 1949-1977, le Parti travailliste, sous ses diverses appellations, a obtenu une représentation à la Knesset variant d'un minimum de 40 sièges (en 1955) à un maximum de 56 (en 1969), ce qui le tenait ainsi relativement éloigné de la majorité absolue de 61 sièges. Cependant, à l'inverse, il faut considérer l'importance du deuxième parti : le chiffre a varié de 14 à 39. Encore faut-il remarquer que ce chiffre de 39 (nombre de sièges obtenus par la liste Gahal dirigée par M. Begin) date de 1973 et commence à préfigurer le scrutin historique de 1977.

Ces chiffres ont une signification très précise : ils indiquent que jusqu'en 1977 il n'y a jamais eu d'alternative réelle à la constitution d'un gouvernement présidé par des travaillistes. L'analyse arithmétique des conditions prévalant à la formation d'une coalition montre que le nombre de partenaires nécessaires à son établissement est resté constant pendant la première période, variant de deux à trois[2].

b) La fin de la stabilité et la bipolarisation

L'année 1977 marque la fin de cette période et l'apparition d'une bipolarisation particulière qu'il faut étudier en détail, dans la mesure où elle conditionne les développements les plus récents du parlementarisme israélien.

L'accession de Menahem Begin au pouvoir après les élections

1. Cette question des valeurs est étudiée dans la troisième partie de l'ouvrage, consacrée aux idéologies.

2. C'est-à-dire le nombre de partenaires nécessaires pour atteindre le chiffre 61.

de 1977 représente l'essence même de l'alternance, mais elle signifie aussi la fin de la situation de domination politique des travaillistes [1], sans pour autant qu'apparaisse un autre parti dominant. Une bipolarisation se met ainsi en place, encore que celle-ci, du fait de l'évolution rapide du corps électoral, mette fin à la période de relative stabilité que le système parvenait à préserver.

En effet, on aperçoit, à partir de cette date, qu'il existe désormais deux partis qui dépassent très nettement tous les autres, encore que cet avantage ait eu tendance à diminuer de manière constante depuis le milieu des années quatre-vingt. Nous nous proposons d'illustrer cette évolution grâce à un tableau récapitulatif (page suivante).

Ce tableau montre les résultats respectifs (en sièges) des deux grands partis, travailliste et Likoud, depuis 1965 [2].

Il permet également de mettre en évidence les changements qui se sont produits dans le paysage électoral israélien et qui sont à la base des nouvelles réalités politiques du pays. Ils peuvent se résumer ainsi :

– disparition de la position dominante du Parti travailliste et montée progressive du Likoud ;

– baisse constante du poids des deux plus grands partis par rapport à l'ensemble des partis.

Pour compléter le tableau de cette évolution, il convient de rappeler que cette bipolarisation doit s'interpréter à la lumière de l'existence de pôles secondaires. Ceux-ci sont constitués essentiellement, d'une part, par le bloc religieux [3] et, d'autre part, par le bloc qui se situe à la gauche des travaillistes. Ce dernier comprend d'une part le parti Meretz, d'autre part l'ensemble des groupes représentant le vote arabe.

---

1. Selon notre analyse, cette alternance inaugure également une crise profonde et inachevée des valeurs.

2. Cette date a été choisie car, aux élections de 1965, pour la première fois M. Begin réussit à sortir de son isolement politique en formant un front commun avec un parti libéral de droite.

3. Celui-ci a été analysé dans la première partie.

Tableau 24
L'évolution de la représentation des deux grands partis depuis 1965

Élections	Likoud [1]	Travaillistes	Total des sièges des deux grands partis
1965	26	45	71
1969	36	56	82
1973	39	51	90
1977	43	32	75[3]
1981	48	47	95
1984	41	44	85
1988	40	39	79
1992	32	44	76
1996	32[2]	34	66

L'évolution de la bipolarisation depuis 1977 est simple à constater. Il suffit de montrer comment s'est peu à peu amenuisée la position centrale des deux grands partis, en additionnant le total des sièges qu'ils ont obtenus.

L'année 1981 a marqué un pic absolu, depuis cette date les chiffres n'ont cessé de baisser. On comprend mieux le résultat de 1996 qui se situe dans une continuité très claire. On peut ainsi relativiser l'effet de surprise du 29 mai 1996, encore que la perte entre 1992 et 1996 ait été plus forte qu'entre les précédents scrutins.

1. Rappelons que cette appellation ne date que de 1973.

2. Du fait d'une alliance électorale conclue par le Likoud avec la liste de droite Tsomet qui avait obtenu 8 sièges en 1992, le résultat du Likoud en 1996 représente en réalité une perte de 8 sièges, alors que les travaillistes en perdent 10.

3. Cette baisse brutale s'explique, comme on le montre un peu plus loin, par l'apparition d'un parti (Dash) qui, après un succès éblouissant, disparut rapidement. Ce parti obtint 15 sièges, tous pris aux travaillistes, qui retrouvèrent leur représentation en 1981.

On peut se reporter au tableau 10 (p. 68) qui indique l'évolution des partis religieux depuis 1949 et qui a varié d'un minimum de 11,4 % et 10 sièges (en 1984) à un maximum de 19,5 % et 23 sièges (en 1996). Ces partis sont des alliés naturels de la droite[1].

Il faut également tenir compte de l'existence, à la droite du Likoud, d'une certaine frange nationaliste qui n'est pas essentiellement religieuse[2].

1. Cependant, le Parti national-religieux a longtemps fait alliance avec le Parti travailliste, avant de basculer à droite, peu avant 1977. Les autres partis religieux ont également conclu des accords de coalition avec la gauche.

2. Dans un cas au moins, celui du parti Tsomet (8 sièges en 1992), il s'agit même d'une frange de droite nettement laïque. En 1996, ce parti s'est présenté sous un front commun avec le Likoud.

L'évolution du bloc à la gauche du Parti travailliste peut quant à elle être décrite de la manière suivante :

Tableau 25
Le bloc de la gauche depuis 1984 (non travailliste)

Élections	Gauche	Arabes[1]	Total
1984	6	6	12
1988	8	11	19
1992	12	5	17
1996	9	9	18

1. Le Parti communiste est considéré comme un parti arabe, de même la liste progressiste pour la paix.

Ce bloc n'a cessé d'augmenter, mais ses gains se font en partie précisément au détriment des travaillistes.

A la fin des années quatre-vingt et au début des années quatre-vingt-dix, un nouveau régime de partis était clairement apparent. Autour de deux pôles principaux (Likoud et travaillistes) à peu près égaux, on distinguait des groupes de moindre importance. Certains d'entre eux (Arabes, religieux) ont vu leur importance croître de manière constante. La constitution d'un gouvernement (de coalition) est devenue de plus en plus aléatoire, l'égalité entre les deux blocs permettant d'imaginer un gouvernement aussi bien de droite que de gauche.

C'est ainsi que, dans le cadre des consultations menées par le président de l'État, sous l'empire de l'ancien système, on put voir à plusieurs reprises – en 1984, 1988 et 1990 – une égalité parfaite entre les deux candidats au poste de Premier ministre (à l'époque, MM. Peres et Shamir). En d'autres termes, 60 députés soutenaient chacun des deux candidats. D'où les manifestations « négatives » de débauchage de certains députés d'un camp vers l'autre[1]. Le système s'était en quelque sorte épuisé.

1. Au point que la Cour suprême, saisie par des requérants, devait déclarer à plusieurs reprises que certaines des clauses contenues dans les accords de coalition pouvaient être considérées comme illégales (notamment contraires à l'ordre public).

Le nouveau régime de partis ne permettait plus le fonctionnement normal de la démocratie. La logique proportionnelle aboutissait à une véritable dérive susceptible de mettre en danger la démocratie. C'est dans ces circonstances que s'est opéré le passage au nouveau système, tel qu'il sera examiné plus loin. Cependant, cette évolution institutionnelle s'est accompagnée d'un mouvement de transformation interne de la structure des partis, notamment par l'apparition des primaires.

c) Les primaires et la structure des partis politiques

Traditionnellement, les candidats – en particulier ceux des grands partis – étaient choisis et placés sur les listes de candidature par des commissions *ad hoc*, quasi secrètes, dont les décisions étaient ensuite formellement entérinées par les instances des partis. Il va de soi que ces commissions représentaient avant tout les états-majors des partis : la loi d'airain de l'oligarchie partisane autrefois formulée par Roberto Michels trouvait là un champ particulier de vérification empirique. Le renouvellement des élites était faible. D'une législature à l'autre, le pourcentage des nouveaux députés n'atteignait guère que 10 à 15 %.

La nouveauté est venue de l'instauration des primaires pour le choix des candidats à la Knesset. Elle se rattache à un mouvement plus vaste visant à réduire l'omnipotence des partis ou, plus particulièrement, de leurs états-majors[1]. Les deux grands partis ont ainsi établi un système de primaires générales, véritable suffrage universel de tous les membres de ces partis en vue de la désignation des candidats à la Knesset (ainsi d'ailleurs que pour la désignation du candidat au poste de Premier ministre). La raison d'être des primaires est évidente sur le plan des principes : il s'agit de corriger les effets extrêmes

1 Que l'on peut tout autant considérer comme l'une des formes de la souveraineté parlementaire.

de la proportionnelle, en permettant au citoyen d'opérer un choix quant aux candidats du parti. Cependant, on s'aperçoit que ces primaires ont eu des effets pervers sur la réalité politique israélienne et ont conduit à remettre en cause l'existence même d'un tel système.

Pour comprendre le fonctionnement des primaires dans leur version israélienne, il faut rappeler en quelques mots la structure caractéristique des deux grands partis politiques israéliens. En effet, ceux-ci semblent avoir des méthodes de recrutement spécifiques. A l'approche des primaires, une intense campagne, souvent menée par les candidats désireux d'être élus en place sûre, vise à faire adhérer le plus grand nombre de personnes.

Le vocabulaire politique a d'ailleurs développé à l'endroit des personnes ainsi recrutées l'appellation de « recensés », à l'issue d'une vaste campagne de recensement. Pour une somme modique ces personnes acquièrent ainsi le droit de participer aux primaires.

Le résultat est tout à fait étonnant : les deux grands partis ont atteint et même dépassé chacun le chiffre de 200 000 « recensés », ce qui, à l'échelle française, représenterait pour chacun des partis plus de 2 millions d'adhérents !

Les primaires comprennent deux systèmes de choix [1] : le premier dans le cadre national (suffrage universel de tous les « recensés »), le second dans des secteurs spécialisés : la plupart de ces secteurs sont simplement des circonscriptions régionales, d'autres des groupes particuliers (population arabe et/ou druze, *kibboutz*, etc.).

Les primaires ont produit quelques effets pervers inattendus, que nous voudrions rapidement signaler.

---

1. Les indications données ici s'appliquent aux deux grands partis. Il existe cependant quelques différences. Certains secteurs n'existent pas dans tel parti (par exemple, il n'y a pas de secteur kibboutzique au Likoud). Certains petits partis ont également un système de primaires, généralement moins développé.

– Il existe une différence incontestable entre les élus à l'échelle nationale et les élus à l'échelle des secteurs. Ainsi, à l'échelle nationale, pour être élu en place sûre, un candidat doit-il réunir en moyenne 70 000 voix sur son nom, alors qu'à l'échelle des secteurs quelques milliers de voix suffisent.

– Le système des primaires a certainement transformé la vie politique israélienne : une campagne électorale permanente semble se dérouler. A l'échelle parlementaire, le système encourage une certaine démagogie. Les députés doivent à tout prix sortir de l'anonymat. L'intensité de la lutte durant la campagne des primaires dépasse d'ailleurs de beaucoup celle de la véritable campagne électorale.

– Le système ne permet pas de garantir la représentation de certains groupes (notamment les femmes).

Cependant, les primaires ont contribué au renouvellement du personnel politique : aux élections de 1996, 40 % des députés sont des nouveaux venus dans la classe politique. Un tel renouvellement est unique dans l'histoire politique du pays.

Il est difficile d'apprécier l'impact des primaires sur le régime des partis. Nul doute pourtant qu'il contribue à réduire le pouvoir des états-majors des partis de manière sensible. Si sur le plan des principes un tel résultat est bien accepté, il apparaît cependant qu'il contribue à une certaine désagrégation du monde politique.

C'est dans ce cadre qu'il faut se pencher rapidement sur les tentatives avortées de réforme électorale qui ont conduit au nouveau système de désignation directe du Premier ministre.

d) Les tentatives de réforme électorale

Après l'échec de Ben Gourion, l'idée de l'adoption d'un scrutin uninominal à un tour fut complètement abandonnée. Il est extrêmement rare qu'un homme politique la propose sérieusement. Par contre, périodiquement, d'autres formules sont avancées, dont la plupart peuvent être qualifiées de mixtes [1].

Il nous paraît d'ailleurs intéressant de relever que, parmi les rares œuvres étrangères de science politique traduites en hébreu, figure l'ouvrage de Ferdinand H. Hermens [2]. En réalité, l'ouvrage, présenté en hébreu, rassemble des chapitres tirés de deux publications distinctes de leur auteur, l'une en allemand [3], l'autre en anglais [4]. On sait que Ferdinand Hermens, exilé de la République de Weimar, a mené un très long combat contre le scrutin proportionnel, contre lequel il a porté des accusations très graves. Il a notamment démontré de manière convaincante que la chute de la République de Weimar était en grande partie imputable au scrutin proportionnel. On ne sera pas étonné d'apprendre que le préfacier de l'édition hébraïque, Meïr Avizohar (professeur à l'université de Tel-Aviv, puis député), ait été un proche de Ben Gourion. Dans sa courte préface, il ne manque pas de s'appuyer sur les thèses de Hermens pour demander une modification du mode de scrutin en Israël et pour souligner les dangers potentiels du maintien de ce système.

La tendance visant à réformer la vie politique par une révision du mode de scrutin a toujours existé en Israël. L'alternance qui se produisit en 1977 et qui vit l'accession de M. Begin et du Likoud au pouvoir avait d'ailleurs surtout été provoquée [5] par le succès unique dans l'histoire du pays d'une liste centriste nouvelle appelée Dash, qui avait réussi à conquérir d'emblée 15 sièges. Cette liste n'avait à l'origine qu'une seule et unique revendication : la réforme du mode de scrutin.

---

1. Cf. les plans minutieusement décrits dans le rapport précité de l'Institut Israël-Diaspora.

2. Sous le titre *Constitution et Régime* (en hébreu), Tel-Aviv, Madaf, 1967, avec une préface de Meïr Avizohar et une postface de Carl J. Friedrich.

3. *Verfassungslehre*, 1964.

4. Il s'agit d'un livre très connu dans la littérature consacrée au scrutin proportionnel, *Democracy or Anarchy*, Notre Dame University Press, 1941. Il en existe également une version allemande, *Demokratie oder Anarchie. Untersuchung über die Verhältniswahl*, 2e éd., Cologne, Westdeutscher Verlag, 1968.

5. En termes électoraux.

A ces élections historiques de 1977, la liste de M. Begin avait obtenu 43 sièges, soit seulement un gain de 4 sièges par rapport aux élections du 31 décembre 1973. Par contre, on peut suivre la chute et la remontée des travaillistes sans difficultés : si en 1973 les travaillistes avaient obtenu 51 sièges, le 17 mai 1977 ils n'en obtenaient que 32, ce qui équivalait à un véritable effondrement. Le nouveau parti Dash obtenait un succès spectaculaire avec 15 sièges, permettant ainsi l'accession de M. Begin aux rênes du pouvoir. Cependant, la chute rapide et la dislocation totale de Dash, ce véritable parti météore [1], permirent le rétablissement électoral quasi immédiat des travaillistes, qui retrouvèrent 47 sièges (32 + 15) dès 1981, comme s'il fallait démontrer cette règle élémentaire de toute introduction à la sociologie électorale, à savoir qu'un gain de voix se fait toujours au détriment d'un ou de plusieurs partis. De même, la disparition d'un parti profite nécessairement à un ou plusieurs partis.

Deux systèmes ont la faveur des réformistes. Le premier consisterait à adopter le mode de scrutin pratiqué en Allemagne fédérale depuis 1949, c'est-à-dire un double vote, personnel et proportionnel (à l'échelle des *Länder*). Le deuxième, qui semble avoir davantage d'appuis, consisterait à faire élire la moitié des députés au suffrage proportionnel national, tel qu'il est pratiqué actuellement, les autres (60 au total) étant élus dans le cadre de circonscriptions : on pourrait imaginer quinze circonscriptions élisant chacune quatre députés [2]. Il reste que, depuis l'introduction de l'élection du Premier ministre au suffrage universel, une telle innovation aboutirait à inviter les citoyens à utiliser trois bulletins (deux bulletins pour la Knesset, un bulletin pour l'élection du Premier ministre). Certes, il existe des exemples de ce type dans l'histoire consti-

1. Je dois l'expression « parti météore » à Georges Bensimhon.
2. A ce niveau se pose à nouveau la question du panachage ou du vote préférentiel, voire du vote transférable.

tutionnelle ou dans le droit comparé, mais ils ne sont guère concluants. Au demeurant, l'expérience du 29 mai 1996, qui ne comportait que deux bulletins, n'est pas de nature à encourager une telle aventure[1].

Dans la vie politique israélienne, la poursuite de la réforme électorale ressemble depuis longtemps à une sorte de quête du Graal. Paradoxalement, ainsi que nous le montrerons plus loin, dans une très large mesure l'adoption de l'élection du Premier ministre au suffrage universel est de nature à retarder, voire à repousser indéfiniment une réforme qui avait déjà du mal à se dessiner. Il apparaît d'ailleurs que cette élection du Premier ministre au suffrage universel peut se concevoir comme un véritable ersatz de réforme électorale.

1. Les propositions de réforme électorale signalées ici ont toutes été présentées avant l'adoption de l'élection du Premier ministre au suffrage universel.

8

La fin du parlementarisme classique

Formellement, le régime politique israélien est entré depuis 1996 dans une ère nouvelle. Il s'agit désormais de savoir si l'élection du Premier ministre au suffrage universel va entraîner une véritable mutation du système ou si, au contraire, les pesanteurs acquises vont assimiler la nouvelle donne constitutionnelle et n'autoriseront pas la transformation des mœurs politiques.

C'est très naturellement que le régime parlementaire dans son acception la plus courante a été adopté en 1948. Au demeurant, on peut avancer qu'un élément de culture juridique et politique avait présidé à cette décision. Nous voulons parler ici d'un véritable syndrome (culturel) colonial, que l'on retrouve dans de nombreuses situations similaires, où l'influence de l'ancienne métropole sur les conceptions et les approches intellectuelles ou politiques perdure, bien au-delà de la rupture du lien antérieur. L'histoire contemporaine de l'Afrique le montre amplement. Pendant très longtemps, l'approche israélienne de la politique a été vécue au travers de l'Angleterre et de ses méthodes. En particulier, le parlementarisme de Westminster apparaissait – et dans une certaine mesure apparaît encore – comme le modèle à imiter.

Il faut d'ailleurs relever que l'image du parlementarisme français n'a pas manqué d'être elle aussi perceptible. Encore faut-il considérer qu'il s'agit du parlementarisme de la grande période de la IIIe République. Celui-ci était connu dans le monde sioniste, en particulier à travers Herzl, dont il faut rappeler qu'il avait été correspondant parlementaire à Paris du grand journal viennois *Neue Freie Presse*. Il fréquenta le Palais-Bourbon du scandale de Panama à l'affaire Dreyfus [1]. Lorsqu'il créa l'Organisation sioniste mondiale [2], il en prépara les statuts avec grand soin, s'inspirant du règlement de la Chambre des députés, qu'il connaissait bien. Rappelons aussi que pour de nombreux dirigeants sionistes d'Europe centrale et orientale l'image de la France était très présente.

L'influence du modèle anglais se marque d'abord au travers même de l'absence d'une Constitution écrite [3], ainsi que d'un parlementarisme équilibré et sans heurts. L'idée du régime parlementaire s'imposa donc tout naturellement.

Une formule assez souple et originale devait se mettre progressivement en place. Nous présentons ici les principaux éléments de ce système. Rappelons qu'il s'agit des règles et conventions coutumières du régime parlementaire avant la grande réforme votée en 1992 et appliquée pour la première fois en 1996.

a) Les coalitions

Du fait de l'absence d'un parti majoritaire, la nécessité d'un gouvernement de coalition était apparue dès l'origine. Le gouvernement issu des premières élections de 1949 fut formé à la suite de laborieuses négociations et ne dura que deux ans.

1. En 1896, Herzl publia un recueil de ses correspondances sur les débats à la Chambre des députés qui acquit quelque célébrité, sous le titre *Das Palais Bourbon*, Leipzig, 1896. Une partie fut traduite en français.

2. Officiellement, l'Organisation sioniste mondiale fut créée le 29 août 1897, date de l'ouverture du premier congrès à Bâle.

3. Évidemment, les raisons de l'absence d'une Constitution en Israël sont très différentes de celles concernant la Grande-Bretagne. Néanmoins, l'image était là : selon une formule souvent employée, l'exemple anglais devait montrer que la stabilité et l'équilibre pouvaient être atteints sans Constitution. C'était sans doute prendre les causes pour des effets…

Dès 1951, il fallut recourir à des élections anticipées, formule souvent utilisée depuis en cas de crise. On remarque que, constitutionnellement, le droit de dissolution n'avait pas été introduit. La seule solution était donc celle de l'autodissolution, qui devait être votée sous forme de loi [1].

Il existe cependant une différence importante, en théorie et en pratique, entre cette autodissolution par la Knesset et la dissolution pratiquée en Grande-Bretagne ou même en France. Dans ces deux derniers exemples, la dissolution résulte d'un décret de l'exécutif. A la signature du décret de dissolution, l'Assemblée dissoute cesse ses fonctions et ne peut plus se réunir. Tel n'est pas le cas en Israël : en réalité, l'acte de dissolution s'assimilait (sous l'empire de l'ancienne loi fondamentale) à une simple anticipation des élections. Il en résultait que la Knesset ainsi autodissoute pouvait se réunir après le vote de la loi de dissolution. Ses diverses commissions continuaient de travailler et de remplir leurs fonctions constitutionnelles. Bien plus, ces commissions se réunissaient encore après les élections à la nouvelle Chambre, et cela jusqu'au moment de la constitution de la nouvelle Chambre et de ses organes. Au cours du mois de mai 1996, cette pratique aboutit à une conséquence frisant l'absurde : un député à la Knesset sortante ayant formellement démissionné (pour pouvoir être nommé à une fonction incompatible avec le statut de député), le premier candidat non élu sur la liste présentée par son parti prit sa place et fut donc appelé à prêter serment cinq jours avant le scrutin pour la nouvelle Knesset. A cet égard, l'une des nouveautés du système mis en place consiste dans l'instauration d'un véritable droit de dissolution de la Chambre (par le Premier ministre avec avis conforme du président de l'État) : cepen-

1. Ce fut notamment le cas en 1996 : les élections devaient avoir lieu en octobre. Elles furent avancées par une loi d'autodissolution adoptée en février. En 1961, les élections avaient été avancées de deux ans. Des élections anticipées (de six mois) se tinrent également en 1977 et en 1992.

dant, la possibilité pour une Knesset sortante de continuer à se réunir après dissolution n'est pas affectée par l'adoption de la nouvelle loi fondamentale.

Les négociations entre les différents partis prenaient la forme d'accords de coalition, véritables contrats signés entre les partenaires. Ceux-ci comprenaient notamment le programme législatif, ainsi qu'un rappel des principes qui devaient servir de base à l'action future du gouvernement. Certains de ces accords comptaient près d'une centaine d'articles, d'autres étaient plus courts.

Ces accords peuvent être bilatéraux ou multilatéraux. Le principal parti de la coalition peut ainsi signer une série d'accords avec chacun des partis qui font partie de la coalition. Il faut distinguer de ces accords de coalition les lignes d'action du gouvernement qui constituent un document officiel déposé sur le bureau de la Chambre. Rappelons que si les accords de coalition sont des documents de droit privé, liant les partis et dont l'exécution ne peut être ordonnée par les tribunaux, la Cour suprême a néanmoins décidé que dans certains cas elle pouvait intervenir et considérer des dispositions comme contraires à l'ordre public[1]. Cette matière n'est pas affectée par le nouveau système : il existe d'ailleurs à l'égard de ces accords de coalition une obligation de publicité (ils doivent être déposés sur le bureau de la Knesset vingt-quatre heures

1. La question des accords de ce type a fait l'objet d'un numéro spécial de l'*Israel Law Review* (en anglais), sous le titre *Political Agreements* (1992), vol. 26, n° 4, p. 407. La décision la plus marquante est *Zerzevsky c. le Premier ministre, Recueil des arrêts de la Cour suprême*, vol. 45, t. 1, 1991, p. 749, dans laquelle la Cour se penchait sur un accord de coalition entre le Likoud et une petite fraction parlementaire qui avait fait scission. Pour permettre la formation d'un gouvernement après la grande crise de 1990, le Likoud s'était notamment engagé à ne pas exiger la restitution de sommes que ce groupe avait reçues dans le cadre du financement public des partis. La Cour a considéré qu'une disposition de ce type pouvait être considérée comme un acte de corruption. « Le pouvoir ne s'achète pas », devait-elle déclarer.

avant tout scrutin relatif à la formation du gouvernement ou à l'adjonction d'un nouveau groupe à la coalition).

b) L'investiture

Dans le système pratiqué avant 1996, le Premier ministre[1] pressenti par le président de l'État à l'issue des consultations devait obtenir l'investiture de la Chambre pour l'ensemble de son gouvernement, sous la forme d'un vote de confiance. Celui-ci ne requérait pas de majorité particulière. Il était fréquent que la confiance fût accordée à la majorité simple (moins de 61 voix) : il était cependant acquis qu'une coalition ne pouvait fonctionner que sur la base d'un accord englobant au moins 61 députés. Parallèlement, dans ce système la censure[2] pouvait également être votée à la majorité simple : on verra plus loin que sur ce point les nouvelles données constitutionnelles sont très différentes.

Une tentative de rationalisation a été instaurée à partir de 1968, date de l'adoption de l'ancienne loi sur le gouvernement. Elle concernait le délai de formation d'un gouvernement. Après avoir été pressenti pour former un gouvernement, le député désigné par le président de l'État ne disposait que d'un délai de vingt et un jours, qui pouvait être prorogé une fois. Ces dispositions visaient à éviter les très longues périodes de formation des gouvernements.

1. Celui-ci devait nécessairement être un membre de la Knesset.

2. Le gouvernement de M. Shamir fut renversé à la majorité de 60 voix contre 55 (15 mars 1990). Il n'existe d'ailleurs aucune exigence de quorum pour les séances habituelles. Les gouvernements qui ne disposaient que d'une majorité très étroite durent faire face à des motions de censure presque hebdomadaires. Le fait que la plupart des ministres étaient également membres de la Knesset compliquait singulièrement la tâche du gouvernement.

c) Le pouvoir de révocation des ministres[1]

A l'origine, le Premier ministre ne pouvait pas révoquer les ministres. Il fallut attendre 1963 pour que soit introduite une disposition autorisant le renvoi d'un ministre qui aurait voté contre le gouvernement. Cette même disposition permettait au Premier ministre de révoquer un ou plusieurs ministres dont le groupe parlementaire aurait voté contre le gouvernement[2]. A partir de 1980, une nouvelle révision permit au Premier ministre de mettre fin aux fonctions d'un ministre, sans motif aucun.

L'existence même de cette faculté n'est pas sans poser un problème dans un régime de coalition. En effet, dans la mesure où les ministres des différents partis sont, de fait, désignés par les organes de ces partis au prorata de leur représentation dans la coalition, le pouvoir de mettre fin à leurs fonctions échappe en fait au Premier ministre, sauf à provoquer une crise et une rupture de la coalition. C'est ainsi que M. Shamir décida de mettre fin aux fonctions de M. Peres son adjoint, en mars 1990, entraînant finalement la chute du gouvernement. Peu après 1980, c'est-à-dire après l'introduction de la possibilité de révocation d'un ministre, une curieuse pratique s'instaura : dans les accords de coalition, le Premier ministre s'engageait à ne pas faire usage de ce pouvoir, à moins d'avoir obtenu l'autorisation du parti du ministre concerné. La légalité d'un tel engagement paraissait d'ailleurs douteuse et en toute hypothèse son non-respect n'aurait pu être sanctionné. Dans le

1. Par le Premier ministre.

2. En décembre 1976, M. Rabin, Premier ministre, révoqua les ministres du Parti national-religieux au motif que le groupe parlementaire de ce parti s'était rallié à une motion de censure. Ce renvoi devait entraîner une crise gouvernementale qui provoqua les élections anticipées de mai 1977.

cadre de la nouvelle loi fondamentale sur le gouvernement, cette pratique est désormais interdite.

Signalons que la révocation d'un ministre par le Premier ministre n'entre en vigueur que quarante-huit heures après avoir été signifiée. Elle peut être annulée par le Premier ministre au cours de cette période. A l'origine de cette règle en apparence très technique on trouve un élément intéressant lié au régime des partis et à l'autorité des états-majors sur leurs représentants. En effet, la même règle des quarante-huit heures s'applique à la démission d'un ministre ou d'un député. En d'autres termes, un député ou un ministre qui transmet une lettre de démission (au président de la Knesset ou au Premier ministre) peut toujours retirer cette démission pendant les quarante-huit heures qui suivent sa présentation. Or, il s'agit par cette règle curieuse de mettre en échec une pratique des premières années, celle des lettres de démission, sans date, que les partis exigeaient de leurs représentants à la Knesset. Cette pratique semble avoir disparu. Politiquement, la règle des quarante-huit heures permet très souvent des manœuvres subtiles, notamment de la part de ministres appartenant à tel ou tel groupe de la coalition : ceux-ci présentent un ultimatum qui s'accompagne de lettres de démission. Les quarante-huit heures qui commencent alors à courir s'assimilent à une sorte de sablier qui s'écoule inexorablement, en vue de la résolution de la crise politique, dans un sens ou un autre. Cette règle a été conservée dans le nouveau cadre.

d) Les gouvernements démissionnaires

Dans ce domaine, le droit constitutionnel israélien a mis au point une formule tout à fait particulière. En effet, la notion d'expédition des affaires courantes en est complètement absente. La loi fondamentale sur le gouvernement n'a pas varié sur ce point : il est très simplement prévu qu'un gouvernement démissionnaire « continue d'exercer ses fonctions ». La pratique a toujours considéré que cette formule signifiait qu'un gouvernement démissionnaire continue d'exercer la plénitude des pouvoirs d'un gouvernement. Les raisons qui ont poussé à l'adoption – dès l'origine – de cette étrange solution sont claires : en raison précisément de l'extrême légalisme de la vie politique israélienne, on craignait que dans l'hypothèse – souvent vérifiée – où des décisions urgentes devraient être prises (guerre ou actions militaires de toutes sortes), la notion d'expédition des affaires courantes n'empêche un gouvernement démissionnaire de recourir aux mesures nécessaires. C'est évidemment méconnaître la notion même d'affaires courantes, c'est-à-dire la gamme des décisions qu'un tel gouvernement peut légalement prendre : celle-ci comprend les décisions mineures (au sens le plus commun des « affaires courantes »), mais, à l'évidence, elle comprend également une gamme plus étendue de décisions, que l'on peut qualifier de « très importantes » pour la vie de la nation.

Les cas dans lesquels l'hypothèse du gouvernement de transition se présente sont variés :
– vote de la censure ;
– décès du Premier ministre [1] ;
– démission du Premier ministre ou démission du gouvernement ;
– nouvelles élections.

1. Dans cette hypothèse, le gouvernement en place au moment du décès du Premier ministre désigne l'un de ses membres comme Premier ministre intérimaire. C'est ainsi que quelques heures après l'assassinat de M. Rabin, dans la nuit, au cours d'une réunion extraordinaire du gouvernement, M. Peres avait été désigné comme Premier ministre intérimaire. Quelques jours plus tard il était constitutionnellement investi par la Chambre, conformément à la procédure normale de formation d'un nouveau gouvernement (sous l'empire de l'ancienne loi). Dans le cadre de la nouvelle loi fondamentale, la solution est la même : le seul changement – d'importance – réside dans le fait que le futur Premier ministre est désigné au suffrage universel, à l'occasion d'un scrutin spécial. Ces questions sont examinées plus loin.

Ces quatre cas de figure se sont présentés. S'il n'y eut qu'une seule censure (mars 1990), deux Premiers ministres sont morts en exercice (Levy Eshkol en février 1969 et Itzhak Rabin assassiné le 4 novembre 1995). Menahem Begin a présenté sa démission en septembre 1982, entraînant celle du gouvernement. La démission du gouvernement Rabin en 1976 avait été, quant à elle, une démission collective. Le dernier cas est le plus fréquent : après la tenue d'élections, le gouvernement est toujours considéré comme démissionnaire.

On a pu avancer l'idée que les gouvernements dits de transition [1] bénéficient d'une position relativement avantageuse, peut-être même plus avantageuse que celle des gouvernements réguliers. D'une part, ils ne peuvent plus faire l'objet d'une motion de censure ; d'autre part, contrairement à la tradition européenne, leurs pouvoirs ne sont nullement limités par la notion d'expédition des affaires courantes [2]. De fait, certains gouvernements de ce type ont duré relativement longtemps : ainsi celui de M. Rabin continua-t-il comme gouvernement de transition de décembre 1976 à juin 1977 !

Une disposition particulière de la loi fondamentale sur le gouvernement concernant le gouvernement de transition (appelé officiellement « gouvernement qui continue à assumer ses fonctions ») indiquait que nul ministre n'était autorisé à le quitter. Il existait donc une obligation constitutionnelle de continuer à assumer les fonctions du gouvernement et de chaque ministre individuellement. A l'inverse, il n'était pas possible d'adjoindre un nouveau ministre [3] à un tel gouvernement, l'idée étant que l'équipe au pouvoir au moment où

1. C'est là l'équivalent de l'expression utilisée couramment en hébreu pour désigner ce type de gouvernement.

2. Cf. Claude Klein, « The Powers of the Caretaker Government, Are they Really Unlimited ? », *Israel Law Review*, vol. 12, 1977, p. 271, avec une tentative pour formuler un modèle différent, à partir des textes en vigueur.

3. Y compris suivant la procédure normale d'adjonction d'un ministre au gouvernement qui requérait l'approbation de la Knesset.

intervient l'événement qui affecte l'existence du gouvernement doit absolument se maintenir et laisser les choses en l'état.

e) Le régime des immunités parlementaires

Il est intéressant à mentionner, même s'il n'est pas propre au régime parlementaire. En effet, après examen, on peut avancer ici que les immunités parlementaires dont jouissent les députés à la Knesset sont parmi les plus étendues au monde. Cette question fait d'ailleurs l'objet de vives critiques en Israël. Cependant, il nous a paru utile de rappeler ce régime particulier, car il joue un rôle dans la vie politique. Souvent, la levée de l'immunité représente un enjeu politique important (notamment lorsque les faits reprochés sont liés à l'activité politique : par exemple, le financement des partis).

Comme partout, on distingue entre l'immunité fonctionnelle ou professionnelle, qui est absolue, et l'immunité de procédure[1]. C'est une loi de 1951 qui définit les immunités des membres de la Knesset. L'immunité professionnelle est absolue et ne peut jamais être levée. Elle couvre les votes ou les opinions exprimées par le député – oralement ou par écrit – dans l'enceinte de la Knesset ou à l'extérieur, pourvu que ces actes aient été accomplis dans l'exercice de ses fonctions ou en vue de les exercer. A l'inverse, l'immunité de procédure protège le député contre toute action pénale, à moins que l'immunité n'ait été levée.

On perçoit clairement l'étendue de cette double immunité. A de nombreuse reprises, le procureur de l'État – qui seul a qualité pour demander la levée de l'immunité – s'est abstenu de le faire, au motif que l'acte incriminé avait été accompli dans l'exercice des fonctions ou dans le but de les exercer.

---

1. Le vocabulaire utilisé en France est parfois différent ; certains auteurs distinguent entre l'irresponsabilité et l'inviolabilité.

La question est particulièrement délicate dans le cas d'une action qui eût été délictueuse si elle avait été perpétrée par un simple particulier. Ainsi, un discours d'un député arabe, soutenant un leader de l'OLP décédé, à une époque où l'OLP était considérée comme une organisation terroriste. La Cour suprême n'hésita pas à intervenir, annulant en partie la décision de levée de l'immunité. A plusieurs reprises la Cour suprême eut l'occasion d'examiner le processus de levée de l'immunité. Ce processus est considéré dans ses aspects judiciaires et non comme un acte du législateur.

Le processus de décision de la Knesset en matière de levée de l'immunité a lui-même été souvent critiqué : dans un certain nombre de cas la Knesset avait refusé de déférer à la requête du procureur général.

En fin de compte, le système des immunités apparaît aujourd'hui comme désuet et vise plus à protéger une caste qu'à éviter les poursuites arbitraires [1].

f) Le rôle du président de l'État

Comme tout régime parlementaire classique, le régime israélien s'est doté d'un exécutif bicéphale. Le rôle du président de l'État – élu par la Knesset pour cinq ans et rééligible une fois seulement – est assez représentatif. Ses pouvoirs propres sont pratiquement inexistants : l'exigence d'un contreseing pour les actes accomplis dans l'exercice de ses fonctions est presque absolue (sauf pour la désignation d'un candidat au poste de Premier ministre [2]) : c'est notamment le cas pour l'exercice de

1. Les nombreux abus en la matière ont conduit à un large débat sur cette question. A l'instar du débat français, il a été avancé que l'immunité de procédure devrait être supprimée.

2. Cette faculté a disparu dans le nouveau cadre de l'élection du Premier ministre.

la grâce présidentielle, qui doit être contresignée par le ministre de la Justice. De fait, le président de l'État n'exerce guère qu'un magistère moral, dont l'étendue a varié selon la personnalité des présidents en place.

Dans sa phase classique, le régime parlementaire israélien pouvait être décrit comme ultra-représentatif. Il restait l'un des derniers régimes démocratiques modernes dans lesquels aucun contrôle de l'activité politique parlementaire n'était possible. L'évaluation des effets cumulés de la proportionnelle pure et de l'absence de Constitution [1] permet de comprendre la réduction du jeu politique à l'enceinte parlementaire. Nous nous proposons de montrer que la transformation récente du système dépasse de loin la seule élection du Premier ministre au suffrage universel. Il s'agit en fait de la rupture du monopole de la Knesset (et du gouvernement) sur toute l'activité politique.

1. C'est-à-dire l'absence de tout contrôle juridictionnel de constitutionnalité.

9

Les transformations du système politique : l'élection du Premier ministre et la fin du monopole parlementaire

L'examen de l'introduction des primaires dans la vie politique nous a déjà permis d'appréhender les premiers éléments de transformation de la vie politique, en particulier de la structure interne des partis politiques. De fait, cette évolution est plus profonde et traduit une tendance constante. La crise politique traversée par Israël à partir de la guerre de Kippour (1973) et marquée par des événements aussi traumatisants que la guerre du Liban (1982), le début de l'*Intifada* (décembre 1987), associés à l'instabilité grandissante en Israël, n'est d'ailleurs pas sans rappeler la crise qui devait mener la France de la IVe à la Ve République. Certaines similitudes sont troublantes. Alors même qu'il est sage de ne pas surestimer les ressemblances, on ne peut s'empêcher de penser que certaines causes produisent des effets proches. Au demeurant, s'agissant des transformations institutionnelles, la crise italienne montre bien que les voies dans lesquelles s'engagent les régimes connaissant des crises similaires ne divergent guère.

L'élection du Premier ministre, qui fait l'objet principal de ce chapitre, n'est qu'un élément, de très loin le plus important, dans ce qui apparaît comme un mouvement de remise en cause du caractère ultra-représentatif du régime. Celui-ci a parfois été perçu comme une véritable confiscation de la souveraineté par la Knesset, mais de fait surtout par les partis politiques, c'est-à-dire par leurs états-majors.

1. La fin du monopole parlementaire

De divers côtés apparaissent des projets de remise en cause de ce monopole. Outre les primaires, dont le rôle est évident, nous voudrions – avant de traiter de l'élection du Premier ministre – rappeler deux autres éléments qui relèvent d'une même approche.

a) La question du référendum

Le droit constitutionnel israélien ne connaît pas le référendum. Aucun texte de loi (fondamentale ou autre) ne le prévoit. A l'instar de la Grande-Bretagne [1], il est tout à fait loisible d'imaginer l'adoption d'un texte *ad hoc*. Le référendum est cependant entré dans le discours politique israélien. A l'époque où Golda Meir était à la tête du gouvernement (1969-1974), la formule « le peuple sera consulté avant toute signature d'un traité comportant le retrait des territoires occupés » signifiait qu'avant une telle décision de nouvelles élections devaient être organisées. Après l'arrivée de M. Rabin au pouvoir en 1992, notamment au moment de la signature des accords d'Oslo (septembre 1993), la formule devait changer de signification. Il était désormais acquis qu'un accord avec la Syrie (comportant par hypothèse le retrait du plateau du Golan) ou encore l'accord sur le statut définitif de la Cisjordanie ne pourraient se conclure qu'*après* la tenue d'un référendum. Outre le désir de renforcer la légitimité d'une telle décision historique, on peut considérer que l'absence de ligne claire de partage entre les

1. Ce pays a pratiqué deux référendums : l'un sur l'adhésion au Marché commun, l'autre sur la dévolution des pouvoirs en Écosse.

différents partis politiques est tout aussi déterminante [1]. Pour résumer cette question, on peut avancer que le référendum est définitivement entré dans la conscience politique israélienne, avant même sa première application. On voit bien quelles peuvent être les influences, à long terme, de cette approche. En effet, d'autres questions tout aussi brûlantes pourraient être soumises au référendum. Il semble acquis aujourd'hui que le référendum ne pourra être évité pour les grandes décisions politiques qu'Israël devra prendre.

b) Le contrôle de la Cour suprême

La place de la Cour suprême dans la vie publique a déjà été examinée plus haut. Nous voudrions souligner ici la relation entre le développement du contrôle de la Cour et la perception d'un pouvoir souverain de la Knesset. Il suffit de relever les deux directions dans lesquelles la Cour s'est engagée : d'une part, le contrôle classique de la constitutionnalité des lois ; d'autre part, celui de l'activité parlementaire.

L'examen de constitutionnalité a été introduit alors même que la question du statut des lois fondamentales continuait de faire l'objet d'âpres controverses juridiques et politiques. Cependant, on sait assez aujourd'hui qu'il consiste essentiellement en un contrôle du législateur, c'est-à-dire plus particulièrement de la majorité politique en place.

L'intervention de la Cour suprême relative à l'activité parlementaire s'est développée bien au-delà de l'examen de constitutionnalité. La Cour suprême a été amenée, de manière générale, à développer son champ d'intervention. Dans de nombreux cas, la Cour censura des décisions parlementaires : on l'a vu à propos de la procédure de levée d'immunité, mais on peut y

1. On songe évidemment à la guerre d'Algérie !

ajouter des décisions prises par le président de la Chambre concernant l'inscription (ou le refus d'inscription) à l'ordre du jour d'une proposition de loi ou encore la détermination de l'heure exacte de la discussion d'une motion de censure, etc.

Ainsi, on peut avancer que l'élection du Premier ministre au suffrage universel a été, dans une certaine mesure, facilitée par l'intervention de la Cour suprême. En effet, le président de la Knesset de l'époque, Dov Shilanski (Likoud), s'était abstenu pendant de longs mois d'inscrire la proposition de loi à l'ordre du jour, pour les deuxième et troisième lectures, alors que la commission de la Constitution des lois et du droit, compétente en la matière, avait terminé l'examen détaillé du projet. La préparation du projet fut achevée en commission à la fin du mois de juillet 1991. Il aurait dû être présenté au début de la session d'automne (soit le 7 octobre 1991). Devant la carence du président de la Knesset, les parlementaires auteurs du projet se décidèrent à introduire une action devant la Cour suprême [1] (la requête fut inscrite au rôle de la Cour le 1er décembre 1991). Selon une technique habituelle, un compromis intervint entre les requérants et le défendeur (le président de la Knesset). Aux termes de ce compromis, auquel la Cour donnait l'autorité de la chose jugée, le débat à la Knesset devait s'engager au plus tard le 25 décembre 1991.

Alors même que ces différents éléments ne s'inscrivent pas dans un dessein unique, il n'en est pas moins vrai que leur irruption simultanée dans la vie politique et constitutionnelle d'Israël imprime à celle-ci une nouvelle direction. Bien plus, si l'on tient compte du fait que parmi ceux-ci l'élection du Premier ministre au suffrage universel est le plus important, on peut avancer qu'ils sont de nature à influencer l'évolution possible de ce nouveau régime que nous nous proposons maintenant d'analyser.

---

1. Celle-ci, dans le droit israélien, est compétente en premier et dernier ressort pour tout le contentieux administratif. Elle prend alors le nom de Haute Cour de justice (traduction de l'institution mandataire *High Court of Justice*).

2. L'origine du nouveau système comme paradigme d'une réforme constitutionnelle en profondeur [1]

La loi fondamentale sur le gouvernement, qui dans sa nouvelle formulation comporte l'élection du Premier ministre au suffrage universel, avait été adoptée en dernière lecture le 18 mars 1992. Cette date se situant peu de temps avant les élections (fixées à juin 1992), il avait été décidé d'en retarder l'application jusqu'aux élections à la 14e Knesset, soit au plus tard en octobre 1996. En fait, comme on le sait, les élections furent avancées au 29 mai 1996 et c'est donc à cette date que le système fut appliqué pour la première fois.

L'idée de l'élection directe [2] du Premier ministre trouve une première origine dans une loi du 7 août 1975 relative à l'élection directe des maires. Pour remédier à l'instabilité croissante de certains exécutifs municipaux, il avait été décidé, dès 1975, de libérer quelque peu le maire du joug des coalitions. Le principe est simple : est élu le candidat qui devance les autres, pourvu qu'il ait obtenu au moins 40 % des voix. Si cette condition n'est pas remplie, un deuxième tour est organisé, quatorze jours après le premier tour. Dans l'ensemble, ce système fonctionne assez correctement, sans avoir provoqué des changements profonds dans les mœurs politiques locales.

Cependant, l'idée de l'élection directe devait se développer plus spécifiquement à partir de 1988-1989, lorsqu'il était devenu évident que le système politique israélien était en grand danger de paralysie ou d'instabilité, avec les conséquences négatives

---

1. Sous son aspect événementiel, l'histoire de l'adoption de cette loi fondamentale a été minutieusement analysée par le journaliste Gideon Allon dans son ouvrage (en hébreu) *L'Élection directe,* Tel-Aviv, Bitan, 1995.

2. Nous employons souvent l'expression « élection directe », qui est celle couramment utilisée en Israël.

– sur le plan de la morale politique – que l'on a déjà indiquées. A cela s'ajoutait l'activité d'un véritable *lobby* en faveur de l'adoption d'une Constitution (appelé d'ailleurs « Une Constitution pour Israël »), qui obtint quelques succès durant cette période. L'action politique concrète en faveur de l'élection directe fut lancée par quatre députés (à la 12e Knesset, élue en 1988), appartenant à quatre partis différents. Il est probable que ce fait en lui-même permit, en fin de compte, l'adoption de la loi, malgré l'opposition de nombreux parlementaires et groupes.

Deux des quatre députés appartenaient à des partis de droite (Uriel Linn du Likoud et Yoasch Tsidon du parti Tsomet), les deux autres venaient de partis de gauche (le Pr David Libaï du Parti travailliste et le Pr Amnon Rubinstein du groupe Chinouï [1]). Il est intéressant de remarquer que parmi les auteurs du projet on ne trouve aucun représentant des partis religieux ou arabes, leur crainte étant évidemment de perdre éventuellement leur potentiel de « marchandage » politique. Il est vrai que c'était là l'une des motivations justifiant la présentation du projet. La pression des partis religieux s'intensifiait et on se rendit très vite compte que la ligne de partage entre partisans et adversaires du nouveau système passait à l'intérieur même des partis.

Au Parti travailliste qui s'était prononcé dans sa majorité en faveur du projet, une tendance très hostile se dégageait, groupée autour de Shimon Peres. Il faut se souvenir que la lutte pour la direction du parti et la tête de liste était alors engagée entre MM. Rabin et Peres. On considérait généralement que le système de l'élection directe favoriserait Itzhak Rabin.

1. Ces parlementaires sont tous deux professeurs de droit à l'université de Tel-Aviv. David Libaï fut ensuite ministre de la Justice dans les gouvernements Rabin et Peres après les élections de 1992. Le groupe Chinouï (« Changement ») est maintenant une composante du parti de gauche Meretz. Amnon Rubinstein, spécialiste de droit constitutionnel, fut ensuite ministre de l'Éducation dans les gouvernements Rabin et Peres.

Au Likoud, la majorité du parti était hostile au projet. Cependant quelques députés prirent position en sa faveur ; parmi ceux-ci, outre M. Linn (l'un des auteurs du projet), figurait M. Netanyahou. Ce dernier considérait également que le nouveau système pourrait le favoriser.

Le projet ne fut adopté qu'au prix de très grandes difficultés et il dut surmonter de nombreuses embûches. En fin de compte, le vote de cette loi fondamentale, comme celui de deux autres lois de ce type à peu de jours d'intervalle, fut grandement facilité par une atmosphère particulière de « fin de règne ». De fait, depuis quelques semaines le gouvernement de M. Shamir ne disposait plus d'une majorité stable, à tel point que les deux grands partis s'étaient accordés (à la fin du mois de janvier) pour faire voter une loi de dissolution de la Knesset et avancer les élections (qui auraient dû se tenir à la fin d'octobre 1992) au 23 juin 1992[1]. Techniquement, c'est la déliquescence de la discipline de vote qui, en fin de compte, a permis l'adoption de la loi. Certains des députés qui votèrent contre les consignes de leur groupe ne craignaient plus la sanction (la rétrogradation sur la liste du parti). Ainsi, M. Netanyahou lui-même enfreignit-il la discipline de son parti et vota-t-il en faveur de la réforme.

Que peut-on retenir de la manière dont la réforme a été adoptée ? Il suffit, pour le comprendre, de se référer à certaines données connues de l'expérience d'autres pays. Quelques auteurs ont formulé à cet égard une remarque logique qui ne manque pas d'intérêt : les réformes (notamment électorales) importantes doivent être votées par ceux qui risquent d'en souffrir. Cela revient à dire que leur adoption est difficile et qu'il faut, pour y parvenir, avoir recours à des pressions extérieures ou bien se trouver dans une situation politique particulière. A un niveau relativement modeste, c'est bien là, semble-t-il, ce qui s'est passé en Israël au cours du mois de mars 1992.

1. Comme on l'a indiqué plus haut, la session de la Knesset peut continuer normalement après le vote d'une loi de dissolution.

Cette même donnée explique très clairement l'enchaînement qui a conduit à l'adoption des trois lois fondamentales. En d'autres termes, on peut avancer qu'aucune réforme en profondeur ne peut normalement être réalisée, à moins d'un contexte politique qui sort de l'ordinaire, d'un événement ou d'une série d'événements traumatiques dans la vie de la nation. On peut sans doute noter que cette réalité n'est pas propre à Israël. Il s'agit d'une évidence assez générale, qui trouve ici une application particulière. Elle prend d'ailleurs une signification spécifique : il faut, pour parvenir à réaliser une réforme de quelque importance, briser le carcan de la discipline traditionnelle des partis. Ce but peut être atteint soit par l'alliance *ad hoc* des deux grands partis (par exemple le remplacement du système des plus forts restes par celui de la plus forte moyenne pour l'attribution des sièges restants en 1973), soit par un éclatement interne de la discipline des différents partis.

Cette analyse peut être poussée plus loin, car elle pose le problème de la mise au point d'un consensus plus large. En effet, le plus souvent, il faut, pour réaliser ces réformes, que la majorité des 61 voix soit atteinte. Pour des raisons de pure technique juridique[1] que nous analyserons plus loin, il est possible qu'une loi fondamentale puisse être adoptée à la majorité simple[2]. Nous voulons ici mettre le doigt sur le fait que les grandes innovations devraient être adoptées à une très large majorité pour pouvoir être considérées comme légitimes. Certains textes ont été votés à la sauvette ou à une courte majorité et sont contestés. Nous aurons l'occasion de revenir sur ces points.

---

1. Elles tiennent au pouvoir constituant imputé à la Knesset, ce qui signifie que dans certains cas il n'est pas nécessaire d'obtenir la majorité absolue pour une nouvelle loi fondamentale.

2. Ainsi, la loi fondamentale sur le gouvernement qui est examinée ici a-t-elle été adoptée par 55 voix contre 23.

3. La nouvelle loi fondamentale sur le gouvernement (1992)[1]

Pour de nombreuses raisons, cette nouvelle loi est méconnue (en Israël). Seul son côté le plus spectaculaire est parvenu à la notoriété. Or, dans cette loi qui compte soixante-cinq articles, moins de la moitié sont consacrés à l'élection directe du Premier ministre. En effet, les auteurs de ce texte entendaient réformer le système politique et l'équilibre constitutionnel bien au-delà de la seule élection du Premier ministre. Une partie des dispositions de la loi est d'ailleurs destinée à compenser certaines conséquences de l'élection directe. Nous étudierons successivement la technique de l'élection directe, puis les principales règles régissant le nouveau parlementarisme israélien, ensuite les autres dispositions de la nouvelle loi, dont certaines sont extrêmement importantes. Enfin, nous essaierons d'apprécier politiquement le nouveau système, en particulier à la lumière de la première expérience.

a) La réglementation de l'élection

La candidature : l'élément le plus important concerne la question de la présentation des candidatures. En effet, au-delà de la détermination d'un âge minimum (30 ans), la loi prévoit que les candidats à l'élection directe peuvent être présentés soit par un ou plusieurs partis représentés à la Knesset par au

1. Une traduction française des trente-trois premiers articles de cette loi fondamentale a été publiée dans le n° 72 de la revue *Pouvoirs*, consacré à Israël, p. 125-134. A noter que certains amendements sont intervenus postérieurement à cette traduction, parue en janvier 1995.

moins 10 députés, soit par un parti non représenté à la Knesset mais régulièrement inscrit [1], à la condition que cette candidature soit soutenue par 50 000 électeurs [2]. La loi n'autorise pas la candidature d'un Premier ministre ayant été en fonction pendant sept années consécutives [3].

Le candidat doit également figurer en tête d'une liste pour la Knesset. Le Premier ministre doit obligatoirement être membre de la Knesset [4], ce qui n'est pas le cas pour les autres ministres. Théoriquement, un candidat qui aurait obtenu la majorité absolue mais qui ne serait pas élu à la Knesset – c'est-à-dire que la liste qu'il dirige n'aurait aucun député – ne serait pas élu. L'hypothèse ne paraît guère plausible. Une question très débattue en Israël est celle de l'adoption du système dit « norvégien », dont la version israélienne exigerait que les ministres soient automatiquement démis de leur mandat de député [5], mais qu'ils puissent le retrouver au cas où ils quitteraient le gouvernement.

La majorité requise : pour être élu au premier tour, un candidat doit obtenir la majorité absolue des voix (50 % + 1 voix). Au cas où aucun candidat n'a atteint la majorité absolue, un second tour est organisé, deux semaines plus tard. Seuls les

---

1. Depuis l'adoption de la loi sur les partis politiques (1992), ceux-ci doivent être inscrits à un greffe particulier (le greffe des partis). Seuls les partis enregistrés peuvent présenter des candidats à la Knesset. L'inscription de certains partis peut être refusée (il s'agit de partis qui incitent au racisme, ou qui sont anti-démocratiques, ou encore qui ne reconnaissent pas le fait que l'État d'Israël soit l'État du peuple juif). Ces questions seront traitées plus loin.

2. Cette disposition n'a pas trouvé d'application en 1996. Pour l'élection de la Knesset, une liste nouvelle doit être présentée par 2 500 électeurs.

3. Cela signifie qu'après deux législatures un Premier ministre ne peut se représenter immédiatement. Il lui faudra attendre l'espace d'une législature pour être à nouveau éligible.

4. Ce qui était déjà le cas sous l'empire de l'ancien système (de 1949 à 1996). Les ministres, sauf le Premier ministre, pouvaient ne pas être membres de la Knesset. De fait, la plupart des membres des gouvernements israéliens ont toujours été députés.

5. Ils seraient alors automatiquement remplacés par les candidats de leurs partis qui les suivent dans la liste présentée à la Knesset et qui n'ont pas été élus.

deux candidats arrivés en tête sont autorisés à s'y présenter. Cependant un candidat peut se retirer et permettre ainsi à un candidat moins bien placé de se présenter au second tour.

Une question particulière posée dès la première élection concernait les bulletins blancs (ou nuls). Ceux-ci ne sont pas décomptés. La majorité absolue n'est calculée qu'à partir des bulletins exprimés (les blancs étant considérés comme nuls). Cette question a fait l'objet d'un recours devant la Cour suprême, qui l'a rejeté, tout en indiquant dans sa décision qu'il serait souhaitable de modifier la législation en la matière. L'enjeu était de taille car une décision contraire de la Cour suprême eût abouti à la tenue d'un second tour. Compte tenu du faible écart de voix entre les deux candidats, le résultat eût pu être différent. Rappelons que M. Netanyahou a obtenu 50,49 % des voix et M. Peres 49,51 %. En chiffres absolus la différence était de 29 457 voix. Or, 148 681 bulletins ont été déclarés blancs ou nuls à ces élections, alors qu'aux élections à la Knesset les bulletins blancs ou nuls n'étaient que 67 601. Il y a donc une différence de 81 080 bulletins blancs ou nuls entre les deux élections, qui traduit, selon toute probabilité, un choix en faveur du vote blanc à l'élection du Premier ministre. En toute hypothèse, le nombre des bulletins blancs était suffisant pour réduire la majorité du candidat en tête en deçà des 50 %.

Les élections ont lieu en même temps que celles de la Knesset : l'idée de base étant un gouvernement de législature (quatre années). Pourtant, les circonstances peuvent amener à la tenue d'élections spéciales, c'est-à-dire d'élections pour le poste de Premier ministre, sans que se tiennent simultanément des élections à la Knesset[1].

Les élections spéciales : les principales circonstances dans lesquelles des élections spéciales doivent se tenir sont celles

1. L'inverse n'est pas possible : en cas d'élection de la Knesset, il y a toujours lieu d'élire un Premier ministre.

du décès ou de la démission du Premier ministre [1]. Encore convient-il de faire à cet égard quelques remarques importantes. En cas de décès (ce qui inclut le cas tragique de l'assassinat), les élections spéciales n'ont lieu que si ce décès intervient *plus* de douze mois avant la date prévue pour les élections générales. Si le décès intervient *moins* de douze mois avant la date des élections, les deux élections seront avancées.

Ainsi, l'assassinat de M. Rabin, le 4 novembre 1995, est-il intervenu moins de douze mois avant les élections légalement fixées au 29 octobre 1996 – il s'en fallait exactement de six jours ! Si la loi fondamentale avait déjà été en vigueur, il eût fallu organiser des élections anticipées (pour la Knesset et pour le Premier ministre). Certains commentateurs ont vu dans cette disposition une mesure de nature à guider la main des futurs assassins, à savoir leur faire choisir la date de leur acte dans la perspective de provoquer de nouvelles élections. N'est-il pas vrai, en toute hypothèse, que l'assassinat politique est un moyen de peser sur le jeu démocratique ?

Le cas de la démission du Premier ministre est évidemment différent de celui de la mise en minorité par un vote de censure ou encore de la décision de dissoudre la Chambre, qui entraîne de nouvelles élections tant pour la Knesset que pour le Premier ministre.

b) Le néo-parlementarisme à l'israélienne

Le caractère hybride de ce nouveau système résulte d'un ensemble curieux de règles, dont certaines ont été introduites par voie d'amendements au cours de la discussion en deuxième

1. On ne traite pas ici de deux cas spécifiques de « démission » du Premier ministre en raison d'une condamnation pénale ou pour toute autre raison tenant à une conduite déshonorante. Les procédures sont complexes et peuvent également aboutir à la tenue d'élections spéciales.

et troisième lectures, sous la pression des opposants. Celles-ci peuvent être ramenées aux éléments suivants :

L'investiture : elle est nécessaire pour les membres du gouvernement. De fait, à cause d'une rédaction rapide et d'une non-adaptation du texte après les amendements qui y furent introduits, une certaine contradiction est apparente dans la loi. L'article 3*c* indique :

> Les ministres sont nommés par le Premier ministre ; leur nomination doit être approuvée par la Knesset.

Le refus d'approbation de ces nominations s'assimile, aux termes de l'article 3*d*, à un vote de censure (lequel entraîne de nouvelles élections). C'est cette approbation par la Knesset qui constitue un véritable vote d'investiture.

Inversement, l'article 14*a*, qui traite de l'entrée en fonction du Premier ministre élu, indique simplement que ce dernier doit annoncer la composition de son gouvernement et que ses membres entreront en fonction après avoir prêté serment.

La contradiction est claire. Néanmoins, il est évident qu'il est impossible d'échapper au vote d'approbation.

Le vote de censure : les auteurs du projet avaient certes prévu la possibilité d'une motion de censure. Ils ne songeaient donc nullement à un régime présidentiel, pas plus qu'à un système semblable à celui de la Ve République française (ou à la République de Weimar). Cependant, dans le projet initial, la majorité requise pour qu'une motion de censure soit adoptée était de 70 ou même de 75 voix. Les adversaires du projet ont fait baisser cette majorité à 61 voix, c'est-à-dire très précisément la majorité absolue. La différence dépasse largement le cadre de la simple arithmétique. On peut affirmer qu'il s'agit d'un retour en arrière, vers un parlementarisme plus classique. Signalons aussi que le refus du vote du budget s'assimile à un vote de censure et a les mêmes conséquences.

La dissolution : on a déjà signalé qu'il s'agit d'une nouveauté, dans la mesure où ce pouvoir était inconnu jusque-là. La dissolution peut être prononcée par le Premier ministre, sur avis conforme du président de l'État, au cas où il ne dispose plus d'une majorité à la Chambre et que le fonctionnement effectif du gouvernement en est affecté. La dissolution provoque la tenue de nouvelles élections, tant de la Knesset que du Premier ministre.

La réduction du nombre des ministres : le nombre maximal est fixé à 18 ministres. Au cours des dernières années, les gouvernements avaient eu tendance à croître jusqu'à 28 membres, notamment en raison des coalitions complexes. La moitié au moins des membres du gouvernement doivent être membres de la Knesset[1].

c) La nouvelle réglementation applicable à l'exécutif dans la loi fondamentale et le contrôle des pouvoirs liés à l'état d'urgence

Ainsi que nous l'avons indiqué, la nouvelle loi fondamentale s'étend à bien d'autres domaines que celui de l'élection du Premier ministre. En fait, les auteurs du projet ont eu l'ambition de réglementer l'exercice du pouvoir, comme s'il fallait en quelque sorte contrebalancer les effets de l'élection directe. Les nouveaux éléments sont relativement épars. Nous en donnerons ici quelques exemples marquants.

Le contrôle parlementaire sur les décrets et règlements dont la violation est pénalement sanctionnée : il s'agit d'une inno-

1. Cette disposition devrait être modifiée en cas d'adoption du système dit « norvégien », signalé plus haut.

vation intéressante. Avant leur publication, ces textes doivent être présentés à la commission compétente de la Knesset. Celle-ci a trente jours pour se prononcer. L'absence de décision équivaut à l'acceptation du texte.

La réglementation de l'état d'urgence : nous nous proposons d'y consacrer un développement particulier, en raison de l'importance du sujet, bien au-delà de la matière traitée dans le présent chapitre.

Pour des raisons plus qu'évidentes, l'État d'Israël a dû avoir recours à cet instrument particulier que constitue l'état d'urgence. On verra que la durée de cet état d'urgence pose bien des problèmes, de même que le contrôle juridictionnel des mesures prises dans ce cadre. Deux régimes coexistent : l'un hérité de la puissance mandataire, le plus draconien et qui n'est pas affecté par la nouvelle loi fondamentale ; l'autre, institué en 1948, dont le régime est modifié.

Les ordonnances mandataires et leur survie dans le droit israélien : pour lutter contre le terrorisme (arabe et juif), la puissance mandataire (britannique) avait édicté, en 1945, des *Defence Regulations (Emergency)*. Ces ordonnances, au nombre de deux cents, transféraient de très larges pouvoirs aux autorités militaires. De fait, le catalogue complet des mesures possibles constitue sans doute une anthologie parfaite de l'arsenal répressif : expulsions, internements administratifs, fermeture ou ouverture forcée des magasins, tribunaux d'exception pouvant prononcer la peine de mort, réquisitions de toutes sortes, possibilité de dynamiter ou de murer tout ou partie de maisons, dissolution d'organisations, etc. Peu après, les rédacteurs de la Déclaration d'indépendance de l'État d'Israël (15 mai 1948) se posèrent la question du sort de ces mesures d'exception (qui ne sont d'ailleurs nullement liées à la proclamation d'un état d'urgence quelconque) : il apparut rapidement que le gouvernement souhaitait conserver ces mesures. La Cour suprême entérina la « réception » des *Defence Regulations*[1]. Celles-ci continuent donc d'être utilisées. On remarquera que les *Defence Regulations* sont également mises en œuvre dans les territoires occupés par Israël depuis 1967, en Cisjordanie et dans la bande de Gaza : en effet, ces *Regulations* faisaient partie de l'ordre juridique mandataire qui s'y appliqua avant 1948 et elles ont été conservées, d'une part par la Jordanie qui a occupé (puis annexé) la Cisjordanie, d'autre part par l'Égypte qui a occupé la bande de Gaza. Les *Regulations* sont restées en vigueur telles quelles, sauf sur le territoire d'Israël *stricto sensu*, où certaines d'entre elles ont été soit annulées, soit remplacées. C'est ainsi que, depuis 1980, la détention administrative en Israël est organisée sur la base d'une loi promulguée cette même année et qui comprend une procédure de contrôle judiciaire plus poussée que celle, purement formelle, qui existait dans le cadre des *Regulations* originelles.

Le recours aux *Regulations* est beaucoup moins intensif en Israël *stricto sensu* que dans les territoires occupés. Or, de manière générale, au cours des quinze dernières années la Cour suprême, qui a considérablement étendu le champ de son contrôle juridictionnel[2] au point de le transformer complètement, n'a pas élargi ce contrôle dans ce domaine. La question prédominante est évidemment celle du motif de sécurité qui est toujours invoqué par les autorités militaires. La Cour a dans un premier temps insisté sur la nécessité du respect très strict des

1. Une discussion avait eu lieu sur la question de la réception du droit mandataire. L'article 11 de l'Ordonnance sur le droit et les pouvoirs publics, adoptée quelques jours seulement après la proclamation de l'État, posait le principe de la continuation du droit mandataire : « [...] [pour] autant qu'il ne soit pas contraire à la présente ordonnance ou autres lois adoptées par le Conseil provisoire de l'État [...] et compte tenu des changements qui découlent de la création de l'État et de ses organes. » Il avait été plaidé que le caractère démocratique de l'État s'opposait au maintien des *Defence Regulations*. La Cour rejeta l'argument.

2. En particulier par le développement du contrôle de *reasonableness* des décisions administratives.

procédures prévues par les textes. Ainsi, si l'on se réfère aux expulsions prononcées dans les territoires occupés à l'encontre de personnes soupçonnées d'activités terroristes mais contre lesquelles soit il n'existe pas de preuve, soit encore celles-ci existent mais les autorités militaires ne désirent pas les produire [1], la Cour suprême se montre très tatillonne quant à la forme. Le résultat est d'ailleurs plus intéressant qu'il n'y paraît à première vue. La procédure prévue suppose que, une fois l'expulsion prononcée, les personnes puissent faire appel devant une commission purement militaire. Un recours est ensuite possible devant la Cour suprême [2] : celle-ci accorde souvent le sursis à exécution [3]. La situation n'est pas identique dans les autres matières couvertes par les *Defence Regulations*, notamment concernant les territoires. La Cour suprême a souvent été critiquée pour sa timidité (notamment quant au dynamitage de maisons). S'agissant des détentions administratives ou de la fermeture de journaux, la Cour a été un peu plus audacieuse, notamment dans quelques cas d'application sur le territoire israélien [4].

Les ordonnances prises en vertu de l'état d'urgence : en dehors des *Regulations* mandataires, il existe une autre voie,

---

1. Notamment au motif que cela pourrait mettre en danger d'autres personnes.

2. Remarquons, au passage, le problème particulier que pose la compétence même de la Cour suprême en ce qui concerne les territoires occupés. Il s'agit d'une extension de compétence, qui a pour but de protéger les intérêts des personnes sous régime militaire. Son fondement a été parfois discuté.

3. On doit cependant noter l'importante exception que constitue l'arrêt rendu en janvier 1993 à propos de l'expulsion de 415 résidents des territoires occupés soupçonnés d'appartenance à des groupes fondamentalistes musulmans. La Cour entérina l'expulsion, sans audition préalable des expulsés, contrairement à sa jurisprudence. L'arrêt est curieusement motivé et rédigé, il semble faire appel à la notion d'« urgence dans l'urgence » : *Association des droits du citoyen c. commandant de la zone centrale*, *Recueil des arrêts de la Cour suprême*, vol. 47, t. 1, 1993, p. 267. La Cour a d'ailleurs vivement été critiquée à ce sujet.

4. Sur le territoire israélien les détentions administratives sont prononcées, depuis 1980, sur la base d'une loi particulière et non plus sur celle d'une disposition de l'époque mandataire. Elles sont relativement rares.

largement exploitée, qui est celle des ordonnances prises en vertu de l'état d'urgence. Le texte qui l'autorise est l'article 9 de l'Ordonnance sur le droit et les pouvoirs publics, adoptée dès le 19 mai 1948. Cet article dispose :

> La Knesset peut proclamer l'existence de l'état d'urgence sur le territoire de l'État. Lorsqu'une telle proclamation est intervenue, le gouvernement peut autoriser le Premier ministre ou tout ministre à édicter des ordonnances en vertu de l'état d'urgence, pour la défense de l'État, la sécurité publique ou le fonctionnement des services vitaux, ainsi que pour assurer l'approvisionnement.
> Ces ordonnances peuvent modifier ou suspendre toute loi. Elles peuvent fixer des conditions à ces lois, elles peuvent aussi déterminer de nouveaux impôts ou d'autres paiements obligatoires.
> Les ordonnances prises en vertu de l'état d'urgence expirent trois mois après leur édiction, à moins qu'elles n'aient été prorogées par la Knesset ou annulées par l'autorité édictrice.
> Si la Knesset le juge nécessaire, elle peut déclarer que l'état d'urgence a cessé d'exister sur le territoire…

Ces dispositions sont claires. Elles appellent une première remarque qui concerne la proclamation de l'état d'urgence et sa durée. L'état d'urgence a été proclamé dès le 19 mai 1948 : *il n'a jamais été annulé depuis !* Techniquement, l'État d'Israël a vécu en état d'urgence depuis son établissement, de façon ininterrompue.

C'est ici que se situe l'importance de la nouvelle loi fondamentale. Son article 49 dispose que l'état d'urgence ne peut être proclamé que pour un an : il peut certes être reconduit, mais il expire sauf reconduction expresse. Le changement est d'importance et entend mettre sans doute fin à une situation qui a été très critiquée. De plus, le texte ajoute d'autres critères, qui rappellent de façon singulière les stipulations contenues dans les divers traités internationaux, notamment à l'article 15 de la Convention européenne de sauvegarde des droits de l'homme. C'est ainsi que le nouvel article 50 de la loi fondamentale sur le gouvernement introduit les dispositions suivantes :

– le principe de non-rétroactivité des peines et l'interdiction de l'atteinte à la dignité de la personne humaine (ce sont là des mesures qui rappellent les droits non dérogeables qui ont été introduits dans la Convention européenne) ;

– l'interdiction de porter atteinte au droit de s'adresser à une instance judiciaire ;

– toutes les dispositions intervenues par l'intermédiaire des ordonnances sur l'état d'urgence doivent l'être dans la mesure requise par l'état d'urgence (il s'agit là du principe de proportionnalité).

La nouvelle loi fondamentale sur la dignité et la liberté de l'individu contient, elle aussi, des dispositions (applicables immédiatement) qui modifient sensiblement l'ancien état de droit. L'article 12 de cette loi stipule que, lorsque l'état d'urgence est proclamé, il est licite de porter atteinte aux droits définis dans cette loi fondamentale, pourvu que cette atteinte soit effectuée dans un but approprié et que ni la mesure de cette atteinte ni sa durée n'excèdent ce qui est nécessaire.

Le contrôle de la Cour suprême sur les ordonnances (ancien style) était assez limité. La Cour suprême a notamment refusé de contrôler les buts de chacune de ces ordonnances. Il est vrai que le gouvernement a fait, depuis 1948, un usage relativement modéré de cette technique. La plupart des cas où il y a eu recours concernait des grèves susceptibles de nuire à la vie normale du pays contre lesquelles il prononçait des réquisitions.

Il est raisonnable d'imaginer que le contrôle de la Cour sera désormais plus poussé. Cependant, ainsi que nous l'avons souligné, le recours à ces ordonnances est relativement peu fréquent. Dans les territoires occupés, ce sont les *Defence Regulations* qui sont appliquées [1].

On voit bien que la nouvelle loi fondamentale sur le gouvernement est un ensemble relativement complexe, que l'on ne

1. Jusqu'en 1966, par exemple, les Arabes de Galilée étaient soumis à un régime militaire, en vertu des *Defence Regulations*.

saurait réduire à la seule élection directe du Premier ministre. Au moment où ces lignes sont écrites, quelques semaines après la tenue de la première élection directe, on peut tenter une première appréciation du nouveau système.

4. Le nouveau système et sa première application

a) Les aspects théoriques

Incontestablement, le système israélien innove. On connaissait le modèle parlementaire classique ; on connaissait le régime présidentiel – on s'était même accoutumé à la formule française de la Constitution de la Ve République, telle qu'elle s'était cristallisée progressivement, après la révision constitutionnelle de 1962 sur l'élection du président de la République au suffrage universel. Cependant, le modèle israélien ne ressemble à nul autre.

Relevons qu'en 1956, lorsqu'il était devenu évident que les chances de survie de la IVe République étaient faibles [1], Maurice Duverger mit au point un projet similaire. Celui-ci comportait assez précisément les mêmes éléments que ceux adoptés en Israël. Parmi ceux-ci on peut citer avant tout :

– l'élection directe du chef de l'exécutif ;

– la possibilité de la motion de censure, dont l'adoption emporte dissolution automatique ;

1. Le projet et la campagne qui l'accompagna sont décrits par son auteur dans *La République des citoyens*, Paris, Ramsay, 1982. Cf. notamment les articles de M. Duverger dans *Le Monde* des 12-13 avril, 6-7 et 18 mai, 12 juin 1956. Un vaste débat eut lieu sur ce projet, ainsi que sur celui, légèrement différent, de Georges Vedel. Les éléments de ce débat sont aussi rapportés par Maurice Duverger dans *Le Système politique français*, Paris, Presses universitaires de France, coll. « Thémis », 20e éd., 1990, p. 184.

– la possibilité de dissolution par le président du Conseil (Premier ministre), entraînant également de nouvelles élections pour cette fonction.

Sur le plan théorique, on ne peut nier qu'un tel projet soit très problématique. On voit bien les contradictions internes qu'il comporte, puisqu'il recèle deux logiques politiques : celle d'une majorité populaire autour du chef de l'exécutif et celle d'une majorité parlementaire. Déjà, nombreux furent les commentateurs qui soulignèrent l'opposition de ces deux logiques dans le système néo-weimarien de la Vᵉ République. On doit rappeler à cet égard que, jusqu'en 1986, c'est-à-dire la première cohabitation, il fut difficile d'entrevoir quelles seraient les conséquences institutionnelles d'une éventuelle cohabitation. L'idée même de cohabitation n'était pas très clairement perçue. Dans le système israélien, il semble que le principe même de la cohabitation soit à exclure complètement. En effet, on ne voit guère comment l'épreuve de l'investiture pourrait être surmontée. Nous avons noté plus haut que cette investiture avait été ajoutée au dernier moment dans le texte par les adversaires de la réforme. Certes, même en l'absence d'investiture, une « Knesset hostile » pourrait toujours voter la censure. De même s'est posée la question de la majorité requise pour voter cette censure : on a soutenu qu'il faudrait élever ce seuil, comme dans le projet initial, pour le porter à 70, voire 75 voix.

Il reste que l'essentiel du nouveau système réside dans son élément central, à savoir l'élection directe du Premier ministre. Il suffit de poser le problème en termes de tactique politique et partisane. Comme nous l'avons montré, au cours de certains des précédents tours de scrutin (à la Knesset), les deux grands partis se sont trouvés presque à égalité. Dans ces circonstances, il était parfois difficile de déterminer quel serait le député chargé de la formation du gouvernement par le président de l'État.

En termes de coutume constitutionnelle, cette problématique

peut être illustrée de la manière suivante : pendant près de trente-cinq ans (jusqu'en 1984), il avait semblé qu'une coutume constitutionnelle voulût que le député à la tête du groupe le plus important à la Chambre soit chargé de la formation. Mais il s'agissait là d'une illusion : ce n'était pas le leader du gouvernement qui était nommé, mais celui qui serait capable de former une coalition disposant de la majorité. Il s'était avéré que durant la période de domination du Parti travailliste, puis, brièvement, après l'alternance (au scrutin de 1977, puis à celui de 1981), le leader de la plus grande formation était aussi celui qui était capable de former une coalition. A partir de 1984, on s'aperçut qu'il y avait confusion entre deux éléments. La voie était ouverte à l'incertitude quant à la construction d'une coalition, rappelant les délices de la IIIe et de la IVe République en France ou encore de celles de l'Italie.

On peut d'ailleurs signaler que, parmi les nombreux adversaires du nouveau système israélien (essentiellement ceux de l'élection populaire directe), l'une des propositions évoquées en vue de porter remède aux maux de l'ancien système est celle de la disposition selon laquelle le Premier ministre serait nécessairement le leader de la fraction parlementaire la plus importante. On pense ainsi inciter ou même forcer des regroupements avant les élections et empêcher l'instabilité. La question reste à l'étude et sera certainement évoquée au cours des débats futurs.

Cependant, la situation actuelle est claire : seul le Premier ministre élu peut former une coalition. Il bénéficie ainsi d'un immense avantage : à moins d'être renversé – provoquant ainsi de nouvelles élections –, nul autre ne peut diriger le gouvernement. En cas de crise, il peut chercher à retrouver cette légitimité populaire en procédant à une dissolution.

Les critiques ont fait observer que, dans une certaine mesure, ce nouveau système ne faisait que déplacer le problème. En effet, au lieu d'assister à un marchandage autour de la formation d'une coalition *après* les élections, on assiste maintenant à la recherche d'une coalition *avant* celles-ci. La recherche d'une élection acquise dès le premier tour (qui n'est possible que dans l'hypothèse où seuls deux candidats sont en lice) est certainement de nature à inciter les candidats à parvenir à des accords avant les élections. En d'autres termes, il s'agit pour les candidats de faire des promesses fermes (programme précis, postes à attribuer) avant ce premier tour. Cette remarque s'applique d'ailleurs particulièrement aux relations avec des partis qui représentent des secteurs spécifiques de la population : secteur religieux, secteur arabe dont la discipline de vote est plus poussée que celle des autres groupes. Cette remarque ne peut être négligée : cependant, elle ne fait que traduire la réalité profonde de l'électorat, telle que nous avons voulu la présenter dans notre première partie, à savoir le fait que ce pays repose sur des clivages et apparaît donc comme une véritable mosaïque, qu'il faut prendre en considération.

Il apparaît ainsi que le système mis en place s'appuie sur la double opposition de deux logiques, l'une électorale, l'autre institutionnelle :

– d'une part, la logique majoritaire (aux élections pour le poste de Premier ministre), l'autre proportionnelle, dans sa forme la plus absolue (aux élections à la Knesset) ;

– d'autre part, la logique présidentielle à laquelle s'oppose la logique parlementaire [1].

On peut gloser sur cette double opposition de deux logiques : on s'interrogeait autrefois sur la compatibilité du régime parlementaire avec le scrutin proportionnel. La question est encore plus complexe dans le nouveau cadre mis en place en Israël. La logique proportionnelle peut-elle coexister avec le régime hybride ainsi établi ? Comme nous l'avons souligné plus haut, il est vrai que c'est précisément parce que le système politique

1. Un débat qui n'est pas sans rappeler la double lecture possible de la constitution française de 1958-1962 ou encore, selon l'expression de Georges Vedel, « les deux Constitutions », celle de l'article 5 et celle de l'article 20.

n'était pas capable de réformer son mode de scrutin que l'élection directe du Premier ministre a été adoptée. Il est nécessaire d'attendre quelque temps pour évaluer les chances de succès de cette curieuse tentative.

b) Les enseignements de la première expérience d'élections directes

Comment juger ces premières élections du 29 mai 1996 ? Peut-on, à partir de cette première expérience, apprécier les directions dans lesquelles le système pourrait se développer ?

Les élections semblent avoir produit des résultats curieux et en partie inattendus. Pour s'en convaincre, il suffit d'ailleurs de rappeler quelles étaient les prévisions les plus pessimistes [1]. Celles-ci, de manière très générale, prévoyaient l'élection d'une Knesset hostile ou en opposition. La classe politique avait même créé, à cet égard, un néologisme hébraïque, *Knesset Leumatit,* que l'on peut traduire par « Knesset hostile ». Dans ce cadre, l'exemple français de la cohabitation était souvent avancé. C'était, nous semble-t-il, oublier une différence de taille entre les deux systèmes : les deux élections ont lieu simultanément en Israël, alors qu'en France la différence entre les deux majorités provient en partie du fait que les élections se déroulent à plusieurs années d'intervalle. Il en résulte que le risque d'une grande divergence entre les deux majorités est plus restreint qu'en France. Au demeurant, un refus d'investiture ou un vote de censure (aussi bien qu'une dissolution) entraînerait des élections au centre desquelles on trouverait, de part et d'autre, la revendication (présentée aux électeurs) d'opérer un vote cohérent.

L'analyse des élections du 29 mai 1996 devrait nous per-

1. Nous parlons ici non pas en termes de parti gagnant ou perdant, mais en nous plaçant du point de vue du fonctionnement des institutions.

mettre de mieux comprendre le fonctionnement du système. Tout d'abord, signalons que toute référence à la possibilité d'une « Knesset hostile » ou en opposition a disparu. L'attention s'est portée sur d'autres éléments.

A l'évidence, ce sont les résultats de l'élection à la Knesset qui ont surpris. Du fait de l'absence d'un troisième candidat, il n'y a eu qu'un tour de scrutin pour le poste de Premier ministre. Il est donc plus facile de comparer les chiffres.

A propos de ce scrutin, les commentateurs n'ont pas manqué de relever un élément qui, à première vue, peut paraître réellement spectaculaire, à savoir la montée des petits partis, au détriment des deux grandes formations. Certains ont utilisé l'expression pittoresque d'« atomisation de la vie politique israélienne ». Les chiffres ont été exposés au tableau 24. On peut donc se contenter d'en rappeler très simplement les éléments les plus importants.

Le chiffre le plus marquant est évidemment celui du total des deux plus grandes formations : celui-ci n'est plus que de 66 (34 pour les travaillistes et 32 pour le Likoud), alors qu'il était de 76 en 1992 ! Cependant, on a également indiqué que depuis 1981 – qui a représenté un pic absolu[1] – ce total n'a cessé de diminuer. Depuis 1981, le « bloc » des deux plus grands partis a perdu 29 sièges, soit environ 25 % de l'ensemble. Toutefois, il faut tenir compte de l'évolution de la structure démographique du pays : au cours de la dernière décennie, comme nous l'avons montré dans notre première partie, la société israélienne a connu quelques transformations démographiques qui ne pouvaient manquer d'influer sur les comportements politiques. Ainsi suffit-il de prendre en considération le vote dit « russe », ou tout au moins celui exprimé pour le parti Israël Be-Aliah, pour illustrer ce propos. Les 175 000 voix obtenues par ce parti (soit 7 députés) s'étaient majoritairement portées vers le Parti travailliste en 1992.

1. Les grands partis avaient, à eux deux, obtenu 95 sièges !

Il apparaît ainsi clairement que la chute des deux grands partis a été constante d'un tour de scrutin à l'autre et qu'il ne peut donc s'agir d'un mouvement qui serait imputable ou exclusivement imputable à l'instauration de l'élection directe du Premier ministre. Dès lors, la véritable question est celle de savoir si le mouvement d'éparpillement des voix a été, d'une manière ou d'une autre, accéléré par le nouveau système.

La réponse n'est pas aisée. En effet, nous voudrions faire remarquer que la question implique une proposition qu'il faudrait établir. Ainsi, se demander – comme beaucoup le font – si le nouveau système n'a pas accéléré la répartition des voix implique que celle-ci soit nécessairement considérée comme un phénomène négatif à combattre. Ce qui serait certainement vrai si l'on pouvait se placer du seul point de vue de la sociologie électorale ou d'une théorie des régimes en quelque sorte coupée de toute réalité sociale. En d'autres termes, une société relativement homogène doit effectivement éviter d'adopter un mode de scrutin qui favoriserait un éparpillement inutile. Au contraire, une société hétérogène ne saurait – artificiellement – chercher à réduire un éparpillement traduisant une véritable réalité sociale. Il nous semble que la chose est d'autant plus vraie que ce même système politique a précisément cherché à réduire les effets de l'hétérogénéité par l'élection directe du Premier ministre, en forçant en quelque sorte le rassemblement autour d'une approche majoritaire. Faut-il rappeler que l'idée même des élections directes est née de l'impossibilité de parvenir à une réforme du mode de scrutin ? Dès lors, on pourrait reprendre la critique portant sur le nouveau système et parvenir à une conclusion inverse de celle qui est généralement avancée. On est tenté dès lors d'avancer que ce système est de nature à favoriser une tendance intégratrice, alors même que les apparences (en 1996) seraient inverses.

L'élection du Premier ministre force le choix : ainsi, l'on a pu dire que certains secteurs sociaux s'étaient vu, pour la première fois, dans l'obligation d'exprimer un vote en dehors de leur groupe. Il suffit de prendre l'exemple des *haredim* : on a constaté que ceux-ci ont dans leur écrasante majorité voté pour le candidat de la droite, M. Netanyahou [1], non sans avoir, au préalable, surmonté leur réticence à l'encontre d'un candidat non religieux. On voit l'effet d'intégration, qui est de nature à s'accentuer, lors de futurs scrutins [2]. La remarque s'applique également à d'autres secteurs, essentiellement le secteur arabe.

Il faut donc souligner que la première expérience d'élection directe ne peut permettre d'exprimer un point de vue définitif sur les perspectives qui sont ainsi ouvertes sur les comportements électoraux. Les résultats du scrutin du 29 mai 1996 peuvent et doivent être interprétés au-delà de la constatation purement factuelle de l'éparpillement numérique indéniable. Il importe notamment de vérifier dans quelle mesure le nouveau système a atteint son principal objectif : renforcer la stabilité de l'exécutif. Sans doute faudra-t-il envisager certaines améliorations techniques, à moins que ne se lèvent des voix suggérant le retour au parlementarisme classique.

C'est dans ce contexte qu'il nous paraît intéressant d'envisager l'adéquation du modèle consociationnel d'Arend Lipjhart à la réalité politique israélienne. Ce modèle est tout entier fondé sur une logique proportionnelle. C'est la raison pour laquelle la question de l'adéquation du modèle consociationnel est importante comme cadre d'analyse.

---

1. Certains n'ont-ils pas avancé que les *haredim* avaient voté pour M. Netanyahou à 105 %, voire 110 % ! Le Parti travailliste a d'ailleurs, sans succès, essayé d'attaquer en justice le résultat des élections pour fraude électorale, particulièrement en milieu haredi.

2. Quel que soit d'ailleurs le candidat non religieux soutenu par ces milieux.

5. Les identités et le consociationalisme à l'israélienne

Depuis son élaboration, le modèle consociationnel de Lipjhart[1] représente un apport particulièrement fécond à la théorie des sociétés démocratiques à peuplement composite.

Pour Lipjhart, le modèle permet de rendre compte du fonctionnement des démocraties composites, en particulier celles qui jouissent d'une certaine stabilité. Rappelons que, selon lui, quatre éléments permettent de considérer qu'un régime participe du modèle consociationnel[2]. Cependant, on remarque que l'hypothèse consociationnelle repose toujours sur une collaboration des élites des différents groupes concernés.

Les quatre éléments sont les suivants :

– l'existence d'une « grande coalition » comprenant des représentants des groupes principaux dans l'État ;

---

1. Parmi les principaux écrits de l'école consociationnelle, citons Hans Daalder, « The Consociational Democracy Theme », *World Politics*, vol. 26, 1974, p. 604-621, mais surtout Arend Lipjhart. Ses premières études étaient consacrées aux Pays-Bas (son pays d'origine). Les titres paraissent s'imposer d'eux-mêmes dans le cadre d'une étude sur Israël : *The Politics of Accommodation. Pluralism and Democracy in the Netherlands*, Berkeley, University of California Press, 1968 ; *Democracy in Plural Societies. A Comparative Exploration*, 1977, New Haven, Yale University Press ; *Democracies. Majoritarian and Consensus Patterns of Government in Twenty-One Countries*, New Haven, Yale University Press, 1984. Quelques autres titres traitent de l'Afrique du Sud et du processus de démocratisation en Pologne, en Hongrie et dans l'ex-Tchécoslovaquie. Signalons tout particulièrement la tentative d'appliquer le modèle consociationnel à l'Union indienne : « The Puzzle of Indian Democracy : A Consociational Interpretation », *American Political Science Review*, vol. 90, 1996, p. 258-268. Cet article comporte une importante bibliographie concernant des analyses consociationnelles portant sur plusieurs pays (Suisse, Belgique, Canada, etc.).

2. Cf. Arend Lipjhart, *Democracy in Plural Societies…*, *op. cit.*, p. 25, ainsi que l'examen systématique de l'application des quatre critères au cas indien, *in* id., « The puzzle of Indian Democracy… », art. cit.

– le droit de veto mutuel des différentes minorités membres de la coalition ;

– le principe de proportionnalité dans la représentation politique, dans l'Administration et dans l'accès aux subventions ;

– l'autonomie dans la conduite des affaires internes des composantes de la coalition.

Dans quelle mesure ces éléments sont-ils applicables à Israël ?

La grande coalition : il ne s'agit point ici de la notion de coalition au sens classique. Dans son article sur la question indienne, Lipjhart montre fort bien que les formes que peut prendre la coalition sont très variées. Parmi elles, l'exemple israélien est sans doute le moins probant. Les coalitions habituelles n'ont jamais été des coalitions segmentaires, mais purement partisanes. Sans doute peut-on déceler une évolution plus récente, notamment à travers les élections de 1996. L'entrée au gouvernement de certains partis s'est faite au nom de la représentation d'intérêts spécifiques : les nouveaux immigrants, les groupes ultra-orthodoxes en sont les exemples les plus marquants. Ce n'est d'ailleurs pas le cas de tous les partis. On peut considérer que le régime israélien se trouve dans une période de mutation, et il n'est pas certain qu'il évolue vers la caractéristique avancée dans le modèle consociationnel.

Le veto : celui-ci peut intervenir dans les accords de coalition. Ceux-ci stipulent en général que, sur certains points particuliers, chacune des composantes pourra s'opposer à des modifications de fond : c'est particulièrement le cas en matière religieuse. Dans certains cas, ce veto touche à des questions purement politiques (création de nouvelles implantations ou, au contraire, démantèlement, rétrocession de territoires). De manière plus générale, les élites – c'est-à-dire leurs dirigeants – cherchent à trouver des formules d'accommodement évitant la rupture et marquent ainsi les limites en deçà desquelles la coexistence est impossible : c'est là l'essence même de la signification du veto.

La représentation proportionnelle : il semble qu'il faille opérer une distinction entre le mode de scrutin et la répartition des postes et des fonctions à la proportionnelle [1]. La réalité israélienne est en pleine mutation à cet égard. C'est ainsi que la revendication des milieux ultra-orthodoxes concernant la Cour suprême est tout à fait caractéristique de ce point de vue. L'exigence d'une représentation proportionnelle à la Cour suprême traduit une philosophie politique consociationnelle poussée à l'extrême, qui ne cesse de se renforcer.

L'autonomie culturelle : celle-ci existe indiscutablement. Le secteur haredi en est l'exemple le plus accompli [2]. Le secteur arabe israélien est lui aussi en voie d'acquérir l'autonomie dans de nombreux domaines [3].

Le modèle de Lipjhart est loin d'être pleinement applicable aux structures politiques israéliennes. Dans certains de ses écrits plus anciens, Lipjhart voyait poindre en Israël un « système fédéral dans un État unitaire [4] ». Un autre auteur utilisait l'expression de « système quasi fédéral [5] ».

Lipjhart attribue une place particulière aux accords entre les élites représentant les différents groupes. On peut effectivement considérer que, dans de nombreux domaines, de tels accords ont existé en Israël, particulièrement entre les élites

1. Selon la formule bien connue du *Proporz system* en Autriche.

2. Ainsi le réseau éducatif ultra-orthodoxe, dit « indépendant ». Cependant, le secteur des écoles publiques religieuses est très largement autogéré, notamment par les repésentants du Parti national-religieux.

3. Pour des raisons dites de sécurité, l'État n'a pas permis l'autonomisation du secteur arabe. Nous avons vu dans la première partie que celle-ci est en cours.

4. Arend Lipjhart, *Democracy in Plural Societies...*, *op. cit.*, p. 130.

5. Leonard J. Fein, *Politics in Israel*, Boston, Little Brown, 1967, p. 100.

religieuses modérées et la direction travailliste, au cours des deux premières décennies de l'État. C'est la remise en cause de ces élites qui a progressivement mis en danger le fragile équilibre qui avait été atteint. La période qui s'ouvre doit permettre la recherche de nouvelles élites, dans les différents secteurs, capables de parvenir à mettre au point des formules de coopération consociationnelle d'un autre type.

La mutation en Israël est évidente. Le modèle du *melting-pot* y a été définitivement abandonné, comme il l'a été aux États-Unis, il y a quelques dizaines d'années. La nouvelle direction dans laquelle s'engage la démocratie de ce pays n'est pas encore clairement perceptible. Le cadre de la mosaïque qui remplace celui du *melting-pot* doit comporter un ciment minimal. Pour l'heure, on constate que le système des clivages croisés (*cross-cutting cleavages*), qui joue le rôle de « freins et contrepoids » sociaux[1], permet de maintenir une cohésion temporaire. Pour apprécier les directions dans lesquelles la société et la démocratie sont susceptibles de s'engager, il nous faut considérer l'évolution de la prise de conscience, en Israël, des identités particulières.

1. Qu'on songe par exemple aux pressions centrifuges des Arabes israéliens et des *haredim*.

TROISIÈME PARTIE

Religion, identité, représentations

Pour présenter ce que nous avons choisi d'appeler « la démocratie d'Israël », il fallait d'abord comprendre la grande complexité de la société israélienne, il fallait ensuite décrire ses institutions et les règles du jeu politique. Cependant, cette étude ne pouvait s'en tenir à ces deux éléments. En effet, nous avons déjà indiqué que l'État d'Israël présente certaines caractéristiques particulières, liées à son origine récente et aux conditions dans lesquelles il a été établi. L'exposé de la structure de la population doit être complété par celui des grands débats qui secouent le pays. Or, ceux-ci touchent à plusieurs domaines et affectent très profondément la cristallisation de l'identité des différents secteurs. Ce sont ces débats que nous voulons aborder maintenant.

Dans l'introduction du présent ouvrage, nous avons déjà fait remarquer que ceux-ci touchent à l'essence même de ce que l'on peut appeler l'identité « judéo-israélienne », laquelle doit prendre en compte le fait qu'une importante fraction de la population n'est pas juive. On sait, par ailleurs, que les différents thèmes évoqués dans les discussions qui se déroulent en Israël sont liés les uns aux autres. Ainsi la grande controverse religieuse – que l'on étudiera en premier lieu – est liée aux deux clivages intra-juifs que nous avons présentés (religieux/laïcs et ashkénazes/sépharades), mais elle en transcende très nettement les cadres. Le problème religieux se pose d'abord en termes démographiques, comme nous l'avons montré, mais il a bien d'autres facettes, notamment juridiques et idéologiques.

En d'autres termes, après avoir posé la question « qui parle ? » ou « qui revendique ? » (en matière religieuse) ou même « comment revendique-t-on ? », il convient maintenant de se demander « de quoi parle-t-on ? ». C'est notre propos ici.

L'analyse de ces débats permet de mettre au premier plan celle, plus fondamentale encore, de l'identité israélienne, en tenant compte des clivages que nous avons étudiés plus haut. Quelle identité pour Israël et, surtout, quelle identité pour les Israéliens ? Que signifie l'affirmation du caractère juif de l'État ? Telles sont les interrogations existentielles de la démocratie d'Israël. On se posera notamment la question de savoir s'il est possible de réconcilier les deux termes de la définition de l'État comme « juif et démocratique », ainsi qu'elle apparaît désormais dans les lois fondamentales.

Pour terminer, nous nous proposons d'analyser les représentations qui fondent la société israélienne. La question de la représentation du passé est certainement la plus importante. La clé de l'avenir de cette société se trouve entre les mains de ceux qui en forgent la mémoire. Précisément, quelle que soit la période sur laquelle on s'interroge, on s'aperçoit qu'il n'y a pas – ou qu'il n'y a plus – de consensus sur le passé. Qu'il s'agisse de l'histoire ancienne ou médiévale, de la période d'émancipation ou de la *Shoah*, de l'apparition du sionisme et des guerres d'Israël, la conscience d'un passé commun ne s'élabore plus qu'avec de grandes difficultés. Nous avons donc choisi de terminer sur cette interrogation, qui va bien au-delà de la présentation des « nouveaux historiens » : elle concerne l'avenir autant que le passé.

10

La question religieuse : les éléments du débat

On sait que les affrontements sur la question religieuse sont nombreux et variés. Peu de secteurs de la vie publique et privée des citoyens lui échappent. Cependant, dans ses aspects pratiques, c'est-à-dire considérée essentiellement sous l'angle juridique, la question est mal connue, non seulement hors d'Israël, mais encore par les Israéliens eux-mêmes. C'est la raison pour laquelle il nous paraît nécessaire de consacrer un premier développement aux aspects purement juridiques concernant le statut de la religion. Nous analyserons ensuite la notion de *statu quo* qui, depuis 1948, est la formule officielle définissant l'état des relations entre l'État et la religion.

1. L'état du droit [1]

Une première remarque s'impose : le droit israélien dans son essence n'est pas un droit religieux. Toutes les références au droit religieux [2] doivent, pour être applicables en droit

1. Nous avons examiné cette question plus en détail dans notre ouvrage *Le Caractère juif de l'État d'Israël*, *op. cit.* Depuis sa parution (1977), de nombreux développements sont intervenus sur bien des points, soit dans la législation, soit dans la jurisprudence.

2. Nous traitons avant tout des problèmes relatifs au droit hébraïque, à l'exclusion du droit des autres religions reconnues.

positif, être adoptées par le législateur « laïque », c'est-à-dire la Knesset.

Cette observation doit être complétée par le rappel de certains éléments que l'on qualifie volontiers de « curieux » : d'une part, le caractère laïque du législateur (la Knesset) est d'autant plus marqué et apparent qu'il comprend un certain nombre de députés qui ne sont pas juifs [1] ; d'autre part, la très grande majorité des députés juifs sont précisément laïques. L'augmentation sensible et constante du nombre des députés arabes pose d'ailleurs le problème de leur vote sur les points ayant trait à des questions religieuses juives, lorsque ceux-ci sont très controversés et peuvent se décider à quelques voix près. Un exemple frappant en est fourni par le cas de la loi sur le grand rabbinat d'Israël, adoptée en 1980. Au moment de son adoption, la question de la prorogation des grands rabbins [2] s'était posée. (Ceux-ci sont élus pour dix ans, mais ne peuvent être prorogés.) Un *lobby* s'était alors constitué pour obtenir la prorogation (par l'adoption d'une loi dérogationnelle) des grands rabbins alors en fonction. Un pointage parlementaire rapide révéla qu'il y avait, à ce sujet, des doutes quant à l'existence d'une majorité en faveur du projet. En toute hypothèse, il apparut rapidement que l'issue de la proposition dépendrait... du vote des députés arabes. En fin de compte, la proposition ne fut pas mise à l'ordre du jour [3].

Pour le juriste, la méthode à appliquer est la suivante : un premier catalogue doit faire l'inventaire des lois à contenu religieux. Il faut considérer ensuite une deuxième question,

---

1. A ce sujet, on peut se reporter au tableau 5, dans la première partie. Le chiffre a varié de 3 (à la première législature, élue en 1949) à 11 (législature élue en 1996).

2. Depuis l'établissement de l'institution d'un grand rabbinat (en 1920), il y a deux grands rabbins, l'un sépharade, l'autre ashkénaze.

3. En sens inverse, on peut faire remarquer que cette situation est celle des institutions cultuelles musulmanes ou druzes, dans la mesure où elles sont établies par des lois de la Knesset, dont la très grande majorité des membres sont juifs.

celle du contrôle exercé sur les autorités religieuses d'État[1]. Enfin, il faut rechercher dans quelle mesure les autorités administratives peuvent légalement prendre des décisions réglementaires dont la motivation serait religieuse.

a) La législation religieuse

Nous avons choisi de présenter les différents domaines dans lesquels l'élément religieux intervient sur le plan législatif.

Le statut personnel : les secteurs dans lesquels le législateur a décidé d'incorporer directement la législation religieuse sont réduits. De fait, le seul domaine dans lequel celle-ci a été directement et complètement introduite est celui du statut personnel. Cela signifie que tout ce qui concerne les mariages et divorces des Juifs en Israël est exclusivement régi par le droit religieux, c'est-à-dire la Halakha[2].

Cela est expressément signifié par une loi de 1953, dite « loi sur la juridiction des tribunaux rabbiniques (mariages et divorces) ». Les deux premiers articles disposent :

> Art. 1. Tout ce qui concerne le mariage et le divorce des Juifs en Israël, qu'ils soient nationaux ou résidents, relève de la compétence exclusive des tribunaux rabbiniques.

---

1. C'est le cas du grand rabbinat et des rabbinats locaux, ainsi que des tribunaux rabbiniques. La question se pose dans les mêmes termes pour les autorités religieuses des autres confessions.

2. La Halakha désigne le droit hébraïque de manière générale, c'est-à-dire l'ensemble formé par la Thora (le Pentateuque ou Loi écrite) et le Talmud (la Loi orale). La Halakha est également fondée sur les innombrables commentaires post-talmudiques et, au cours des siècles les *responsae* des rabbins à des questions précises concernant des situations pratiques. L'origine du mot *Halakha* est instructive en elle-même : elle vient du verbe *lalekhet* (dont la racine est *halakh*), qui signifie « marcher ». En d'autres termes, la Halakha indique la voie à suivre pour marcher (droit). Le concept de Halakha joue un rôle central dans les grands débats israéliens. C'est ainsi que certains milieux religieux sont accusés de vouloir transformer l'État d'Israël en *Medinat Halakha*, autrement dit « État halakhique ».

Art. 2. Les mariages et divorces des Juifs en Israël s'effectuent en vertu de la loi de la Thora [1].

La technique juridique est claire : elle consiste, d'une part, à investir les tribunaux rabbiniques [2] d'une compétence (exclusive) et, d'autre part, à déterminer la loi applicable (la loi de la Thora).

Sur le plan pratique, la signification de cette loi est évidente : dans la mesure où les Juifs ne peuvent être mariés que par les tribunaux rabbiniques, lesquels appliquent la Halakha, *il existe une impossibilité légale, en Israël, au mariage entre une personne juive et une personne non juive* [3]. Par contre, les mariages célébrés à l'étranger sont toujours reconnus en Israël et enregistrés par le ministère de l'Intérieur [4].

Ce fait a une conséquence de première importance sur le plan pratique. En effet, depuis 1970, un amendement à la loi du retour [5] accorde au conjoint (par hypothèse non juif) [6] d'un

1. Remarquons que les successions sont exclues du statut personnel. Elles ne sont régies par la loi religieuse que si toutes les parties à la succession ont accepté la juridiction religieuse : ce qui est souvent le cas dans les milieux très homogènes (*haredim*, société arabo-musulmane, Druzes).

2. Dans la Halakha, la distinction moderne entre la fonction juridictionnelle et la fonction administrative n'existe pas, d'où la référence aux tribunaux rabbiniques tant pour les mariages que pour les divorces.

3. Il existe cependant une légère incertitude en ce qui concerne le mariage entre une femme juive et un musulman. En effet, une disposition similaire existe dans la loi israélienne sur la juridiction des tribunaux de la Chariah (le droit musulman). Dans la mesure où la Chariah admet le mariage entre un musulman et une femme non musulmane (alors que le mariage entre une femme musulmane et un non-musulman n'est pas admis), il y a une contradiction de fond entre deux dispositions légales. Dans la pratique, les tribunaux de la Chariah acceptent de procéder à ces mariages : souvent la femme juive se convertit à l'islam (rappelons que, contrairement aux règles du judaïsme, la conversion à l'islam est très facile : il suffit de prononcer la profession de foi de l'islam).

4. Il ne fut tranché définitivement en la matière qu'en 1963 par un arrêt de la Cour suprême. Pour parvenir à sa conclusion, la Cour suprême s'est appuyée sur les principes fondamentaux du droit international privé concernant la reconnaissance des jugements ou documents étrangers qui ne seraient pas contraires à l'ordre public.

5. Celui-ci est examiné au chapitre suivant.

6. Ainsi qu'à ses enfants et petits-enfants.

Juif le droit au retour, c'est-à-dire le droit d'immigrer en Israël et celui d'obtenir la nationalité israélienne [1]. Cette disposition a été introduite pour éviter les discriminations dans le droit au retour des immigrants de l'ex-URSS [2]. Il semble que l'on n'ait pas clairement perçu, à l'époque, que ce texte permet aussi à un Juif israélien de se marier à l'étranger (avec une personne non juive), puis de faire enregistrer le mariage en Israël et de demander la nationalité israélienne pour le conjoint non juif. D'où l'étrange phénomène de mariages dénommés selon les pays dans lesquels ils ont été célébrés. Le cas le plus fréquent est celui de Chypre : le « mariage cypriote » est très prisé, du fait de la proximité de l'île. Des agences de voyages proposent le « tout compris » : préparation et dépôt à l'avance des documents nécessaires, voyage à Chypre (une heure d'avion), un ou deux jours de lune de miel et retour en Israël. Certaines formules sophistiquées n'exigent pas le déplacement : c'est le cas des « mariages mexicains » ou « paraguayens ». Ceux-ci se font par correspondance, c'est-à-dire par procuration. La légalité de ces mariages est encore contestée. L'imagination des juristes n'ayant pas de bornes, la formule ultime semble devoir être celle du « mariage de Jéricho » (à quarante minutes de Jérusalem) : si l'Administration autonome palestinienne est en mesure de célébrer ces mariages, cette formule offrira des avantages certains à frais réduits…

1. Sur ce point, une véritable discrimination existe entre les Israéliens juifs et les autres. En effet, seuls les Israéliens non juifs (essentiellement les Arabes) ne peuvent faire bénéficier leur conjoint de la nationalité israélienne par la voie du mariage. Cette discrimination est souvent critiquée. Elle est une conséquence de l'application de la loi du retour. Or, la loi du retour est déjà critiquée (par les Arabes) parce qu'elle ne s'applique qu'aux Juifs. Elle peut cependant trouver une justification dans le cadre du caractère juif de l'État et de la notion d'État-nation. Dans la vision sioniste, elle apparaît comme une mesure de rapatriation. Par contre, la distinction entre les citoyens israéliens, selon qu'ils sont juifs ou non juifs, est très discutable.

2. Rappelons qu'entre 1969 et 1973 une première vague de Juifs (environ 200 000 personnes) obtint le droit d'émigrer en Israël. Parmi ces immigrants, le nombre de couples « mixtes » a toujours été élevé.

Du point de vue halakhique, les règles de validité d'une célébration de mariage sont simples et assez peu formelles. Ainsi, nul besoin d'un rabbin : il est parfaitement loisible de procéder à un mariage « privé ». Il suffit que l'homme passe un anneau au doigt de la femme, en prononçant (devant deux témoins) la formule rituelle. Au demeurant, la Halakha considère qu'un concubinage prolongé constitue un mariage, en particulier à propos de la question de la dissolution du lien.

En effet, le divorce pose des problèmes beaucoup plus graves. Il ne peut être prononcé que par un tribunal rabbinique. Or, si dans la conception biblique le divorce était en fait une répudiation[1] de la femme par l'homme, des interprétations rabbiniques du Moyen Age à nos jours ont fait évoluer cette conception : désormais le divorce doit être accepté par la femme et consenti par l'homme. De ce fait, si l'on utilise une terminologie moderne, on peut dire que le divorce religieux juif[2] à l'israélienne est un divorce par consentement mutuel, à titre exclusif. En d'autres termes, pour qu'un divorce soit prononcé, le consentement des deux époux est absolument nécessaire.

On sait que le consentement mutuel est une formule « moderne ». Cependant, dans la version israélienne, il présente un grave défaut : il place celui des deux époux qui demande le divorce dans une situation délicate vis-à-vis de l'autre. Ce

1. La terminologie hébraïque est très instructive sur ce point. Le mot qui désigne le divorce est *guerouchin*, issu de la racine *garach*, qui signifie (aujourd'hui encore) « chasser » ou « expulser ». Dans le droit musulman, le divorce reste une pure répudiation. C'est la raison pour laquelle il n'est pas toujours reconnu dans les pays occidentaux. Dans la mesure où il est entièrement unilatéral, il est considéré comme contraire à l'ordre public, ce qui n'est pas le cas du divorce religieux juif (dans son acception moderne).

2. Depuis 1968, un divorce « civil et laïque » a été institué par une loi spéciale. Cette loi a dû être adoptée à cause de la multiplication des mariages « mixtes », pour lesquels la législation israélienne n'offrait aucune possibilité de dissolution. Nous traitons dans le dernier chapitre de cette innovation qui, jointe à d'autres, est riche de potentialités.

dernier peut bloquer la procédure, il peut également exercer un véritable chantage sur l'époux demandeur.

Un dernier élément doit être pris en considération dans cette matière : il concerne l'inégalité entre l'homme et la femme, *malgré* l'exigence du consentement mutuel. La femme qui n'aurait pas pu obtenir le divorce (du fait du refus du mari) se trouverait dans une situation très délicate : tout enfant qu'elle pourrait concevoir avec un autre homme que son mari serait frappé de la malédiction terrible énoncée dans le Pentateuque : « Le *mamzer* n'entrera point dans l'assemblée de Dieu ; même sa dixième génération n'entrera point dans l'assemblée de Dieu[1]. »

Le *mamzer* dont il est question dans ce verset est celui qui est né d'une union illicite, c'est-à-dire l'enfant né d'une femme adultère (ou incestueuse). Cet enfant et ses descendants sont punis pendant dix générations : entre autres, ils ne peuvent se marier[2].

Il faut préciser que ce statut ne s'applique nullement à l'enfant dit « naturel ». L'enfant de mère célibataire (ou régulièrement divorcée) n'est frappé d'aucune peine. En fait, le statut d'enfant naturel n'existe pas en droit hébraïque.

On voit donc l'inégalité de statut entre l'homme et la femme : l'homme qui n'a pas pu obtenir le divorce – ou qui n'a pas voulu l'accorder – peut construire une nouvelle vie en concubinage et, le cas échéant, avoir des enfants d'une autre femme[3].

---

1. Deutéronome 23,2.

2. C'est l'une des peines induites par l'expression « il n'entrera pas dans l'assemblée de Dieu » ; cependant, les *mamzerim* peuvent se marier entre eux.

3. Pourvu que celle-ci ne soit pas elle-même mariée. On remarque une curieuse survivance de l'époque polygamique du droit hébraïque : aux termes de la loi israélienne, les grands rabbins sont habilités dans des « cas exceptionnels » à autoriser un homme marié à épouser une deuxième femme, alors que le premier lien n'est pas rompu. L'application qui en est faite concerne les femmes incapables – pour des raisons de maladie mentale par exemple – d'accepter le divorce. Quelques dizaines d'autorisations dans ce sens sont accordées annuellement. La possibilité inverse n'existe pas. Une femme ne peut jamais se remarier

La condamnation du *mamzer* crée, du côté des milieux orthodoxes, une véritable psychose du divorce. La formule traditionnelle utilisée à cet égard est la suivante : « Il faut éviter une rupture dans le peuple », ce qui sous-entend que le non-respect des règles du divorce peut conduire, de leur point de vue, à une situation « tragique ». C'est la raison pour laquelle, du point de vue religieux, le divorce pose davantage de problèmes que le mariage. Le mariage dit « mixte » s'apprécie en termes statistiques et en termes de non-transmission du judaïsme[1].

En pratique, il y a très peu de cas de *mamzerim*. En effet, pour qu'un enfant soit considéré comme tel, il faut que deux personnes témoignent en ce sens. Par ailleurs, le droit hébraïque connaît à ce sujet une présomption de paternité légitime du mari. Du point de vue religieux, la règle du *mamzer* ne peut être abolie. En effet, elle est considérée comme étant d'origine divine (elle apparaît dans la Thora et n'est pas le résultat d'une interprétation rabbinique). Par contre, les rabbins sont tenus de mettre en œuvre toute leur imagination pour parvenir à contourner l'application de cette règle.

Nous examinerons plus loin comment cet ensemble de règles est vécu par le public non religieux, ainsi que les inflexions que la Cour suprême a réussi à imposer au système, notamment dans le cas des mariages halakhiquement impossibles entre certains Juifs (dont le *mamzer* est l'exemple le plus

si son mari n'a pas accepté le divorce : cette disposition pose notamment des problèmes très graves en cas de disparition du mari (pour autant que son décès ne soit pas avéré) ou encore lorsque le mari refuse abusivement d'accorder le divorce. Les tribunaux rabbiniques appliquent la théorie de l'abus de droit : le mari récalcitrant peut même être condamné à des peines de prison ou autres. Cependant, jamais un divorce ne peut être prononcé sans l'accord formel du mari.

1. Encore faut-il distinguer, en termes halakhiques, entre le cas de la femme juive qui épouse un non-Juif (dans cette hypothèse, les enfants sont juifs) et celui de l'homme juif qui épouse une femme non juive (dans cette hypothèse, les enfants ne sont pas juifs).

sévère, puisque pour lui l'interdiction de mariage est absolue).

Le Pr Ariel Rozen-Zvi, spécialiste du droit de la famille, a mis l'accent sur quelques chiffres qui sont très révélateurs, au regard du statut personnel et du droit religieux, quant à l'évolution de la société israélienne[1]. Ainsi, Ariel Rozen-Zvi montre qu'entre 1971 et 1993 la population juive a augmenté de 56 %, alors que le nombre des mariages juifs célébrés annuellement est resté identique (en chiffres absolus), soit 25 000. En même temps, le chiffre des divorces juifs prononcés annuellement passait de 2 300 à 6 000[2]. Le dernier chiffre est encore plus impressionnant : il touche au rapport avec la juridiction concurrente. Ainsi, pour ce qui est des pensions alimentaires, les tribunaux civils sont également compétents. Les couples peuvent donc choisir l'arène judiciaire – civile ou religieuse – qu'ils désirent[3].

Tableau 26
Demandes de pensions alimentaires en instance devant les tribunaux rabbiniques et les tribunaux civils

Années	Tribunaux rabbiniques	Tribunaux civils
1960	2 343	293
1985	8 063	3 609
1992	5 435	5 703

1. Il s'agit là des derniers articles rédigés par ce professeur religieux, doyen de la faculté de droit de Tel-Aviv, décédé en 1996 à l'âge de 50 ans. Ariel Rozen-Zvi a longtemps critiqué les positions trop intransigeantes des tribunaux rabbiniques. Les chiffres que nous avons repris de ses dernières études sont parus dans deux de ses articles, in *State and Religion in Israel. Changing the Israeli Status Quo ?*, une brochure publiée en mai 1996 par l'Institute of the World Jewish Congress, à Jérusalem. Un article plus complet est paru (en hébreu) sous le titre « Les tribunaux rabbiniques, la Halakha et le public : un pont très étroit », *Mishpat Umimshal*, revue de la faculté de droit de l'université de Haïfa, vol. 3, 1995, p. 173.

2. Ce qui signifie qu'actuellement près d'un mariage sur quatre aboutit à un divorce.

3. La première juridiction saisie par l'un des conjoints reste compétente en la matière. La dissolution du mariage ne peut être prononcée que par les seuls tribunaux religieux.

Selon l'auteur, la population s'exprime clairement et abandonne graduellement les tribunaux rabbiniques, là où la possibilité s'en présente.

Le respect du Chabbat *et des jours de fêtes*[1] : la difficulté de la question provient de l'extrême enchevêtrement de considérations diverses. D'une part, il faut rappeler la rigueur des interdits imposés, dans la mesure où l'interdiction de travailler a été interprétée de manière extensive. Rappelons aussi que, conformément à la tradition juive selon laquelle une journée commence à la tombée de la nuit, le *Chabbat* débute le vendredi soir et dure jusqu'à la tombée de la nuit du samedi[2].

En se fondant sur l'interdiction de faire du feu, le respect du *Chabbat* comprend aujourd'hui l'interdiction de mettre en marche un appareillage électrique. Le recours aux moyens de transport est également prohibé. Enfin, il faut tenir compte du fait que le *Chabbat* a toujours été présenté, à juste titre, comme une mesure de protection sociale.

Il en résulte que la législation relative au *Chabbat* et aux jours fériés se présente surtout sous l'angle de lois sociales. Cependant, la loi distingue entre Juifs et non-Juifs. La liste des jours chômés ne s'applique qu'aux seuls Juifs, pour les non-Juifs les jours chômés sont ceux de leur propre confession. Surtout, une loi de 1951, intitulée « loi sur les heures de travail et de repos » (qui instaure notamment la règle de la journée de travail de huit heures) dispose, en son article 7 :

---

1. L'ensemble des fêtes juives chômées comprend au total huit jours, soit : deux jours durant la Pâque juive ou *Pessah*, un jour à la Pentecôte juive ou *Chavouoth*, deux jours au Nouvel An ou *Roch Hachana*, la journée de *Yom Kippour* et deux jours durant la fête des Cabanes ou *Souccoth*. En pratique, le total est généralement inférieur, dans la mesure où certains de ces jours tombent un samedi. Dans le développement qui suit, nous ne tiendrons pas compte des différences entre les interdits qui pèsent sur le *Chabbat* et ceux qui pèsent sur certains jours de fête (ils comportent des allègements).

2. En référence au premier chapitre de la Genèse, qui décrit la création du monde en ces termes : « Il y eut un soir, il y eut un matin : ce fut le premier jour », etc.

7. *Les heures de repos hebdomadaire*
a) Le repos hebdomadaire du travailleur est d'au moins trente-six heures consécutives.
b) Le repos hebdomadaire comprend :
1) pour un Juif, le jour du *Chabbat ;*
2) pour une personne qui n'est pas juive, soit le jour du *Chabbat*, soit le dimanche, soit le vendredi, selon le jour habituel pour la personne considérée.

L'article 9 fixe le principe de l'interdiction de travailler le jour du repos hebdomadaire :

> Il est interdit de faire travailler un travailleur pendant la journée du repos hebdomadaire, à moins que ce travail n'ait été autorisé en vertu de l'article 12.

L'article 12 indique les conditions dans lesquelles le travail est autorisé :

> *a*) Le ministre du Travail peut autoriser le travail d'un employé durant les heures du repos hebdomadaire, en tout ou en partie, s'il est persuadé que l'interruption du travail pour le respect du repos hebdomadaire, en tout ou en partie, est de nature à porter atteinte à la défense de l'État ou à la sécurité des personnes et des biens, ou de porter une atteinte grave à l'économie, au processus du travail ou encore à la satisfaction de besoins que le ministre du Travail considère comme vitaux pour le public ou une partie de celui-ci.
> *b*) Une autorisation générale en vertu du paragraphe (*a*) ne pourra être délivrée que par une commission comprenant le Premier ministre, le ministre des Affaires religieuses et le ministre du Travail.

La problématique est claire : il faut savoir, d'une part, dans quelle mesure des autorisations dérogatoires sont effectivement accordées et, d'autre part, dans quelle mesure le contrôle du respect du repos hebdomadaire est effectivement exercé. La pratique varie en fonction de la majorité au pouvoir : plus précisément encore, en fonction de l'appartenance politique du ministre du Travail [1].

Il apparaît que l'un des éléments les plus importants est celui de la définition des « besoins vitaux ». Cette question a un double aspect : l'un touche à la nature de ces besoins, l'autre au contrôle juridictionnel éventuel d'une décision de refus de permis, voire d'une décision d'accorder un permis.

Le premier aspect est fondamental : en effet, selon la Halakha, il est autorisé d'enfreindre le *Chabbat* en cas de *pikouah nefech,* formule que l'on peut traduire (librement) par « danger de mort ». Ainsi, un médecin appelé au chevet d'un malade pourra-t-il prendre sa voiture pour se déplacer plus rapidement [2]. En d'autres termes, selon la vision religieuse orthodoxe, il devrait y avoir une adéquation entre les besoins vitaux et la notion de *pikouah nefech.* On est évidemment loin du compte : il suffit de penser aux autorisations générales accordées à la radio et à la télévision [3], etc. On relève par ailleurs dans ce même cadre une question extrêmement complexe : la multiplication (indiscutable) des autorisations dérogatoires, en particulier dans les services publics, entraîne celle des entreprises (publiques) dans lesquelles des personnes orthodoxes ne sauraient être employées, faute d'adéquation entre les deux notions précitées.

Le deuxième aspect est celui qui a trait au contrôle de la décision du ministre : le texte de loi portant « si le ministre considère... », on peut interpréter ce pouvoir comme un pouvoir discrétionnaire très large accordé au ministre, sur lequel

1. Sous le gouvernement de M. Shamir (1988-1992) et depuis l'élection de M. Netanyahou, les titulaires de ces ministères ont appartenu à des partis ultra-orthodoxes. Ceux-ci font effectuer des relevés et dresser des procès-verbaux d'infraction à des magasins ouverts durant le *Chabbat*, sans autorisation. Les fonctionnaires chargés de ce travail ne sont pas juifs.

2. A l'inverse, selon certains commentateurs, il devrait ensuite rentrer à pied.

3. Nous reviendrons sur la question du fonctionnement de la télévision les jours de *Chabbat* dans la section consacrée à la notion de *statu quo*.

le contrôle ne serait que difficilement possible. Cependant, aux termes de la nouvelle jurisprudence sur le contrôle de la *reasonableness* de la décision, une notion qui se situe aux confins du contrôle de l'opportunité, on peut désormais envisager un contrôle des motifs d'octroi ou de refus des permis. La question n'a cependant pas encore été tranchée en jurisprudence.

Cet aspect de la question du respect du *Chabbat* n'est pas lié à celle de la circulation des autobus[1] ou encore à celle de la fermeture de certaines rues à la circulation le jour du *Chabbat*[2]. Dans ces deux cas, le cadre juridique est différent.

Nous examinerons plus loin la question de l'ouverture des cafés, restaurants et cinémas. Celle-ci est liée à l'action des autorités municipales.

La Cacherout[3] : le respect de ses règles nous semble toucher à une question intéressante à la fois sur les plans philosophique et pratique. En effet, le respect de la *Cacherout* n'est imposé que dans les cantines et restaurants publics, c'est-à-dire appartenant à des collectivités. C'est le seul moyen de permettre un minimum de coexistence : ainsi de l'armée ou des écoles, hôpitaux, etc. L'argument est clair : toute personne (même non

1. Un texte spécial, adopté en 1990, existe à ce sujet. Il autorise les maires à réglementer la circulation des transports en commun en tenant compte de considérations tirées de la tradition religieuse. Les réactions du public non religieux ont beaucoup changé à ce sujet : la raison tient au fait que la proportion de propriétaires d'automobiles a fortement augmenté. L'absence de transports en commun est moins ressentie qu'autrefois.

2. Nous avons évoqué ce problème dans la deuxième partie, à propos de la rue Bar-Ilan, à Jérusalem, et de l'intervention de la Cour suprême.

3. Rappelons qu'il s'agit de l'ensemble des règles sur les interdits alimentaires. Elle comporte la prohibition de certaines espèces : outre le porc, le cheval, le lapin, le gibier, tous les fruits de mer, ainsi que les poissons sans écailles ou nageoires ; la liste complète apparaît au chapitre 11 du Lévitique. De plus, les animaux autorisés doivent être égorgés rituellement. Certaines parties de la bête sont considérées comme impures. Enfin, des règles très strictes prohibent le mélange de la viande et des laitages (ce qui implique également l'existence de vaisselles séparées).

religieuse) *peut* manger cachère, alors qu'une personne religieuse *doit* manger cachère.

Au moment de la création de l'État, il avait été suggéré d'établir des régiments pour les personnes religieuses et d'autres pour les laïques. L'idée fut rejetée par Ben Gourion, pour éviter une ghettoïsation religieuse [1].

On remarquera cependant qu'il n'a pas été possible d'échapper à cette solution pour les écoles : mais, dans ce cas, le cœur du problème réside dans le contenu même de l'enseignement [2].

Le problème de la *Cacherout* est lié à de nombreuses questions annexes. On en signalera quelques-unes, sans prétendre à l'exhaustivité.

La première est celle de la protection du label [3]. Une loi de 1983 porte précisément le nom de « loi sur l'interdiction de la fraude en matière de *Cacherout* ». Le principe de la loi est simple : après avoir défini les personnes et institutions autorisées à délivrer des autorisations de *Cacherout* [4], la loi dispose (article 2) :

> Le propriétaire d'un lieu de vente de nourriture [5] ne pourra présenter, par écrit, son lieu de vente comme cachère à moins d'être pourvu d'un certificat de *Cacherout*.

Remarquons qu'aucun « lieu de vente de nourriture » n'est tenu d'être cachère : de fait, il existe d'innombrables épiceries fines, boucheries ou restaurants qui n'ont pas le label. Cepen-

---

1. Celle-ci semble d'ailleurs en train de se mettre en place progressivement depuis quelques années (notamment pour l'habitat).

2. Rappelons qu'Israël a trouvé une solution relativement satisfaisante à cet égard, en créant des écoles publiques de deux types : laïque et religieux (cf. les statistiques de fréquentation des divers types d'écoles dans la première partie).

3. Cette question se pose partout, y compris dans les pays laïques comme la France. Il existe à ce sujet une jurisprudence traitant le label comme une marque de fabrique qui doit être protégée. Le résultat (en France) est le monopole de fait du Consistoire.

4. C'est-à-dire le rabbinat local.

5. Défini comme café, restaurant, hôtel, boucherie, etc.

dant, nombreux sont les lieux qui tiennent au label pour des raisons commerciales évidentes.

Le seconde question annexe est celle du contrôle de la délivrance du certificat de *Cacherout*. En fait, on touche ici au problème plus vaste du contrôle juridictionnel exercé par la Cour suprême sur les autorités religieuses (rabbiniques), qui est examiné ci-dessous. Cette question inclut une interrogation plus vaste, celle de la place du droit hébraïque dans le système juridique israélien.

On peut rattacher au cadre législatif général de la *Cacherout* deux lois concernant deux éléments particulièrement symboliques – l'une au sujet du porc, l'autre à propos de la commercialisation du pain durant la fête de *Pessah* (la Pâque juive) :

– Le porc : une loi de 1962 interdit l'élevage du porc sur l'ensemble du territoire national, à l'exception d'un périmètre situé en Haute-Galilée. Le problème de la commercialisation de la viande de porc et de ses dérivés sera examiné plus loin, car il a fait l'objet d'une importante jurisprudence.

– La vente du pain durant la fête de *Pessah* : durant cette fête, la consommation de pain est interdite [1] du point de vue religieux. Une loi de 1986 interdit la vente (et l'exposition) du pain, dans les villes ou les quartiers à majorité juive, durant la fête de *Pessah*. Elle n'est d'ailleurs appliquée que très imparfaitement.

Les conditions d'adoption de cette loi spécifique sont instructives à plus d'un égard. Il suffit de se reporter au recueil des lois de l'État d'Israël, publié (en anglais) sous le titre *Laws of the State of Israel*, qui en énonce le texte [2]. La loi fait partie d'un train de trois lois adoptées en deux jours (4 et 5 août 1986). Le gouvernement était alors un gouvernement d'union

1. Par extension, tous les produits à levure sont interdits (les pâtes, la bière, etc.).

2. Vol. 40, p. 231. Le recueil contient une traduction officielle des lois. Malheureusement, il est publié avec beaucoup de retard (près de dix ans !).

nationale, issu des élections de 1984, à la tête duquel les travaillistes (Shimon Peres) et le Likoud (Itzhak Shamir) se succédèrent, se partageant en quelque sorte la législature, chacun restant en poste deux ans. Chacune des trois lois en question répond à une demande spécifique – des milieux religieux, de la droite, des travaillistes. La première loi est celle qui interdit la vente du pain et des produits dérivés à *Pessah*; la deuxième interdit aux Israéliens tout contact avec des organisations qualifiées de terroriste [1]; la troisième crée le délit d'incitation au racisme [2].

On n'a pas pour autant épuisé la liste des lois ou des débats touchant à des questions religieuses susceptibles de prendre forme législative. On peut se contenter de donner quelques exemples :

– Les autopsies : les milieux religieux s'opposent à cette pratique. Une loi réglemente sévèrement la matière ; périodiquement, elle revient au premier plan.

– Les fouilles archéologiques : la question est abordée dans les accords de coalition, qui sont traités ultérieurement.

– La fermeture de rues à la circulation automobile durant le *Chabbat*.

– La publicité « immodeste » : après quelques incidents (incendies d'abribus dans les quartiers religieux), une loi de 1990 interdit les affiches « dénudées ». Cette loi n'est réellement respectée que dans les quartiers religieux.

– Les avortements : nous avons déjà signalé au chapitre 6 que des poursuites ne sont intentées qu'en cas de décès de la femme ou lorsque l'avortement n'a pas été exécuté par un médecin. Cependant, l'avortement reste réprimé pénalement, sauf si l'accord d'une commission a été obtenu. Le paragraphe

1. *Ibid.*, p. 229. Cette disposition, très critiquée, qui interdit tout contact avec l'OLP ne fut annulée qu'après le succès de la gauche aux élections de 1992.

2. *Laws of the State of Israel*, *op. cit.*, p. 230. La disposition visait surtout Meïr Cahana, qui avait été élu à la Knesset en 1984.

à caractère social (qui permettait à une femme de demander l'avortement pour des raisons sociales), qui avait été introduit en 1976 (dernière année du premier gouvernement Rabin), a été supprimé en 1977, après l'arrivée au pouvoir de M. Begin.

– Nous devons signaler que, paradoxalement, la question de l'enseignement n'est pas véritablement au centre du débat religieux. Dans notre première partie, nous avons déjà eu l'occasion de présenter, en termes de fréquentation, les secteurs de l'éducation.

Une dernière remarque concerne le cadre juridique général de la religion en Israël. Sur le plan formel, il n'a pas été établi de religion d'État. Le ministère qui a la charge des questions religieuses porte d'ailleurs, en hébreu, le titre de « ministère des Affaires religieuses [1] » ou « ministère des Affaires ayant trait aux religions ». D'un point de vue formel, on pourrait définir l'État d'Israël comme un État multi-confessionnel [2]. Le grand rabbinat n'est administrativement pas autre chose qu'un département du ministère, celui traitant de la religion juive. Il existe une Direction des affaires intéressant les religions chrétiennes, l'Islam, les Druzes, etc. Aux termes d'une ordonnance mandataire de 1927, certaines confessions sont reconnues [3] et peuvent de ce fait obtenir des subventions de l'État. Les trois grandes communautés religieuses (Juifs, musulmans, Druzes) ont un statut particulier, car elles ont été dotées d'organes d'État. Il reste que le caractère juif de l'État d'Israël, constitutionnellement affirmé, pèse également en cette matière.

---

1. Cette formule ne permet pas de rendre compte du pluriel, qui, dans l'appellation hébraïque, a trait aux « religions ».

2. Dans notre ouvrage, *Le Caractère juif de l'État d'Israël*, *op. cit.*, nous avons présenté la typologie des formes de relations possibles entre la religion et l'État (p. 103).

3. Les différentes communautés chrétiennes, les bahaïs, etc.

b) Le contrôle juridictionnel sur les autorités religieuses et l'autonomie du droit hébraïque

Nous voulons parler ici des autorités religieuses d'État, c'est-à-dire les rabbins et les tribunaux rabbiniques qui dépendent du ministère des Affaires religieuses, par opposition aux instances rabbiniques des *haredim*, qui sont totalement indépendantes de l'État.

Deux exemples très pittoresques illustrent cette différence. On peut les présenter sous le titre *La Danseuse du ventre, les dinosaures et Pepsi-Cola*.

Le premier exemple est celui jugé par la Cour suprême en 1990, dans l'affaire *Ilana Raskin c. Conseil religieux de Jérusalem*[1]. La requérante est une danseuse du ventre qui a l'habitude de se produire dans les grands hôtels de Jérusalem, notamment à l'issue des banquets de mariage. Le rabbinat de Jérusalem, hostile à cette danse « contraire aux règles de la modestie », fit parvenir une circulaire aux hôtels, les menaçant d'un retrait du certificat de *Cacherout* si cette production « immodeste » devait continuer. Son gagne-pain mis en danger, la danseuse fit valoir devant la Cour suprême que les règles de la *Cacherout* ne concernaient que le respect des règles alimentaires et que celles-ci n'étaient nullement affectées par le non-respect (allégué) des règles sur la « modestie ». Cette affaire pose un problème qui n'est pas nouveau, le rabbinat faisant valoir qu'il était le seul habilité à juger de la délimitation exacte des règles de la *Cacherout*. Pour le rabbinat, ces règles alimentaires ne seraient pas simplement d'ordre technique, mais s'inscriraient dans un contexte religieux plus large, pour lequel sa compétence serait exclusive[2]. Le débat est

1. *Recueil des arrêts de la Cour suprême*, vol. 44, t. 2, p. 673.

2. Dans quelques affaires antérieures, le rabbinat avait même refusé de se faire représenter devant la Cour suprême. Selon lui, en matière halakhique, il

grave, bien au-delà du caractère particulier de cette affaire. Ce fut la danseuse qui l'emporta dans cette affaire, mais sa victoire ne fut qu'éphémère. La Cour suprême considéra la circulaire du rabbinat comme illégale, arguant notamment du fait que la *Cacherout* ne devait pas comporter de règles touchant à d'autres domaines halakhiques [1]. Pourtant le rabbinat a continué de soumettre la délivrance des certificats demandés à l'engagement de ne pas autoriser la danseuse à se produire. Le rabbinat affirme qu'il ne saurait se plier à des injonctions de la Cour suprême en matière halakhique.

Dans cette affaire apparaît clairement la contradiction entre les deux visages du rabbinat : d'une part, il fait partie du service public ; d'autre part, il réalise un service religieux dans lequel il prétend à l'exclusivité. Dans le premier cas, celui du service public, il nous semble que l'on puisse avancer une définition, celle des « deux cachets ». Prenons pour cela l'exemple des carcasses qui sortent des abattoirs : celles-ci, en Israël, portent deux cachets. Le premier, que l'on retrouve partout, est celui du vétérinaire, qui atteste que la viande est propre à la consommation. Le second, spécifique à ce pays, est celui de l'abattage rituel, attestant que la viande a été abattue selon les règles religieuses. L'État d'Israël fournit un double service public : d'une part, celui des services vétérinaires ; d'autre part, celui de la religion.

Cependant, peut-on se contenter de cette vision juridique et administrative étroite, réduisant la religion à un simple organe de gestion technique ?

L'affaire des dinosaures et de Pepsi-Cola peut nous donner un élément de réponse, sinon de réflexion. Elle concerne les

---

serait seul compétent et nulle autorité de l'État (en d'autres termes, la Cour suprême) ne saurait intervenir.

1. La Cour s'est notamment appuyée sur l'article 11 de la loi sur la répression de la fraude en matière de *Cacherout*, aux termes duquel : « en matière de certificat de *Cacherout*, le rabbin ne tiendra compte que des seules considérations ayant trait aux règles de la *Cacherout* ».

relations de Pepsi-Cola, firme nouvellement installée en Israël, et des milieux haredis. Pour son lancement, la firme avait choisi une campagne publicitaire – menée sur le plan mondial – axée sur les dinosaures [1]. Les *haredim* menacèrent la firme de boycotter la marque, ainsi que tous les lieux de vente de Pepsi-Cola, si celle-ci ne cessait pas sa campagne.

On sait qu'il s'agit là d'un problème qui est apparu également aux États-Unis, notamment dans certains États du Sud, où les milieux fondamentalistes sont très organisés et puissants et entendent protéger la vision dite « créationniste » (c'est-à-dire biblique) contre les vues évolutionnistes et contre le darwinisme triomphant.

Pepsi-Cola céda rapidement. Pourtant, il faut bien souligner que cette affaire ne fut pas menée par le rabbinat de l'État, mais tout simplement sur le plan économique par le *lobby* des *haredim* contre la firme Pepsi-Cola. En effet, les instances religieuses des *haredim* sont indépendantes de l'État. La *Cacherout* des rabbins des communautés haredites est différente de celle des rabbins de l'État. Le certificat particulier délivré par le Badatz [2] remplace d'ailleurs souvent le certificat de *Cacherout* du rabbinat de l'État, en vertu du principe « qui peut le plus, peut le moins ».

Depuis la création de l'institution du grand rabbinat [3], les *haredim* ont toujours rejeté la légitimité de cette institution « sioniste ». Le contrôle de la Cour suprême sur le rabbinat ne fait qu'accentuer cette attitude. On trouve dans ces milieux une revendication de rupture entre le grand rabbinat et l'État.

1. A l'époque du grand succès du film *Jurassic Park*, de Steven Spielberg.

2. Acronyme hébraïque pour « cour de justice » : il s'agit de la Cour centrale des *haredim*, qui est une organisation privée et volontaire. Le Badatz s'oppose ainsi au Bagatz, qui est l'acronyme de la Haute Cour de justice (c'est-à-dire la Cour suprême en matière administrative).

3. Créée en 1920 sous le titre de « grand rabbinat d'*Eretz Israël* », l'institution fut reprise sous le nom de « grand rabbinat de l'État d'Israël ». Elle est actuellement organisée dans le cadre de la loi de 1983.

Cependant, cette demande semble difficile à satisfaire, dans la mesure où le grand rabbinat est – comme nous venons de le rappeler – en charge de l'un des services publics les plus élémentaires dans toute société, à savoir le mariage (et le divorce).

Il est pourtant un domaine dans lequel le contrôle de la Cour suprême sur les autorités rabbiniques a eu des effets positifs : il s'agit des interdictions du mariage entre Juifs.

Le judaïsme connaît certaines interdictions spécifiques du mariage entre Juifs : le cas le plus connu est celui qui concerne le mariage entre un *Cohen* [1] et une femme divorcée ou convertie au judaïsme. Le cas du *mamzer* a déjà été évoqué. On peut y ajouter la règle connue sous le nom de lévirat (ou de *Halitsa*) [2].

Dans ces affaires, la Cour suprême a fait une application audacieuse de la Halakha. En tenant compte du fait que, selon les principes halakhiques, ces mariages interdits devaient cependant être dissous par divorce s'ils avaient été célébrés [3], la Cour a admis que les mariages privés entre personnes empêchées devaient être enregistrés par le ministère de l'Intérieur. En pratique, les couples « empêchés » (essentiellement *Cohanim* et femmes divorcées) procèdent à un mariage religieux privé devant témoins. Ils obtiennent l'enregistrement de leur mariage sur injonction de la Cour suprême. Dans ce cas, contrairement à l'affaire Raskin précitée, l'intervention de la Cour est très efficace. Celle-ci est d'ailleurs vivement ressentie et critiquée

---

1. Le *Cohen* est un descendant d'Aron, le frère de Moïse. Les *Cohanim* étaient les prêtres du Temple, c'est pourquoi ils étaient soumis à des règles particulières de pureté.

2. Selon cette règle, au cas où un homme décède sans descendance, sa femme doit épouser son frère (si la chose est possible). Le frère peut libérer la femme de cette obligation au cours d'une cérémonie fort humiliante, en l'absence de laquelle la veuve ne peut se remarier.

3. A l'origine, cette interprétation part de l'hypothèse d'un mariage interdit, qui aurait été célébré par mégarde ou par ignorance (par exemple, l'un des époux ayant caché l'empêchement).

par les milieux religieux : elle nourrit l'entreprise de délégitimation qu'ils mènent contre la Cour suprême.

L'une des expressions de cette tentative de délégitimation consiste à proposer une série de lois permettant de « contourner » la Cour suprême, soit en interdisant à celle-ci tout contrôle sur les institutions religieuses, soit en adoptant des lois *ad hoc*, à propos d'une question déterminée. Nous avons déjà signalé la loi interdisant l'importation de la viande non cachère (pour laquelle la majorité spéciale était requise). Dans l'affaire de la rue Bar-Ilan à Jérusalem, les milieux orthodoxes proposent d'avoir recours à une technique législative similaire.

Le problème théorique de la soumission des autorités rabbiniques a fait l'objet d'une polémique doctrinale très approfondie, dont les termes sont toujours actuels[1]. Amnon Rubinstein soutient la thèse classique de l'unité du système juridique et de la soumission de tous les organes d'État au contrôle de la Cour. Itzhak Englard soutient la thèse selon laquelle l'État aurait décidé de considérer le grand rabbinat comme l'autorité halakhique supérieure et exclusive. Cette polémique est plus grave qu'il n'y paraît : elle touche en effet à la conception même de l'État et aux rapports entre les deux systèmes juridiques, celui de l'État et celui que représente la Halakha.

On remarque le paradoxe auquel on peut aboutir : pour l'État,

1. Cette polémique a notamment opposé deux professeurs de droit : d'une part, Itzhak Englard, d'autre part le futur ministre Amnon Rubinstein. Parmi les publications en anglais, on peut citer : Amnon Rubinstein, « Law and Religion in Israel », *Israel Law Review,* vol. 2, 1967, p. 380 (qui soutient le point de vue laïque, impliquant la soumission du rabbinat au contrôle de la Cour) ; Itzhak Englard, « The Relationship between State and Religion in Israel », *Scripta Hierosylimitana*, Jérusalem, 1966, p. 354, ainsi que son important ouvrage théorique, *Religious Law in the Israel Legal System*, Harry Sacher Institute for Legislative Research and Comparative Law, université hébraïque de Jérusalem, 1975. Cf. également son article plus récent, « Law and Religion in Israel », *The American Journal of Comparative Law*, vol. XXXV, 1987, p. 185, qui traite surtout des questions de fond. De même, on peut se référer à son article (en allemand) « Die Stellung des jüdischen Rabbinats im Rahmen des Staates Israels », *Festschrift für W. Kägi,* Zurich, 1979, p. 101-114.

c'est-à-dire pour le droit de l'État d'Israël, la Halakha est un système de droit étranger, dans lequel le législateur laïque puise à volonté. Cependant, lorsqu'il a été décidé d'intégrer une règle d'origine halakhique, celle-ci perdait son caractère originel pour n'être plus qu'une règle de l'État. Pour la Halakha se pose la question inverse : le droit israélien est un droit étranger. En réalité, cette question est elle-même d'une extrême complexité : au cours des siècles, le droit hébraïque a développé une règle bien connue : *« Dina demalkhouta dina »* (« le droit de l'État est le droit »). Cette règle fondamentale signifie que les Juifs doivent respecter le droit de l'État dans lequel ils se trouvent. En réalité, cette règle est une règle de l'exil. Dès lors se pose la question de la survivance de cette règle en Israël : deux écoles s'affrontent à ce sujet dans le monde haredi. Pour les uns, la règle continuerait de s'appliquer : elle obligerait donc à l'obéissance aux lois de l'État. Pour les autres, la règle ne s'appliquerait qu'aux relations entre les Juifs et un État non juif. La règle ne saurait s'appliquer dans la mesure où les dirigeants de l'État sont juifs : de l'illégitimité des lois dériverait le principe suivant lequel il serait permis de refuser de s'y soumettre (sauf sous la contrainte).

On peut enfin, dans ce même cadre, signaler les principes introduits par la loi de 1980[1] dite « loi sur les fondements du droit ». Cette loi avait pour but de déterminer clairement les sources du droit israélien, en annulant formellement la référence à la *Common Law* : en même temps, elle offrait une concession aux milieux religieux en accordant à certains prin-

1. Remarquons la date : il s'agit d'une loi adoptée durant la législature 1977-1981, c'est-à-dire le premier gouvernement de M. Begin, dans lequel les concessions faites aux milieux religieux furent particulièrement sensibles. A cet égard, on peut signaler la décision d'interdire les vols de la compagnie El Al durant le *Chabbat* et les jours de fête. Cette décision est toujours en vigueur : cela signifie que les avions de cette compagnie sont au sol près de soixante jours par an. L'aéroport de Tel-Aviv n'en est pas fermé pour autant : les compagnies étrangères peuvent l'utiliser normalement, sauf durant la journée de Kippour, où toute circulation aérienne est interrompue.

cipes du droit hébraïque le statut de source accessoire. La loi est ainsi rédigée :

> Lorsqu'un tribunal doit résoudre une question juridique et qu'il ne trouve pas de réponse dans la loi, le précédent ou le raisonnement analogique, il tranchera à la lumière des principes de liberté, de justice et d'équité de la tradition d'Israël.

De fait, la disposition concernant les principes d'« équité de la tradition d'Israël » n'ont guère trouvé d'applications. Il s'agit bien plus d'une mesure symbolique, sans portée réelle. Au demeurant, son contenu manque de précision, puisqu'il ne s'agit en aucune façon d'une simple référence à la Halakha.

Trois autres problèmes méritent d'être signalés ici, dans la mesure où ils s'inscrivent également dans le cadre de l'intervention de la Cour suprême :

– La lutte pour imposer la nomination de femmes et de représentants du judaïsme libéral ou réformé dans les conseils religieux : ces conseils fonctionnent dans le cadre municipal et contrôlent les services publics religieux municipaux. Les membres des conseils sont nommés par les municipalités : les milieux orthodoxes refusent la participation de femmes ou de représentants du judaïsme réformé (qui est d'ailleurs très minoritaire en Israël). La Cour suprême a condamné ce double refus, qui constitue à ses yeux une discrimination illégale. Dans la pratique, le succès est très partiel.

– La lutte plus générale pour la reconnaissance du judaïsme réformé (et conservateur), ce qui impliquerait la reconnaissance des actes des rabbins de ces communautés (mariages, divorces, conversions) : sur ce plan, les rabbins orthodoxes sont d'une intransigeance totale et jouissent d'un véritable monopole[1].

– Les exemptions du service militaire : si les exemptions des

1. La question est peut-être plus complexe : les rabbins orthodoxes ne refusent pas la reconnaissance du judaïsme réformé, libéral ou conservateur, comme confession séparée. Ils rejettent sa reconnaissance dans le cadre du judaïsme officiel.

jeunes filles (pour des raisons religieuses ou de conscience) ne sont plus remises en question, celles des jeunes gens appartenant à certaines *yechivot*[1] sont plus gravement ressenties et critiquées par le grand public. L'une des raisons tient d'ailleurs à la multiplication des cas d'exemption : au moment de l'introduction de cette exemption (dès 1949), elle ne concernait que quelques centaines de personnes. Il semble qu'elle intéresse aujourd'hui des dizaines de milliers de personnes. La longueur du service des hommes (trois ans) ainsi que le service des réservistes créent un fort ressentiment à cet égard. La Cour suprême a été saisie à plusieurs reprises : elle n'a pas accepté pour l'instant d'intervenir sur le fond[2].

c) Le contrôle de la motivation religieuse des actes administratifs

L'Administration peut-elle prendre des décisions en se fondant sur des considérations religieuses ? Telle est la question que nous allons examiner maintenant. Nous avons choisi deux exemples d'intervention juridictionnelle, à plus de trente ans d'écart l'un de l'autre.

Le premier exemple, particulièrement significatif, est fourni par un arrêt déjà ancien, dont la teneur n'a jamais été remise en question, alors même que la décision quant au fond a été modifiée. Il remonte à 1954.

Dans cette affaire, *Aksel c. Municipalité de Netanya*[3], le

1. Instituts talmudiques supérieurs.

2. Les exemptions sont accordées par le ministre. D'où la possibilité d'un contrôle juridictionnel de la décision. La Cour a déjà jugé qu'il s'agissait d'une décision « justiciable », susceptible d'être contrôlée, mais a admis qu'elle se situait dans le cadre du pouvoir discrétionnaire du ministre et qu'elle n'était pas entachée d'illégalité (que ce soit sur la base de la rupture de l'égalité ou sur celle de la *reasonableness*).

3. *Recueil des arrêts de la Cour suprême*, vol. 8, 1954, p. 1524.

requérant avait déposé une demande auprès de la municipalité de Netanya en vue d'obtenir l'autorisation administrative nécessaire à l'ouverture d'une boucherie. La délivrance de cette autorisation fut soumise, par la municipalité, à l'engagement de s'abstenir de vendre de la viande de porc : cette condition, rejetée par le demandeur, fit l'objet du recours en légalité devant la Cour suprême.

L'analyse de la Cour est tout entière construite autour de l'interprétation de l'ordonnance sur les pouvoirs des maires et des conseils municipaux (ordonnance mandataire de 1934). Cette ordonnance traite des considérations dont la municipalité peut tenir compte pour prendre ses décisions en matière d'autorisations. La formule la plus générale qui apparaît dans ce texte est celle de l'« intérêt général ». La question revenait donc, en grande partie, à savoir si l'intérêt général ainsi considéré couvrait également la volonté de faire respecter la *Cacherout* sur le territoire de la commune. La réponse de la Cour suprême fut d'une clarté parfaite et rendue à l'unanimité par les trois juges de la formation. Selon elle, la municipalité n'avait pas la charge de faire respecter la *Cacherout* : il ne s'agissait pas, en l'occurrence, de l'intérêt général local. Pour la Cour, seul le législateur pouvait autoriser la prise en compte de considérations religieuses. La requête du demandeur était reçue.

Cet arrêt devait provoquer la mise en œuvre d'une technique connue sous le nom de « loi d'habilitation ». C'est ainsi qu'en 1956 était adoptée une loi intitulée « loi sur les autorités locales (habilitation spéciale) », dont l'article 1er dispose :

> Nonobstant toute disposition contraire[1], les autorités locales sont habilitées à limiter ou interdire la vente de la viande de porc et de ses dérivés, destinés à la consommation.

De fait, la plupart des communes ont adopté des règlements

1. Formule qui renvoie implicitement à la décision Aksel citée.

de ce type[1]. Cependant, ces règlements ne sont pas appliqués : certaines communes se contentent d'imposer des amendes régulières pour infraction à un règlement municipal[2], d'autres « ferment les yeux ». L'arrivée des immigrants en provenance de l'ex-URSS a d'ailleurs provoqué la multiplication de magasins vendant de la viande de porc. La réaction de certaines communes contre cette floraison nouvelle va certainement entraîner un examen approfondi de la légalité des règlements municipaux.

La deuxième affaire a été jugée en 1987 par le tribunal municipal de Jérusalem[3]. Il s'agissait d'une affaire pénale : un propriétaire de cinéma avait été traduit devant le tribunal de Jérusalem pour infraction au règlement municipal de la ville, interdisant l'ouverture des salles durant le *Chabbat*. La juge (unique), Ayala Procaccia, s'appuyant sur la jurisprudence Aksel précitée, mais aussi sur la notion de *reasonableness*, avait purement et simplement relaxé le prévenu, écartant ainsi l'application du règlement. La juge y avait ajouté des considérations sur le respect de la liberté individuelle et de la liberté religieuse. Or, pour éviter sans doute que cette décision émanant d'un tribunal de première instance puisse faire jurisprudence, la municipalité décida de ne pas interjeter appel. Le résultat immédiat en fut la multiplication des cafés, restaurants, théâtres et salles de cinéma ouverts durant le *Chabbat*, en particulier le vendredi soir. Une modification ultérieure des textes dans un sens favorable à l'interdiction ne fut pas en mesure d'enrayer cette véritable « tache d'huile ».

---

1. Une loi d'habilitation de 1964 autorise les municipalités à établir des plages séparées pour les hommes et les femmes, soit encore à fixer des heures réservées aux baigneurs d'un seul sexe. La mesure n'est appliquée qu'en de très rares endroits.

2. Ce qui, en fin de compte, constitue une taxe déguisée sur la vente de la viande de porc.

3. Il s'agit d'un tribunal de première instance : affaire *État d'Israël c. Amatsia Kaplan*, *Psakim* (recueil des décisions des tribunaux de première instance et des tribunaux de district), vol. 2, 1987, p. 265.

Dans le cadre de cet ouvrage, il n'est pas possible de dresser un tableau exhaustif de l'état du droit en matière religieuse. Nous avons cherché à en présenter la complexité, ainsi que les contradictions. En réalité, l'ensemble se déroule sous le signe d'un combat permanent, à partir d'une notion magique qui est celle du *statu quo*.

2. Le *statu quo* et ses ambiguïtés

La tradition politique situe l'origine de la notion de *statu quo* dans une lettre adressée par Ben Gourion (et d'autres leaders de l'Agence juive) aux dirigeants d'Agoudat Israël le 19 juin 1947, durant la période préétatique. L'importance de ce texte dans la vie politique israélienne nous a conduit a en publier ici le texte intégral :

> Agence juive pour la Palestine
> 19 juin 1947
> A l'attention d'Agoudat Israël
>
> Messieurs,
> La direction de l'Agence juive a été informée, par l'entremise de son président, de votre désir d'obtenir des assurances dans les domaines du statut personnel, du *Chabbat,* de l'éducation et de la *Cacherout*, dans l'État juif, lorsque celui-ci sera établi, dans un proche avenir.
> Ainsi que le président de l'Agence juive vous en a informés, ni celle-ci, ni aucune autre organisation ne sont habilitées à déterminer d'avance ce que sera la Constitution de l'État juif, après sa création. La création de l'État nécessite l'accord de l'ONU ; cet accord ne sera pas donné si nous ne pouvons garantir la liberté de conscience à tous les citoyens et s'il n'était pas évident que nous n'envisageons pas de créer un État théocratique. Dans l'État juif, il y aura également des citoyens non juifs, chrétiens et musulmans, et il est bien clair qu'il faut dès maintenant

garantir l'égalité totale des droits à tous les citoyens et l'absence de toute contrainte et de toute discrimination, que ce soit en matière religieuse ou en tout autre domaine.
Nous avons noté avec satisfaction que vous comprenez qu'aucun organisme n'est habilité à déterminer par avance la Constitution de l'État et que celui-ci, dans certains domaines, sera souverain pour établir sa Constitution et son régime conformément aux désirs de ses citoyens.
Pourtant, la direction de l'Agence juive comprend vos demandes. Elle sait que celles-ci ne sont pas seulement les demandes d'Agoudat Israël, mais de tous les croyants de la foi d'Israël, dans le camp sioniste ou en dehors de tout parti politique. La direction de l'Agence juive comprend parfaitement votre légitime requête selon laquelle elle vous fasse connaître sa position concernant vos demandes et qu'elle vous fasse part de ce qu'elle sera disposée à faire, à la mesure de son influence, pour que ces demandes puissent être réalisées.
La direction de l'Agence juive a donné pouvoir aux signataires de la présente pour formuler des réponses aux questions que vous aviez posées lors de notre conversation. Par la présente, nous vous faisons connaître la position de la direction de l'Agence juive :
a) *Chabbat* : Il est évident que le jour de repos légal dans l'État juif sera le *Chabbat,* étant entendu que les chrétiens et les personnes appartenant à d'autres confessions pourront choisir leur propre jour de repos.
b) *Cacherout* : Tous les efforts seront entrepris afin de garantir que, dans toute cuisine publique destinée à des Juifs, la nourriture soit cachère.
c) *Statut personnel* : Tous les membres de la direction sont parfaitement conscients de la gravité de la question ainsi que de ses difficultés. Tous les organes représentés par la direction s'engagent à faire tout ce qui est possible pour satisfaire l'exigence profonde des croyants, en vue d'éviter à tout prix le malheur que constituerait la scission du peuple d'Israël en deux groupes.
d) *Éducation* : L'autonomie complète des différents secteurs de l'enseignement est garantie (c'est d'ailleurs le système pratiqué actuellement au sein de l'Organisation sioniste et de Knesset Israël). Il n'y aura aucune atteinte de la part des autorités publiques à la foi et à la conscience religieuse d'aucun groupe en Israël. Bien entendu, l'État déterminera le minimum qui

devra être obligatoirement enseigné : la langue hébraïque, l'histoire, les sciences, etc. L'État contrôlera le respect de ce minimum mais il laissera toute latitude à chaque branche de l'enseignement pour qu'il s'administre comme il l'entend et s'abstiendra de toute atteinte à la conscience religieuse.

Au nom de la direction de l'Agence juive :

David Ben Gourion

Itzhak Greenbaum Le rabbin I. L. Fishman

Ce texte est le produit d'une période très délicate. C'est précisément la période où la commission spéciale de l'ONU chargée de préparer un rapport sur l'avenir de la Palestine (UNSCOP) mène son enquête en Palestine et recueille des témoignages de toutes les organisations impliquées (juives et arabes). Selon une légende politique bien ancrée[1], Ben Gourion et les dirigeants sionistes cherchaient à s'assurer la neutralité d'Agoudat Israël[2]. De fait, des études et des témoignages récents ont montré que l'idée du *statu quo* s'était imposée en quelque sorte naturellement au cours de cette période. On doit souligner à cet égard le rôle particulier de Zerah Warhaftig, l'un des leaders du parti Hamizrahi[3], qui fut longtemps ministre des Cultes[4].

A partir de 1955, la notion de *statu quo* figure de manière

1. Notamment alimentée par Shulamit Aloni, l'un des leaders du combat contre la coercition religieuse, dans son ouvrage (en hébreu), *L'Arrangement. De l'État de droit à l'État halakhique*, Tel-Aviv, Otpaz, 1970, p. 90.

2. Il faut rappeler qu'Agoudat Israël, qui représente l'ultra-orthodoxie religieuse, était antisioniste et ne soutenait guère l'idée de la création d'un État juif. Pour obtenir la neutralité de cette organisation devant l'UNSCOP, l'Agence juive aurait accepté de s'engager par le document du 19 juin 1947.

3. Ce parti est devenu plus tard le Parti national-religieux.

4. On lui doit également l'adoption de la notion de loi fondamentale. Zerah Warhaftig a publié un ouvrage essentiel pour l'étude de ces questions sous le titre (en hébreu) *Une Constitution pour Israël. État et religion*, Tel-Aviv, Messilot, 1988. L'ouvrage comprend des souvenirs de l'auteur, mais surtout une série de documents peu connus sur la période préétatique et sur les premières années. Warhaftig fut le premier président de la commission de la Constitution et des lois à la Knesset (Assemblée constituante).

systématique dans tous les accords de coalition signés entre les partis politiques au moment de la formation des nouveaux gouvernements, de telle sorte qu'il est possible de la considérer plutôt comme une clause de style.

Selon Menahem Elon[1], l'expression[2] apparut pour la première fois le 30 octobre 1950 dans le discours de présentation du deuxième gouvernement de David Ben Gourion, formé précisément après la première crise interne, sur fond religieux[3]. En général, cette clause est rédigée de la manière suivante : « Durant la législature x, le *statu quo* sera conservé en matière religieuse[4]. » Cependant, la formule n'est précisément qu'une formule. En effet, certains accords comportent des dispositions très précises concernant la législation religieuse qui dépassent le *statu quo*.

L'accord de coalition du 19 juin 1977 (premier gouvernement de M. Begin) comportait 43 articles, dont 36 consacrés à des problèmes religieux. Celui du 4 août 1981, conclu entre les mêmes parties, comptait 82 articles, dont 70 concernaient les questions religieuses (y compris un article sur le *statu quo* et un article confirmant l'accord de 1977 !).

La technique utilisée en 1996 est plus complexe. Il faut pour la comprendre distinguer entre les accords de coalition (qui peuvent être bilatéraux ou multilatéraux[5]) et les lignes d'action du gouvernement. Ces dernières sont également déposées

1. Menahem Elon, *La Législation religieuse* (en hébreu), Tel-Aviv, Éd. du Kibboutz religieux, 1968, p. 56.

2. La lettre du 19 juin 1947 comporte l'idée, non l'expression.

3. Cette crise est intéressante : elle portait sur des accusations réciproques de coercition religieuse et antireligieuse, dans les camps provisoires de nouvaux immigrants (qui comptaient à l'époque plusieurs centaines de milliers de personnes). Outre le problème purement religieux, les différents partis se disputaient les nouveaux immigrants comme une sorte de butin électoral.

4. Parfois les formules sont légèrement différentes.

5. Ainsi, pour le gouvernement de M. Netanyahou, six accords différents ont été signés entre le Likoud et, respectivement, le Parti national-religieux, le parti Chas, le groupe appelé Judaïsme de la Thora (qui comprend Agoudat Israël et Deguel Ha-Thora), la Troisième Voie et Israël Be-Aliah. Tous ces accords ont été publiés.

au moment de la présentation du gouvernement. On y trouve un paragraphe intitulé « État et religion » ainsi rédigé :

> 1) Le gouvernement œuvrera en vue de favoriser le rapprochement entre religieux et laïcs, avec compréhension, de manière convenable, dans le respect mutuel et l'amour d'Israël. Le gouvernement dans toutes ses composantes s'emploiera à la conservation du *statu quo*. Pour autant qu'il sera avéré que le *statu quo* dans ces matières n'a pas été respecté, le gouvernement examinera les mesures à prendre en vue de restaurer la situation antérieure, y compris par la voie législative.
> 2) La loi sur les conversions sera amendée de telle sorte qu'une conversion au judaïsme, réalisée en Israël, ne soit reconnue que par l'entremise du grand rabbinat d'Israël [1].
> 3) Le gouvernement favorisera la recherche concernant l'histoire d'*Eretz Israël* et du peuple d'Israël, y compris les fouilles archéologiques en veillant au respect des morts [2].
> 4) Le gouvernement s'emploiera à mettre au point des possibilités de prière pour les Juifs dans le cadre de la Halakha, dans tous les lieux qui leur sont saints [3].

Par ailleurs, les différents accords de coalition contiennent des indications particulières se référant à des demandes spéci-

1. Cette disposition fait allusion à une décision de la Cour suprême (en 1995) aux termes de laquelle une conversion non orthodoxe réalisée en Israël devrait être reconnue par le ministère de l'Intérieur (en vue de l'obtention du droit au retour), à moins d'une modification de la loi. Les conversions non orthodoxes réalisées à l'étranger sont reconnues depuis 1986. Ces questions font l'objet d'un examen au chapitre suivant.

2. La question des fouilles archéologiques (et dans certains cas tout simplement celle des constructions qui nécessitent des fondations profondes) est l'objet de controverses parfois très violentes. En effet, il est religieusement interdit de déplacer les morts. Très souvent, les fouilles aboutissent précisément à ce résultat.

3. Il s'agit de la question délicate de la prière sur le mont du Temple. Pour éviter des réactions musulmanes, le gouvernement a interdit les prières collectives de Juifs sur le mont du Temple, là où se trouvent la mosquée d'Omar et la mosquée El-Aksa, précisément à l'endroit où s'élevait le Temple. Certains milieux religieux et nationalistes ont fait de cette question un enjeu symbolique majeur. Il est vrai qu'il y a un paradoxe dans l'interdiction (par le gouvernement israélien) de la prière de Juifs à l'endroit le plus « saint » d'Israël !

fiques en matière religieuse. Chacun de ces accords se réfère à la clause générale du *statu quo* telle qu'elle figure dans les lignes d'action du gouvernement, en indiquant que les accords spécifiques sont valides « nonobstant » la clause du *statu quo* : ainsi l'engagement de procéder à des amendements des différentes lois fondamentales.

On peut dès lors légitimement s'interroger sur la signification actuelle de la notion de *statu quo*. La tentation de la considérer comme dépassée est grande. Pourtant, il nous semble qu'elle joue un certain rôle. La référence constante à cette notion a d'abord une signification précise, eu égard aux principes d'ensemble de la législation religieuse, en particulier en matière de statut personnel. Elle signifie que le principe du mariage religieux, à titre exclusif, n'est pas remis en cause. Il en va de même pour les autres domaines. Cependant, il est apparu assez rapidement que la notion de *statu quo* n'était pas en mesure de répondre à toutes les situations. On parvient alors très paradoxalement à une conception dynamique du *statu quo*[1], dans la mesure où celui-ci doit s'adapter aux évolutions imprévisibles de plusieurs types. Lorsque celles-ci se produisent, la nouvelle réalité devient la base d'un nouveau *statu quo*. On peut en donner quelques exemples :

Le premier relève de l'évolution technologique. Ainsi a-t-on pu poser la question du fonctionnement de la télévision durant le *Chabbat* (essentiellement le vendredi soir). La télévision n'ayant commencé à fonctionner progressivement qu'à partir de 1965, ce n'est qu'en 1969 que fut posée la question des émissions le vendredi soir. En termes de *statu quo* il s'agissait de savoir s'il convenait de considérer la télévision comme un élément nouveau (dans ce cas, le *statu quo* impliquait l'absence

---

1. L'expression est du sociologue Eliezer Don-Yehiya dans une brochure (en hébreu) intitulée *La Politique de l'arrangement. La résolution des conflits en matière religieuse en Israël*, Jérusalem, The Floersheimer Institute for Policy Studies, 1997.

d'émissions le *Chabbat*) ou comme un prolongement de la radio (qui a toujours émis le vendredi soir). En fin de compte, c'est une intervention judiciaire (qui ne portait pas sur la notion de *statu quo*[1]) qui a permis que la télévision émette durant le *Chabbat*.

Le deuxième exemple touche aux transformations démographiques, imposant de nouvelles règles et de nouveaux besoins. Prenons le cas de l'arrivée massive des immigrants de l'ex-URSS. On a déjà indiqué à ce sujet que les amendements à la loi du retour adoptés en 1970 octroient le droit au retour au conjoint, et aux enfants et petits-enfants de personnes juives. Par définition, ces personnes ne sont pas juives elles-mêmes et ne prétendent nullement l'être. On estime à 30 % le nombre de non-Juifs parmi cette population, c'est-à-dire au moins 200 000 personnes. Dans la mesure où certains services n'existent que sur une base purement religieuse (mariages et divorces, pompes funèbres et cimetières), il apparaît que très rapidement de nouveaux services « laïques » doivent être créés. Ainsi l'apparition prochaine de cimetières laïques : ceux-ci sont fondés pour la population non juive, mais désormais il est certain que les personnes (juives) qui refusent des obsèques religieuses pourront demander à y être enterrées. Par ailleurs, on a déjà indiqué plus haut l'existence depuis 1968 d'un divorce civil (pour les couples qui n'ont pas d'autre recours). Il est désormais évident qu'une forme de mariage civil devra être créée, très prochainement, dans les mêmes conditions. On constate donc qu'une nouvelle réalité et un nouveau *statu quo* apparaissent.

Le troisième exemple est lié aux brèches progressives dans l'ancien *statu quo* et à l'apparition de nouvelles réalités sociales. Il suffit de se pencher sur l'évolution du paysage chabbatique israélien, au cours des dix dernières années, plus particulière-

1. En toute hypothèse, la notion de *statu quo* n'est pas une notion juridique et ne peut servir de support à une action devant la Cour suprême (que ce soit pour assurer son respect ou pour sanctionner son non-respect).

ment à la suite de la décision concernant l'ouverture des cinémas à Jérusalem. Après cette décision, puis à partir du retour de la gauche au pouvoir, en 1992, ce paysage s'est profondément transformé. Ainsi, lors des négociations entre le Likoud et les partis religieux en 1996, la question du *statu quo* a-t-elle été posée (et non résolue) de la manière suivante : comment faut-il entendre le terme de *statu quo* ? S'agit-il de conserver le *statu quo* de 1996, au moment de la signature des accords, ou bien faut-il entendre – selon la demande des partis orthodoxes – le *statu quo* comme étant celui de 1992 ? En réalité, il se révèle impossible de revenir en arrière : le *statu quo* présente bien certains aspects dynamiques !

Une curieuse tentative visant à stabiliser politiquement le *statu quo* fut élaborée en 1994. Il paraît utile d'en décrire les principaux éléments, dans la mesure où elle provoqua un recours devant la Cour suprême.

Ne disposant que d'une très faible majorité, le gouvernement de M. Rabin chercha à faire revenir dans sa coalition les six députés du parti Shas. Ceux-ci exigèrent un engagement ferme au respect du *statu quo* : c'est ainsi que fut signé un accord de coalition comprenant plusieurs dispositions à cet effet. En voici les principaux éléments :

> Dans la mesure où le *statu quo* en matière religieuse sera violé, les parties s'engagent à rétablir la situation, au moyen d'une législation appropriée.
> Dans un délai de cent jours suivant la signature de l'accord, le Premier ministre nommera une commission de cinq juristes, qui fera des recommandations en vue de l'adoption d'une législation appropriée, qui permettra d'ancrer le *statu quo* en matière religieuse, ainsi que les moyens d'assurer son respect.
> Le Parti travailliste s'engage à soutenir cette législation ainsi qu'à œuvrer auprès des autres partenaires de la coalition en faveur de son adoption.

En annexe figure un projet d'amendement de la loi fondamentale sur la dignité et la liberté de l'individu, par l'adjonction d'un article qui donnerait à la notion de *statu quo* valeur juridique. Toute loi touchant au *statu quo* devrait être adoptée à la majorité absolue des membres de la Knesset.

La Cour suprême fut saisie : certains groupements contestèrent la légalité de ces dispositions. En effet, les violations du *statu quo* dont il est question dans cet accord se réfèrent essentiellement à des décisions éventuelles de la Cour suprême. Il était allégué qu'il s'agissait dans cette hypothèse d'un véritable détournement de procédure et d'une grave atteinte à la séparation des pouvoirs. Le recours fut rejeté le 3 février 1995 [1] par une juridiction de cinq juges, à la majorité de trois juges contre deux (les juges Aharon Barak et Théodore Orr exprimant des opinions dissidentes). Cependant, le parti Shas reprit sa signature et, en fin de compte, n'entra pas au gouvernement. De fait, les dispositions des accords de coalition signés en 1996 sont certainement moins favorables aux partis religieux que celles de l'accord avorté de 1994 !

La présentation des questions religieuses dans leur formulation juridique que nous venons de proposer dans ce chapitre n'est toutefois pas suffisante pour rendre compte de la complexité des problèmes identitaires d'Israël. Elle doit être complétée par celle de l'identité perçue sous l'angle national, pour autant que la distinction puisse d'ailleurs être clairement effectuée.

---

1. Affaire *Welner et autres c. président du Parti travailliste*, *Recueil des arrêts de la Cour suprême*, vol. 49, t. 1, p. 758.

11

Les questions d'identité

Les questions d'identité ont toujours préoccupé Israël. Peu de sociétés ont consacré tant de passion et d'énergie à la recherche d'une définition de leur identité. Qu'il s'agisse de l'identité juive ou de l'identité israélienne, les Israéliens de tous bords se passionnent pour ces questions. Sont-ils avant tout israéliens ou juifs ? Comment les deux éléments peuvent-ils se combiner ? Quel est le lien avec la Diaspora juive ? Quelle peut être la place des non-Juifs dans un État juif ? L'État d'Israël peut-il se définir comme État juif ou comme État des Juifs ? Quels sont les critères qui permettent de définir le Juif en Israël ? Telles sont les questions qui font l'objet de débats parfois âpres et que l'on examinera ici. On s'interrogera ensuite sur la conciliation du caractère juif et du caractère démocratique de l'État, ainsi que sur les limites de la contestation démocratique.

On le voit, ces questions sont nombreuses et variées. Elles ne sont pas purement théoriques. En effet, dans une large mesure, elles conditionnent la manière d'être, de vivre et de se percevoir de cette société si particulière qui forme la démocratie d'Israël.

Nous commencerons par l'approche la plus classique, celle que fournissent le droit constitutionnel et, de manière plus générale, le système juridique de ce pays : qui est juif, qui est israélien ?

1. Juifs et Israéliens

a) Qui est juif ?

C'est la question la plus ancienne et la plus débattue, et sans doute la plus connue à l'étranger[1]. On peut se contenter d'en aborder ici les éléments principaux. Signalons tout d'abord les raisons pour lesquelles une réponse représente, dans l'état actuel du droit, une nécessité impérieuse. Avec les juristes, on peut constater qu'une telle réponse est toujours nécessaire dans le cadre d'une loi spécifique qui fait référence à une personne juive. Or, ces lois sont nombreuses : pour chacune d'entre elles, la réponse peut être différente. Nombreuses sont les lois qui contiennent une référence particulière à une personne juive. En voici quelques exemples :

– La *loi du retour,* adoptée en 1950, qui accorde à chaque *Juif* le droit de s'installer en Israël.

– La loi de 1953 sur *la juridiction des tribunaux rabbiniques* (*mariages et divorces)*, qui s'applique aux mariages et divorces des *Juifs*, nationaux ou résidents.

– La loi de 1965 sur *le registre de la population,* aux termes de laquelle (article 2), pour chaque résident, treize inscriptions différentes doivent être faites au registre. Parmi celles-ci (outre quelques indications classiques : nom, prénoms, date de naissance, statut personnel, prénoms et date de naissance des enfants, adresse, etc.) figurent deux indications plus problématiques : d'une part apparaît la religion (en hébreu *dat*) et d'autre part une mention que l'on peut traduire par « ethnie » ou « nationalité[2] » (en hébreu *leom*).

---

1. La question est traitée de manière détaillée dans notre ouvrage, *Le Caractère juif de l'État d'Israël*, *op. cit.*, p. 39 *sq*.

2. Il ne s'agit pas de la nationalité au sens du droit international (le passeport), mais de l'appartenance à une nation particulière. Pour éviter les confusions, nous préférons utiliser le terme « ethnie ». On peut aussi parler d'« ethno-nation ».

Ainsi un Arabe (de nationalité israélienne au sens classique) est-il inscrit comme Arabe à la mention « ethnie » et comme musulman ou chrétien à la rubrique « religion ». Les Druzes sont inscrits comme formant une ethnie autant qu'une religion.

La question qui se pose dès lors à l'égard des Juifs est donc la suivante : peut-on concevoir une inscription qui serait différente aux deux rubriques considérées ? En d'autres termes, peut-on être juif au sens ethnique (*leom*) sans l'être au sens religieux (ou l'inverse) ?

Pour comprendre la situation actuelle, il faut rappeler brièvement l'évolution historique de la question depuis 1948.

Durant les dix premières années, cette matière n'était pas réglementée : en d'autres termes, il n'existait pas de règlements d'application. De manière générale, la pratique consistait à accepter les requêtes présentées par les candidats. En mars 1958, le ministre de l'Intérieur[1] voulut clarifier la situation, acceptant l'inscription comme Juifs de ceux qui de « bonne foi » en feraient la demande[2]. Quelques mois plus tard, ces instructions furent modifiées : il ne suffisait plus simplement d'être de « bonne foi », il fallait aussi « ne pas appartenir à une autre religion ». Prise pour amadouer les membres religieux de la coalition, cette décision n'en provoqua pas moins une crise profonde dans la majorité, conduisant pour la première fois le Parti national-religieux à quitter celle-ci. Pour ce dernier, il s'agissait d'une rupture évidente du *statu quo*.

C'est dans ces circonstances que, le 27 octobre 1958, Ben Gourion s'adressa à cinquante personnalités juives, en Israël et

1. Ce ministre, Israël Bar-Yehouda, appartenait au parti Ahdout Haavoda (« l'Unité du travail »), dont l'électorat était en majorité dans les *kibbouzim*. Ce parti très laïque était situé à la gauche du Mapaï (le parti de Ben Gourion). En 1969, l'Ahdout Haavoda a fusionné avec le Mapaï pour former le Parti travailliste. La coalition de la troisième législature (1955-1959) était très nettement axée à gauche.

2. A noter que cette décision du ministre de l'Intérieur avait pris la forme d'instructions intérieures au ministère. Cependant, celles-ci liaient les fonctionnaires.

dans la Diaspora, appelées « les Sages d'Israël »[1], pour qu'elles donnent leur opinion concernant la question « Qui est juif en Israël ? » Il s'agissait en particulier de trouver une réponse pratique à l'inscription d'enfants dont seul le père était juif. La majorité de ces personnalités étaient religieuses ou orthodoxes, mais certaines étaient clairement laïques.

C'est ainsi que l'on trouve parmi les Sages trois Français : le philosophe et théologien André Neher[2], le psychiatre Henri Baruk et le grand rabbin de France Jacob Kaplan. On relève également les noms de sir Isaiah Berlin d'Oxford et du Pr Chaïm Perlman de Bruxelles. Sur les cinquante personnes consultées, quarante-cinq fournirent une réponse. Ainsi que l'on pouvait s'y attendre en raison du choix des personnes, la très grande majorité (37) se prononça en faveur de la solution religieuse orthodoxe, qui ne dissocie pas religion et nationalité (ethnie). Les enfants nés de père juif mais de mère non juive ne devraient pas être inscrits comme juifs.

En juillet 1959, les instructions du ministre Bar Yehouda furent annulées. Cependant, à la faveur des élections à la Knesset de novembre 1959, le Parti national-religieux rejoignit la nouvelle coalition. D'autres instructions furent rédigées, aux termes desquelles :

> Est considérée comme juive une personne née de mère juive ou convertie au judaïsme et qui n'appartient pas à une autre religion.

C'est dans ce contexte que fut tranchée en 1962 la célèbre affaire Oswald Rufeisen, connue également sous le nom de « frère Daniel »[3].

---

1. Leurs réponses ont fait l'objet d'une publication. Elles sont éditées dans la langue où elles furent écrites, c'est-à-dire dans leur écrasante majorité en hébreu. Cf. le recueil *Qui est juif ? Les réponses des Sages d'Israël à la question du Premier ministre,* Jérusalem, 1969.

2. Qui à l'époque était professeur à l'université de Strasbourg.

3. On trouvera la traduction des principaux passages de cet arrêt dans *Le Caractère juif de l'État d'Israël, op. cit.*, p. 163 *sq.*

Dans cette affaire, le requérant, né en Pologne de père et mère juifs, qui s'était converti au catholicisme à la fin de la guerre et était entré au Carmel, demandait le bénéfice de la loi du retour. Il soutenait n'avoir jamais abandonné le peuple juif et, en application de la loi du retour, demandait aussi la nationalité israélienne. L'affaire était particulièrement compliquée, du fait de la Halakha : en effet, pour celle-ci, la conversion n'existe pas. On cite l'adage : « Israël il restera bien qu'il ait péché. » En d'autres termes, précisément, l'application du critère religieux (juif) aurait dû permettre au requérant d'obtenir gain de cause. La Cour suprême ne l'entendit pas ainsi : à la majorité de quatre contre un, elle décida de rejeter le recours. Pour la Cour, la loi du retour – qu'il s'agit d'interpréter dans ce cas – est bien une loi laïque. Les critères d'interprétation devaient être laïques : or, la Cour constata qu'un Juif converti n'était jamais considéré comme juif. Le recours devait être rejeté[1]. Signalons cependant l'opinion minoritaire du juge Haïm Cohen : pour celui-ci, l'approche de la majorité était empreinte de « diasporisme ». Le maintien au sein du peuple juif au moyen du maintien dans la religion serait effectivement un critère fondamental, mais uniquement en Diaspora. Selon le juge Haïm Cohen, dans un État juif cette question aurait dû être abordée différemment.

Au-delà du caractère anecdotique de cette affaire, il faut souligner que sa problématique est riche de bien des potentialités. En effet, la question soulevée par le frère Daniel Rufeisen témoigne en quelque sorte de la position fondamentale du christianisme face au judaïsme, telle qu'elle s'exprime dans la célèbre encyclique de Pie XI du 14 mars 1937, *Mit brennender*

1. Le frère Daniel était considéré par ailleurs avec beaucoup de sympathie : il avait notamment contribué à sauver de nombreux Juifs pendant la guerre. Quelques mois plus tard, il obtint la nationalité israélienne sur la base d'un acte de naturalisation. On remarquera aussi que le rejet de la requête concernant l'inscription comme Juif à la rubrique « ethnie » signifie que cette rubrique peut rester vide.

Sorge[1], et la formule : « Spirituellement, nous sommes des Sémites. »

La requête du frère Daniel Rufeisen peut donc aussi s'interpréter dans ce contexte. Plus tard, la Cour suprême développera une jurisprudence concernant les « Juifs pour Jésus », secte judéo-américaine qui considère Jésus comme le Messie mais n'a rejoint aucune Église organisée. La Cour a systématiquement rejeté les demandes des « Juifs pour Jésus » à bénéficier de la loi du retour[2].

Une dernière grande affaire, jugée en 1969, devait entraîner quelques amendements à la loi. Dans *Shalit c. ministère de l'Intérieur*[3], le requérant, Juif de nationalité israélienne, avait épousé à l'étranger une femme non juive. Après la naissance de deux enfants, le couple était revenu en Israël. Le père demanda l'inscription des enfants à la rubrique « ethnie » comme Juifs. Le refus du ministère de l'Intérieur motiva un recours devant la Cour suprême. Celle-ci tenta d'éviter d'avoir à trancher : le président de la Cour (à l'époque, le juge Shimon Agranat) adressa une lettre au Premier ministre (Golda Meir), lui demandant d'envisager un amendement à la loi de manière à supprimer la rubrique « ethnie ». Devant le refus du Premier ministre, la Cour ne put éviter le débat de fond. Pour la première fois de son histoire, une formation de neuf juges fut établie[4]. Dans un jugement d'environ deux cents pages la Cour trancha en

1. « Avec une profonde inquiétude ». Le texte en a été publié en français in *Le Dernier Avertissement*, Paris, Romillat, 1994.

2. Décision de principe unanime de la Cour dans l'affaire *Barsford c. ministre de l'Intérieur*, *Recueil des décisions de la Cour suprême*, vol. 43, t. 4, 1989, p. 793.

3. Une grande partie de cet arrêt figure dans l'ouvrage de Moshe Catane, *Qui est juif ?*, Paris, Laffont, 1972. Tous ces cas sont également développés dans Claude Klein, *Le Caractère juif de l'État d'Israël*, *op. cit*.

4. A l'époque, la Cour comptait au total 11 juges, siégeant par formations. La plupart des affaires sont jugées par des formations de 3 juges. Selon l'importance de la matière considérée, la formation peut être de 5, ou 7, ou 9 juges. Depuis son élargissement à 14 membres (1992), la Cour a même eu recours trois fois à une formation de 13 juges.

faveur du requérant, à la majorité de cinq contre quatre. Les deux enfants Shalit devaient pouvoir être inscrits comme Juifs. Cependant, on doit relever la motivation des juges de la majorité : pour ceux-ci, dans cette affaire le problème se ramenait avant tout à une question administrative. Comment l'Administration (ici le ministère de l'Intérieur) devait-elle recevoir les déclarations des administrés ? Pour la Cour, l'Administration ne pouvait juger de la véracité des dires et devait donc accepter les déclarations faites de bonne foi. En d'autres termes, la Cour adoptait un critère subjectif de définition.

Cette affaire provoqua une vive réaction des milieux religieux. Sans remettre en cause la décision concernant les deux enfants Shalit, la loi du retour et la loi sur le registre de la population furent amendées deux mois après la publication de l'arrêt [1]. Pour la première fois, la loi elle-même fournissait une définition, en reprenant celle des instructions de 1960. Elle disposait :

> Est considéré comme Juif, celui qui est né d'une mère juive ou qui s'est converti au judaïsme et qui n'appartient pas à une autre religion.

Cette nouvelle définition [2] déclencha l'ire de nombreux milieux laïques [3], qui y virent le triomphe de la conception halakhique. Pourtant, cet amendement ne réglait pas définitivement la controverse. La question de la conversion, telle qu'elle est mentionnée dans la loi, reste posée.

Pour comprendre la difficulté de cet aspect des choses, il faut rappeler que, contrairement à la plupart des autres reli-

---

1. L'arrêt sur les Shalit est du 10 janvier 1970, l'amendement du 10 mars de cette même année.

2. Un troisième enfant Shalit, né *après* l'adoption de l'amendement de 1970, ne peut être inscrit comme Juif, contrairement à ses deux aînés.

3. Dans *Le Caractère juif de l'État d'Israël*, p. 52 *sq.*, nous avons analysé une série de décisions de la Cour, à la suite de requêtes exprimant des protestations contre l'amendement à la loi du retour.

gions, le judaïsme a cessé d'encourager le prosélytisme depuis au moins quinze siècles. La conversion est possible, mais elle est extrêmement difficile à obtenir.

Depuis 1970, c'est-à-dire depuis l'adoption de l'amendement, les milieux orthodoxes ont demandé sans relâche l'adjonction des mots « selon la Halakha » après les mots « qui s'est converti au judaïsme », de manière à exclure les conversions dites réformées, libérales ou conservatrices.

Il est intéressant de rappeler que cet ajout n'a jamais pu être obtenu, malgré l'engagement des leaders de la coalition. Ainsi Menahem Begin a-t-il dû renoncer à une tentative, devant une opposition très vive, mais aussi devant la menace clairement exprimée par les milieux réformés et conservateurs américains [1] de cesser leur soutien à Israël.

La question de la reconnaissance de ces conversions ne fut tranchée qu'à partir de 1986 : une conversion réformée, célébrée aux États-Unis, fut reconnue comme suffisante pour l'inscription comme Juif, à la rubrique « ethnie » (*leom*) [2]. La Cour interdit notamment qu'à cette inscription soit ajoutée la mention « converti(e) ». A cet égard, une dernière question reste en suspens, ainsi que nous l'avons déjà mentionné, à savoir celle de la reconnaissance d'une conversion non orthodoxe célébrée en Israël. Cette question figure expressément dans les accords de coalition signés en juin 1996 entre le Likoud et les différents partis religieux.

Dans une décision rendue en 1995, la Cour suprême a proposé à la Knesset de se pencher sur cette question et de réviser, si elle le désirait, l'ancienne ordonnance mandataire sur les conversions. Il est probable que les partis religieux obtiennent gain de cause en cette matière. Sur le plan de la négociation politique et des rapports de force entre les partis, on peut cer-

1. Où ils sont majoritaires.
2. *Chochana Miller c. ministre de l'Intérieur*, *Recueil des arrêts de la Cour suprême*, vol. 40, t. 4, 1986, p. 436.

tainement tirer un enseignement intéressant de ces affaires. Du point de vue des partis religieux, on voit clairement les limites de leur pouvoir de pression. Il n'a pas été possible d'imposer l'exclusion des conversions non orthodoxes étrangères, dans la mesure où un intérêt supérieur semblait être en cause. Chacun des camps pose des limites incompressibles. Des exemples de ce type existent dans les deux sens : en 1986 et en 1991, des tentatives pour obtenir la fermeture de certaines rues à la circulation durant le *Chabbat* échouèrent, car elles visaient des rues où la population religieuse n'était pas nombreuse [1] ; de même, la tentative visant à interdire la vente de la viande de porc échoua-t-elle aussi [2] ; de nombreuses demandes laïques se heurtent à un *non possumus* catégorique (notamment en matière de statut personnel).

De fait, l'examen de la question « Qui est juif ? » que l'on vient d'effectuer ici ne concerne que la rubrique « ethnie » (*leom*). La rubrique « religion » relève d'une problématique différente. Elle reste entièrement aux mains des autorités religieuses.

b) Qui est israélien ?

Nous nous proposons d'examiner ici certaines questions concernant la loi du retour de 1950 et la loi sur la nationalité de 1952, dont nous rappellerons très brièvement les grands principes.

Aux termes de la loi du retour, chaque Juif a le droit de s'installer en Israël ; ce droit ne peut lui être refusé que pour

1. Dans les deux cas, il s'agit de rues de Jérusalem. L'affaire de la rue Bar-Ilan, déjà évoquée, est plus complexe : sa population est largement orthodoxe, mais elle relie des quartiers très différents de la ville.

2. Il s'agissait de n'autoriser la vente de la viande de porc que dans les périmètres où la loi autorise son élevage : c'est-à-dire exclusivement en Haute-Galilée.

des motifs définis par la loi elle-même, sous le strict contrôle de la Cour suprême [1]. Aux termes de la loi sur la nationalité [2], tout immigrant acquiert automatiquement la nationalité israélienne [3].

La problématique identitaire de ces deux lois est double : d'une part, du point de vue religieux ; d'autre part, du point de vue de l'ensemble de la société.

Du point de vue religieux, c'est certainement un deuxième amendement à la loi du retour, également adopté en 1970, qui est la source de critiques. On a déjà eu l'occasion de signaler cette extension du droit au retour à des personnes non juives. Le texte intégral de cet amendement est ainsi conçu :

> Article 4*a*. *Les droits des proches parents*
> *a*) Les droits d'une personne juive en vertu de la présente loi, les droits du nouvel immigrant (*oleh*) en vertu de la loi sur la nationalité de 1952, ainsi que les droits du nouvel immigrant en vertu de quelque loi que ce soit sont accordés également au fils et au petit-fils d'une personne juive, à son conjoint et au conjoint du fils ou du petit-fils de cette personne ; à l'exception d'une personne qui était juive et qui se serait convertie volontairement à une autre religion.

---

1. La loi prévoit que le ministre de l'Intérieur ne peut refuser le certificat d'immigration que dans les quatre hypothèses suivantes : le candidat œuvre contre le peuple juif (cette réserve n'a jamais été appliquée) ; le candidat est susceptible de mettre en danger la sécurité de l'État (cette réserve n'a jamais été appliquée) ; le candidat est susceptible de mettre en danger la salubrité publique (c'est le cas de candidats souffrant de maladies contagieuses ou mentales) ; le candidat a « un passé criminel susceptible de troubler la tranquillité publique ». Cette dernière disposition a été souvent utilisée à l'encontre de personnes (juives) tentant d'échapper à des poursuites judiciaires dans leur pays d'origine ; la loi du retour ne peut leur permettre de se réfugier en Israël ; le ministre peut ordonner l'expulsion de ces personnes ; le cas échéant, une extradition peut être prononcée. Nous avons traité ces questions dans un article consacré à un cas célèbre : « The Lansky Case », *Israel Law Review*, vol. 8, 1973, p. 286.

2. Cf. Claude Klein, « La nationalité israélienne », Jurisclasseur *La Nationalité*, Paris, 1983.

3. On a déjà signalé la faculté de décliner la nationalité israélienne (technique de l'*opting out*) : le nouvel immigrant dispose de trois mois pour faire connaître son désir de ne pas acquérir la nationalité israélienne.

> *b*) Le fait que la personne juive de laquelle découlent les droits énumérés à l'alinéa (*a*) soit en vie ou non, qu'elle ait elle-même immigré en Israël ou non, est sans influence sur l'attribution de ces droits.
> *c*) Les réserves et conditions fixées par la présente loi ou par toute autre législation, pour une personne juive ou un nouvel immigrant, s'appliquent également à une personne qui demande le bénéfice de l'alinéa (*a*).

On y voit clairement l'extension de la loi du retour à des personnes non juives dans des conditions très libérales. Certes, cette disposition fait contrepoids à la définition très restrictive adoptée le même jour. Cependant, cette extension n'est pas sans soulever de graves questions : il est ainsi parfaitement loisible d'imaginer l'arrivée en Israël, en vertu de cet amendement, d'un groupe familial comprenant plusieurs personnes [1] sans qu'aucune d'entre elles ne soit juive. A tout le moins cette situation est problématique, dans la mesure où la société israélienne dans ses structures et son droit continue d'être déterminée par la référence juive. A l'inverse, cet apport particulier est de nature à contribuer à une transformation de la société israélienne. On a déjà indiqué dans quelle mesure cette population allait certainement provoquer la mise au point d'une nouvelle législation.

Du point de vue de la société globale, on peut clairement percevoir une critique qui s'élabore autour de la loi du retour et de la loi sur la nationalité, au-delà de l'extension de 1970. Cette critique n'émerge que très difficilement, car elle aboutit à remettre en cause l'un des tabous de la société israélienne, à savoir le lien avec le peuple juif et la Diaspora, l'ouverture sur le monde juif et le caractère de terre de refuge qu'est Israël pour les Juifs persécutés. Depuis quelques années, ce thème apparaît. La remise en cause de la loi du retour est encore timide (dans les milieux juifs), mais elle prend des formes intéressantes.

1. Il peut s'agir d'une dizaine de personnes représentant trois générations.

La première critique est celle de l'extension de la loi du retour, ainsi qu'il vient d'être montré. Il s'agit de réduire le cercle des personnes susceptibles de bénéficier du droit au retour par cette simple extension. Les premières propositions sont encore modestes : selon certains projets, il suffirait d'écarter les petits-enfants de cette extension.

La deuxième critique vise l'attribution trop rapide de la nationalité et, par voie de conséquence, des droits politiques. Ainsi, aux élections de 1992 et de 1996, des personnes qui n'étaient arrivées en Israël que depuis cinq mois ont pu voter ! Il s'agirait en quelque sorte d'instaurer un stage d'acclimatation. Le véritable problème est celui de l'éventuelle atteinte au principe même de la loi du retour, c'est-à-dire le caractère automatique de la délivrance du visa d'immigrant et de la nationalité.

Les positions à ce sujet sont souvent contradictoires. D'une part, en effet, on voudrait limiter le retour aux personnes (juives) en danger, afin qu'Israël remplisse sa fonction de terre d'accueil. A l'inverse, il apparaît souvent qu'une partie de la nouvelle immigration n'est motivée que par des raisons économiques et c'est bien ainsi qu'a été ressentie une partie de la grande vague d'immigration de l'ex-URSS[1]. L'élévation du niveau de vie en Israël crée un appel en provenance de pays dans lesquels il est très inférieur (y compris l'ex-URSS).

Paradoxalement, cette attitude n'est pas sans rappeler celle de nombreux pays occidentaux (dont la France) par rapport à l'accueil d'une immigration de misère. Cette comparaison est d'autant plus intéressante qu'un phénomène d'immigration clandestine ou quasi clandestine est apparu récemment en Israël. Celui-ci concerne de nombreux ouvriers d'origines très diverses (Turcs, Roumains, Thaïlandais, etc.), dont le nombre est estimé (septembre 1996) à 200 000 personnes (dont la moi-

1. Contrairement à la première vague de 1968-1973, qui était nettement idéologique.

tié en situation illégale[1]). Ces ouvriers sont surtout employés dans le bâtiment et l'agriculture. Dans ces secteurs, peu prisés par les ouvriers juifs, il a fallu très rapidement remplacer les ouvriers palestiniens empêchés.

Avec le début de l'*Intifada* (décembre 1987), l'emploi régulier de la main-d'œuvre palestinienne est devenu très aléatoire. Durant les premières années, les nombreuses grèves palestiniennes perturbaient le marché israélien. La grande vague d'attentats (postérieure à la signature des accords d'Oslo, en 1993), a entraîné la politique israélienne de bouclage des territoires qui a empêché les ouvriers palestiniens de se rendre en Israël[2], créant un vide dans l'économie israélienne. Du point de vue du marché du travail, le processus en cours peut s'analyser en un remplacement d'ouvriers migrants (quotidiennement) par des ouvriers immigrés. Le gouvernement de M. Netanyahou envisageait au début de septembre 1996 l'expulsion de 2 000 travailleurs clandestins par mois.

Au-delà de la question « qui est israélien ? », on aboutit, sur le seul plan juridique, à une image de la société israélienne en profonde mutation. C'est d'ailleurs cette mutation qui explique dans une très large mesure la crispation religieuse (haredite). Nous reviendrons sur ce point plus loin : il est clair cependant que la société haredite, qui ne représente que 8 % d'une population en pleine transformation, livre un véritable combat d'arrière-garde qui dépasse les frontières d'Israël, dans la mesure où, précisément – du point de vue haredi –, une identité israélienne semble se cristalliser. Cette nouvelle identité est confron-

---

1. Il s'agit là d'une estimation minimale : si le chiffre des ouvriers étrangers en situation régulière est évidemment connu, celui des clandestins est moins précis. Certains journaux ont avancé le chiffre de 300 000 clandestins. La presse a très souvent décrit les conditions difficiles de logement et de vie en général de ces ouvriers.

2. La politique à cet égard varie du bouclage hermétique (immédiatement après un attentat) à la réouverture progressive, qui consiste, dans un premier temps à autoriser la venue en Israël d'ouvriers âgés de plus de 30 ans, considérés comme moins dangereux.

tée à l'ancienne conception de l'identité juive. Elle trouve son expression plus que symbolique dans l'effort pathétique de conciliation légale entre les concepts d'État juif et d'État démocratique, que nous allons examiner maintenant de manière plus approfondie.

2. L'État juif et démocratique : la recherche de la conciliation

La question est loin d'être nouvelle, alors même qu'elle a été profondément renouvelée depuis 1992. Pour comprendre l'état actuel de ce débat difficile, il est nécessaire de présenter un débat plus ancien, dont l'origine remonte à 1965 et qui ne fut constitutionnellement résolu qu'en 1985. Il s'agit de la question de l'interdiction de partis politiques ou de listes, au motif que ceux-ci n'accepteraient pas certains principes fondamentaux de l'État et du régime.

a) Du syndrome de Weimar à l'article 7a de la loi fondamentale sur la Knesset[1]

Nous faisons allusion ici à une problématique bien connue en France, depuis la formule révolutionnaire : « Pas de liberté pour les ennemis de la liberté. » L'aspect weimarien de cette formulation est clair : il revient à se demander s'il était possible de sauver la démocratie allemande en interdisant le Parti national-socialiste ou, tout au moins, si le maintien de ce parti

1. Cf. Claude Klein, « The Defence of the State and the Democratic Regime in the Supreme Court », *Israel Law Review,* vol. 20, 1985, p. 397, et « Le syndrome de Weimar. Version israélienne », *Le Genre humain,* vol. 26, 1992, p. 181.

dans le cadre légal de la compétition politique en Allemagne ne lui a pas grandement facilité l'accès au pouvoir. Pour Israël, le syndrome de Weimar est à bien des égards présent. La fin tragique de la République de Weimar par excès de démocratie[1] reste une source de méditation pour les Juifs en général et les Israéliens en particulier, d'autant plus si l'on tient compte de la menace pesant sur l'État d'Israël lui-même.

La Cour suprême fut amenée, en 1965, à se pencher sur l'affaire du groupe El Ard (en français : la Terre)[2]. Il s'agissait d'un groupe d'intellectuels arabes israéliens[3] de tendance nationaliste (et socialisante). Craignant des activités dangereuses, le ministre de la Défense avait fait usage d'un pouvoir qui trouve sa source dans les *Defence Regulations* mandataires de 1945 et avait ordonné la dissolution de ce groupe. La Cour suprême avait refusé d'intervenir en la matière. Quelques semaines plus tard, à l'approche des élections, certains des membres du groupe constituèrent une liste qui fut régulièrement déposée auprès de la commission de contrôle des élections[4]. La demande remplissait toutes les conditions requises par la loi électorale[5]. A l'issue d'un débat approfondi, la commission rejeta néanmoins la demande d'inscription au motif qu'il s'agissait en l'espèce de la reconstitution d'un groupe dissous. Le véritable débat devait s'engager devant la Cour suprême : la liste avait interjeté appel (conformément à la loi).

1. L'excès de proportionnalisme dans les deux cas doit également être mis en parallèle. Il suffit de se reporter aux analyses précitées de Hermens.

2. Le nom officiel de la décision est *Yeredor c. commission centrale de contrôle des élections à la 6e Knesset, Recueil des arrêts de la Cour suprême*, vol. 19, t. 3, p. 365. L'affaire est généralement connue et citée sous le nom d'El Ard.

3. Il faut rappeler que cette affaire intervint deux ans avant la guerre des Six Jours. La question des territoires était donc absente de ce débat.

4. Cette commission comprend des représentants des partis politiques (au prorata de leur importance à la Knesset). Elle est présidée par un juge à la Cour suprême.

5. Parmi ces conditions : présentation de la liste par 750 citoyens (aujourd'hui 2 500), dépôt d'une caution, etc.

A la majorité de deux juges (S. Agranat et Y. Sussmann) contre un (Haïm Cohen), la Cour rejeta l'appel. C'est la motivation de cet arrêt qui a ouvert le grand débat sur l'interdiction des partis ou listes.

Pour la majorité, la commission était habilitée à refuser l'inscription de la liste El Ard, malgré l'absence de toute disposition formelle dans la loi. Son programme se proposant de remettre en cause l'existence de l'État d'Israël comme État juif, les autorités de l'État seraient en droit de lui refuser l'accès de la Knesset. Il existerait donc un véritable droit d'autodéfense de l'État, contre ceux qui se proposent de le détruire ou d'en changer les fondements.

Le syndrome de Weimar s'exprime aussi par la présence, à la Cour suprême de l'époque, de plusieurs juges d'origine allemande, réfugiés après 1933. On remarque également le glissement dans la nature même de l'objet du syndrome : si, dans la plupart des cas considérés jusque-là (en France et en Allemagne), c'est du régime politique (démocratique) qu'il s'agissait, dans le cas présent, on se réfère à la nature de l'État, non à celle du régime.

La question devait être discutée à nouveau en 1984. Dans la décision *Neiman et autres c. président de la commission de contrôle des élections à la 11ᵉ Knesset*[1], la Cour était appelée à juger du refus d'inscription de deux listes : la Liste progressiste pour la paix et la liste Kah du rabbin Cahana.

La première était une liste judéo-arabe, prônant la création d'un État palestinien (en Cisjordanie et dans la bande de Gaza). La liste Kah, par contre, était indiscutablement une liste raciste, rejetant l'ordre démocratique et libéral. La Cour admit les deux appels, autorisant les deux listes à se présenter[2].

La motivation ne manquait pas d'être surprenante et déséquilibrée : s'agissant de la Liste progressiste pour la paix, contre

---

1. *Recueil des arrêts de la Cour suprême*, vol. 39, t. 2, p. 225.
2. La Liste progressiste pour la paix obtint 2 sièges, contre 1 à la liste Kah.

laquelle étaient allégués les arguments qui avaient conduit en 1965 à la mise à l'écart de la liste El Ard, la Cour réaffirma sa jurisprudence, mais aboutit à la conclusion que la preuve n'avait pas été apportée que son programme visait à remettre en cause le caractère juif de l'État. Elle était donc habilitée à se présenter. A propos de Kah, la Cour prononça une forte condamnation morale de son caractère raciste mais parvint à la conclusion selon laquelle la jurisprudence El Ard ne saurait être étendue à d'autres cas. Le caractère raciste et antidémocratique de la liste était certes avéré, mais non la volonté des candidats de détruire le caractère juif de l'État[1].

Moralement et politiquement, la situation était devenue intenable. C'est la raison pour laquelle la Knesset se décida, en juillet 1985, à amender la loi fondamentale sur la Knesset[2]. Ainsi fut adopté le nouvel article 7*a* de cette loi fondamentale. En voici le texte, dont l'importance est primordiale pour la définition de l'identité de l'État.

---

1. Dans notre commentaire sur cette affaire, « The Defence of the State and the Democratic Regime in the Supreme Court », art. cit., nous écrivions qu'un tel argument aboutissait à établir une hiérarchie entre le caractère juif et le caractère démocratique de l'État. Signalons que deux juges (sur cinq) émirent des opinions dissidentes. Pour le juge Miriam Ben Porat, il faudrait revenir sur l'ensemble de la jurisprudence El Ard : en l'absence d'habilitation législative, aucune liste ne pourrait être écartée. Pour le juge Aharon Barak, il serait possible d'étendre la jurisprudence El Ard au cas d'une liste raciste : cependant, il faudrait que cette liste soit véritablement dangereuse, c'est-à-dire que raisonnablement on puisse constater un danger pour l'État et la démocratie. Partant du principe d'une interprétation restrictive de toute limitation à la liberté d'expression politique, il parvenait à la conclusion qu'il n'était pas nécessaire d'avoir recours à l'interdiction dans ce cas.

2. Cette intervention de la Knesset fut particulièrement rapide. En effet, la Cour suprême avait eu recours à une technique quelque peu discutable, consistant à dissocier la décision quant au fond et la rédaction de la motivation de l'arrêt. L'une des raisons tient au fait qu'en matière électorale les décisions doivent être rendues en l'espace de quelques jours, de manière à permettre, par exemple, à une liste écartée par la commission d'interjeter appel et, le cas échéant, de se présenter aux élections. La Cour rendit une décision unanime d'acceptation de l'appel des deux listes le 28 juin 1984 (les élections eurent lieu le 23 juillet 1984), mais les motifs (cent dix pages) ne furent publiés que le 15 mai 1985. L'amendement à la loi fondamentale fut adopté dès le 31 juillet 1985.

7a. *Mise à l'écart de listes en vue des élections à la Knesset*
Sera exclue de la participation aux élections toute liste de candidats dont apparaît, soit dans ses buts, soit à travers ses actions, explicitement ou implicitement, l'un des éléments suivants :
a) la négation de l'existence de l'État d'Israël comme État du peuple juif ;
b) la négation du caractère démocratique de l'État ;
c) l'incitation au racisme.

Notons que la technique de contrôle de ces nouvelles possibilités de mise à l'écart d'une liste a elle aussi été élargie. Désormais, un appel devant la Cour suprême est possible, non seulement de la part d'une liste qui aurait été écartée pour l'un des motifs ainsi invoqués, mais aussi dans l'hypothèse inverse, c'est-à-dire celle de l'inscription d'une liste (ou du refus de sa mise à l'écart). Dans ce cas peuvent interjeter appel devant la Cour suprême (pour demander la mise à l'écart d'une liste) :

– le président de la commission de contrôle des élections (qui est toujours un juge à la Cour suprême détaché provisoirement à cette fonction) ;

– l'*attorney general* ;

– un quart des membres de la commission (elle en compte quarante, représentant les partis politiques au prorata de leur représentation).

On mesure l'importance du pas franchi. Sans s'appesantir sur les problèmes techniques ainsi soulevés, nous voudrions insister sur les dispositions à caractère idéologique introduites dans la législation constitutionnelle israélienne.

Le nouvel article 7*a* impose en quelque sorte un consensus minimal, autour de trois principes dont la non-acceptation exclut une liste du champ de la compétition électorale, c'est-à-dire du champ de la légitimité politique. Outre le caractère démocratique de l'État (qu'il est interdit de nier) et la prohibition de l'incitation au racisme, c'est la définition du caractère juif choisie ici qui est particulièrement digne d'attention.

On remarque que depuis l'adoption de l'article 7*a*, le parti

Kah ainsi que ses successeurs (après l'assassinat du rabbin Cahana le mouvement se scinda en plusieurs groupes) n'ont plus été autorisés à se présenter aux élections. Le mouvement a d'ailleurs été dissous après avoir été déclaré groupe terroriste [1].

La définition de l'État d'Israël comme *État du peuple juif* est une proposition curieuse. De fait, elle semble exprimer spécifiquement la vision sioniste classique : nulle référence à des valeurs juives particulières ne transpire ici. L'approche est purement nationale [2] : il est vrai que cette réserve a été conçue de manière à écarter des interprétations divergentes, notamment en milieu arabe [3].

Une intéressante illustration en est fournie par un arrêt de la Cour suprême rendu peu avant les élections de 1988, dans l'affaire *Ben Chalom c. commission centrale de contrôle des élections à la 12e Knesset* [4]. La question de la conformité de la Liste progressiste pour la paix était à nouveau en cause, bien que sous un angle très différent. La discussion portait sur le point du programme de ladite liste demandant « l'égalité complète entre Juifs et Arabes » en Israël. Cette demande en apparence anodine devait provoquer une grave controverse parmi les cinq juges siégeant dans cette affaire. La commission ayant rejeté la demande de mise à l'écart de la liste, c'est contre cette décision négative qu'un quart des membres de la commission (essentiellement les partis de droite) avaient interjeté appel.

A la majorité de trois juges (M. Shamgar, M. Beiski et

1. En vertu d'une ordonnance de 1948.
2. Accessoirement, elle témoigne d'une approche exclusive : l'État d'Israël est l'État du peuple juif. Il ne saurait y avoir qu'un seul État du peuple juif.
3. On a ainsi vu apparaître la revendication de définir l'État d'Israël comme étant l'État de tous ses citoyens !
4. *Recueil des arrêts de la Cour suprême*, vol. 43, t. 4, 1989, p. 221. Dans cette affaire, la décision sur l'acceptation de l'appel fut rendue le 16 octobre 1988 (les élections se tinrent le 1er novembre suivant), mais les motifs ne furent publiés que onze mois plus tard (26 septembre 1989).

S. Levin) contre deux (M. Elon et D. Levin), l'appel fut rejeté [1]. Cependant, il nous a paru intéressant de nous pencher précisément sur l'opinion minoritaire du juge Dov Levin, très fortement motivée et qui ne fut pas sans créer quelques remous. Pour le juge Levin, la Liste progressiste pour la paix aurait dû être mise à l'écart. La revendication de l'égalité parfaite entre Juifs et Arabes irait ainsi à l'encontre de l'affirmation selon laquelle l'État d'Israël est l'État du peuple juif. Cette ligne de raisonnement du juge Levin opère une distinction entre les droits collectifs et les droits individuels. L'État d'Israël doit garantir l'égalité sur le plan individuel (principe de non-discrimination), mais il résulterait clairement du principe suivant lequel « l'État d'Israël est l'État du peuple juif » que cette égalité ne peut être celle de deux peuples. C'est ainsi que peut se justifier la loi du retour : en effet, du point de vue arabe, cette loi est certainement discriminatoire, mais elle s'insère dans la perspective des principes de l'article 7*a*.

Conceptuellement, cette approche nous paraît être celle d'un État-nation dans lequel existe une minorité particulière. Le rapport majorité/minorité serait ainsi constitutionnellement protégé.

Un dernier développement législatif doit être signalé : la loi sur les partis politiques, adoptée en 1992, prescrit à ceux-ci de s'inscrire auprès d'un greffe des partis. Le greffier (article 5) peut refuser l'inscription dans les cas où parmi les buts ou les activités du parti, de manière implicite ou explicite, apparaît l'un des éléments suivants :

– le parti nie l'existence de l'État d'Israël comme État juif et démocratique ;

– il incite au racisme ;

– il existe des motifs raisonnables de considérer le parti comme devant dissimuler des activités illégales [2].

---

1. La liste put se présenter et n'obtint qu'un siège.

2. L'influence allemande se poursuit au-delà du syndrome de Weimar. Rappelons que la République fédérale fut la première, dès 1949, à inclure dans la loi

Bien entendu, une telle décision ne saurait entrer en vigueur qu'après un contrôle préalable de la Cour suprême. De même, tout citoyen peut, au moment de l'enregistrement d'un parti, au moyen d'une action en justice, faire opposition au motif que le parti contreviendrait aux buts définis.

Signalons qu'une décision d'enregistrement peut être rapportée, au cas où un parti aurait modifié son programme ou ses activités. Tous les partis ont été soumis à cette obligation : aucun n'a fait l'objet d'un refus.

On note que seuls les partis inscrits peuvent désormais faire acte de candidature. Il en résulte que les critères de la loi sur les partis politiques sont désormais plus importants : la « légitimité » des partis est jugée au moment de leur inscription. On peut raisonnablement imaginer que les partis ayant franchi l'obstacle de l'enregistrement pourront aborder sans problèmes celui de la commission centrale de contrôle des élections. Alors même qu'existe une différence entre les définitions – d'une part l'État d'Israël est défini comme « État du peuple juif », alors que d'autre part il est qualifié d'« État juif et démocratique » –, de fait, il semble bien que l'on puisse avancer que tout parti qui est considéré comme acceptant l'idée qu'Israël est un État juif et démocratique doive être considéré comme acceptant également celle qu'Israël est l'État du peuple juif[1]. Telles sont donc les nouvelles limites de la légitimité.

---

fondamentale (article 21-2) des dispositions permettant l'exclusion de certains partis considérés comme anticonstitutionnels (il s'agit des partis qui « cherchent à porter atteinte à l'ordre fondamental libre et démocratique »).

1. La loi sur les partis politiques de 1992 a mis fin à un paradoxe curieux : jusque-là, les partis pouvaient librement exister et agir, puis se voir régulièrement interdire au moment des élections. C'est ce qui arriva au Kah en 1988 et en 1992. En fait, jusqu'à l'entrée en vigueur de la loi sur les partis politiques, ceux-ci furent juridiquement organisés comme associations.

b) L'État juif et démocratique

Comme nous avons déjà eu l'occasion de l'indiquer, 1992[1] a été l'année du grand tournant législatif dans la recherche d'une définition de l'État. Rappelons rapidement les textes des articles concernés (que nous avons déjà présentés dans la deuxième partie, dans le cadre de l'étude du problème constitutionnel). Dans la loi fondamentale sur la liberté et la dignité de l'individu, on relève d'abord deux articles qui se réfèrent aux valeurs de l'État :

> *But de la loi*
> 1. Le but de la présente loi fondamentale est de sauvegarder la dignité et la liberté de l'individu, en vue d'établir dans une loi fondamentale les valeurs de l'État d'Israël, *comme État juif et démocratique*.
> *Atteinte aux droits.*
> 8. Il ne peut être porté atteinte aux droits qui découlent de la présente loi fondamentale que par une loi conforme aux *valeurs de l'État d'Israël* adoptée dans un but valable et dans la stricte mesure du nécessaire.

Ces dispositions se retrouvent également dans la loi sur la liberté professionnelle, dont les nouveaux articles 2 et 4 indiquent :

> *But*
> 2. Le but de la présente loi fondamentale est de sauvegarder la dignité et la liberté de l'individu, en vue d'établir dans une loi fondamentale les valeurs de l'État d'Israël, comme *État juif et démocratique*.
> *Atteinte à la liberté professionnelle*
> 4. Il ne peut être porté atteinte à la liberté professionnelle que par une loi conforme aux *valeurs de l'État d'Israël* adoptée dans

---

1. On peut y associer les amendements de 1994 aux deux grandes lois fondamentales sur les droits de 1992.

un but valable et dans la stricte mesure du nécessaire, soit encore en vertu d'une loi conforme à ces principes et par une délégation expresse contenue dans cette loi [1].

Dès l'adoption de ces lois, en 1992, la « classe juridique » israélienne s'employa à trouver une réponse à cette énigme que représente la conciliation entre les deux termes de cette définition, qui, *a priori*, paraissent antinomiques, dans la mesure où les valeurs juives halakhiques sont difficilement conciliables avec les approches démocratiques modernes.

Le premier à tenter une réponse fut le juge Aharon Barak, dans un article publié dès le mois d'août 1992 [2]. A propos de la définition de l'État comme juif, il écrit [3] :

> Les questions qui ont trait à « l'État juif » sont bien plus difficiles. Comment définir le rapport entre les expressions « État juif » et « État démocratique » ? Peut-on définir des valeurs fondamentales qui découlent du caractère juif de l'État d'Israël et qui ne découleraient pas de son caractère démocratique ? Peut-on envisager une contradiction entre le caractère juif et le caractère démocratique de l'État ? Ces questions seront, sans nul doute, traitées pas la jurisprudence dans l'avenir. A mon avis, l'expression « juif et démocratique » ne renferme nulle contradiction, mais deux éléments qui se complètent et sont en parfaite harmonie. Le contenu de l'expression « État juif » sera déterminé par le degré d'abstraction qui lui sera donné. Je pense qu'il faut donner à cette expression une signification qui atteigne un haut degré d'abstraction, de manière à parvenir à ce qui unit véritablement l'ensemble de la société. Le degré d'abstraction doit être d'un tel niveau qu'il puisse se concilier avec le caractère démocratique de l'État. De fait, si l'État est juif, ce n'est pas au

1. C'est nous qui soulignons.
2. Cet article est paru (en hébreu) dans la revue de la faculté de droit de l'université de Haïfa, *Mishpat Umimshal* (n° 1, p. 9-35), dont une traduction presque intégrale a été publiée dans la revue *Pouvoirs* consacrée à Israël (n° 72, p. 17-35) sous le titre « La révolution constitutionnelle. La protection des droits fondamentaux ».
3. *Pouvoirs*, p. 32.

> sens halakhique-religieux, mais en tant que tous les Juifs ont le droit de venir s'installer en Israël, que leur expérience nationale est celle de l'État : cela s'exprime entre autres par la langue, les jours de fête et de repos, par le fait que les valeurs fondamentales du judaïsme sont celles de l'État. Je fais allusion aux valeurs d'amour de l'homme, de la sainteté de la vie, de la justice sociale, de la recherche d'actions bonnes et droites, du respect de la dignité de l'homme, de la règle de droit qui s'impose aussi au législateur, toutes valeurs que le judaïsme a données au monde entier. La référence à ces valeurs doit se faire par rapport à leur valeur universelle correspondant à la nature démocratique de l'État, c'est pourquoi il ne faut pas confondre les valeurs de l'État d'Israël avec le droit hébraïque. N'oublions pas non plus qu'Israël abrite une minorité non juive importante. Il faut donc considérer que les valeurs de l'État comme État juif sont les mêmes que les valeurs universelles qui sont communes aux habitants d'une société démocratique et qui se sont développées à partir de la tradition et de l'histoire juives. Les valeurs démocratiques leur sont proches. C'est du rapprochement et de la conciliation de ces deux éléments que se forgeront les valeurs de l'État d'Israël[1].

Ce texte fut évidemment très mal reçu par les milieux religieux. Plus que tout autre écrit ou déclaration du juge Barak, il est à l'origine de la vague de dénigrement et de critique sans précédent qui s'est déclenchée contre ce juge, notamment en août-septembre 1996, dans les milieux des *haredim*.

De fait, ceux-ci n'avaient sans doute pas noté l'évolution des positions du juge Barak, telle qu'elle apparaît dans son monumental ouvrage (en hébreu) paru en 1994 sous le titre *L'Interprétation constitutionnelle*[2], dans lequel il propose une approche sensiblement différente. C'est ainsi qu'on lit :

---

1. Ces remarques du juge Barak se sont trouvées renforcées, deux ans plus tard, par les amendements aux lois fondamentales de mars 1994 qui réfèrent à « l'esprit des principes de la Déclaration d'indépendance ».

2. Jérusalem, Nevo. Cet ouvrage est le troisième d'une série consacrée aux problèmes d'interprétation. Le premier parut en 1992 sous le titre *Théorie générale de l'interprétation* (t. 1) et le deuxième en 1993 sous le titre *L'Interprétation législative* (t. 2).

Quelles sont donc les valeurs de l'État d'Israël comme État juif ? Il me semble qu'il s'agit des valeurs fondamentales du sionisme ainsi que celles du judaïsme (dans le sens halakhique développé au cours des générations) qui caractérisent Israël. Ces valeurs doivent être comprises à partir des acceptions internes au sionisme et au judaïsme. Elles ne sont pas imposées de l'extérieur, mais découlent du caractère particulier de l'État d'Israël comme État juif[1]. C'est la judaïté de l'État qui caractérise celui-ci. Cet État est différent de tous les autres États. C'est là la raison même de son existence et ce sont là ses attributs principaux. Il existe bien des États démocratiques, mais l'État d'Israël est le seul qui soit juif et démocratique.
[Ici, le juge Barak rappelle un passage de la Déclaration d'indépendance.)
L'« État juif » est donc l'État du peuple juif ; « c'est le droit naturel du peuple juif de vivre comme tout autre peuple de manière indépendante dans son État souverain[2] ». C'est un État dans lequel chaque Juif a le droit de s'installer et pour lequel la réunion des dispersés constitue un élément fondamental ; l'« État juif » est un État dont l'histoire est imbriquée dans celle du peuple juif. C'est un État dont la langue est l'hébreu et dont les fêtes reflètent la renaissance nationale ; l'« État juif » est un État dont la mise en valeur par des Juifs des champs, des villes et des villages est la préoccupation première ; l'« État juif » est celui qui perpétue le souvenir des Juifs disparus dans la *Shoah* et qui a pour but de fournir une solution au problème du peuple juif privé de patrie et d'indépendance en recréant l'État juif en *Eretz Israël* ; l'« État juif » est celui qui développe la culture juive, l'éducation juive et l'amour du peuple juif ; l'« État juif » est celui qui « réalise le rêve de nombreuses générations de la libération d'Israël[3] » ; l'« État juif » est celui dont les valeurs sont celles de liberté, d'équité, de justice de la tradition d'Israël[4] ;

1. Ici, le juge Barak s'en prend à une interprétation donnée à son article de 1992 « La révolution constitutionnelle… », art. cit. Il se défend d'y avoir proposé une vision extérieure du caractère juif, et soutient avoir indiqué qu'il fallait trouver une interprétation qui permette la conciliation des valeurs juives et des valeurs démocratiques. On perçoit l'extrême sensibilité du sujet.
2. Citation de la Déclaration d'indépendance.
3. Citation de la Déclaration d'indépendance.
4. Extrait de la loi sur les fondements du droit de 1980 (déjà citée).

> l'« État juif » est celui qui puise ses valeurs dans celles de la tradition religieuse, dont la Bible est le livre le plus fondamental et les Prophètes la base de sa morale ; l'« État juif » est cet État dans lequel le droit hébraïque joue un rôle important et où ce qui relève des mariages et des divorces des Juifs est réglé par le droit de la Thora ; l'« État juif » est cet État dans lequel les valeurs de la Thora d'Israël, celles de la tradition juive et de la Halakha juive représentent des valeurs fondamentales [1].

Magnifique texte, qui aurait sa place dans une anthologie de l'*ethos* israélien. Par-delà ce qui peut apparaître comme une correction de la première rédaction de 1992, le juge Barak propose une approche plus nuancée, prenant en compte les éléments les plus divers de cet *ethos*, encore que les éléments laïques, c'est-à-dire historiques et culturels, y soient prédominants.

La revue de la faculté de droit de l'université de Tel-Aviv *Ioune Mishpat* a publié les communications d'un symposium consacré en novembre 1994 à la question de l'État juif et démocratique [2]. Ce symposium nous paraît très représentatif des opinions existant en Israël, en raison de la diversité des participants.

Si divers qu'ils soient, quelques idées essentielles semblent pouvoir être dégagées des textes présentés.

Abordant le problème de la signification à l'inverse de l'approche laïque classique, les textes écrits par les deux auteurs religieux [3] (Ariel Rozen-Zvi et Itzhak Englard) insistent sur la nécessaire conciliation du point de vue religieux impliquée par la formule « juif et démocratique ». L'un et l'autre partent de l'idée – dont l'évidence est patente, mais dont il faut tirer les conclusions qui s'imposent – que le texte n'a pas entendu purement et simplement imposer la Halakha. En d'autres termes, du point de vue religieux, il convient de chercher la conciliation

---

1. Aharon Barak, *L'Interprétation constitutionnelle*, *op. cit.*, p. 331-332.

2. Vol. 19, n° 3, juillet 1995, p. 477-758. Cette revue a également fait l'objet d'une publication séparée sous forme de livre, *État juif et démocratique,* Tel-Aviv, Ramot, 1996, avec une nouvelle préface d'Ariel Rozen-Zvi.

3. Sur les neuf qui ont contribué à ce volume.

en suivant une démarche inverse de celle qui est généralement débattue : il ne s'agit pas de savoir quelles sont les limites à la notion de démocratie du fait du caractère juif, mais plutôt quelles sont les limites du caractère juif du fait de l'affirmation du caractère démocratique.

Les deux auteurs présentent des analyses très différentes ; cependant, tous deux insistent sur la distinction qu'il convient de faire, du point de vue religieux, entre l'approche orthodoxe pure et celle du sionisme religieux. Rozen-Zvi développe cette analyse en détail, en s'interrogeant sur les acceptions diverses du dualisme « juif et démocratique » qui se déploie selon lui autour d'un triangle, d'où proviendrait l'essentiel de la problématique : État juif, État sioniste (au sens national) et État démocratique. Exprimée simplement, cette manière de voir repose sur le fait que « juif » peut avoir une double signification, religieuse *et* nationale. C'est ainsi que l'on peut souligner clairement que la tension et la recherche de la conciliation qui en découle affectent trois séries de rapports : entre Juifs religieux et Juifs laïques (dans ce cas, la discussion porte sur l'extension de la loi religieuse et sur les intérêts particuliers du monde religieux) ; entre sionisme et religion (affectant l'interprétation de certaines lois et de certaines situations du point de vue sioniste, c'est-à-dire juif, non religieux) ; enfin entre Juifs et minorités non juives. Pour chacun des niveaux, l'auteur recherche les voies et moyens de la conciliation. Son analyse est particulièrement intéressante concernant le dualisme « laïque/religieux ». En fin de compte, Rozen-Zvi a recours à une approche très pragmatique. Il faut rappeler que, pour le juriste, la question de la conciliation se pose avant tout dans le cadre de l'interprétation judiciaire. A une école d'activisme judiciaire, Rozen-Zvi préfère une école plus modérée, qui évite les questions idéologiques. Sur le plan pratique, il recommande, de la part de la Cour suprême, une approche minimaliste, qui peut aboutir à des résultats favorables dans les affaires concernées sans mettre en cause les « grands principes ».

Des exemples particuliers d'une telle politique sont donnés en matière de statut personnel. La Cour suprême s'est engagée dans une jurisprudence qui aboutit à des résultats permettant de résoudre un véritable problème social et humain (enregistrement de mariages privés) mais s'est refusée à permettre la célébration de mariages purement civils (notamment le mariage dit de *common law* : lorsqu'il s'agit de tentatives de protestation contre le mariage religieux, de la part de personnes pour lesquelles il n'existe pas d'empêchement légal au mariage).

L'approche des auteurs laïques [1] est différente. Cependant, on peut constater une certaine convergence méthodologique, qui découle également de l'approche du juge Barak [2] : le problème du renvoi au caractère juif – à concilier avec le caractère démocratique – ne peut exclure entièrement toute référence à un contenu religieux. Cependant, il est certain que l'État halakhique est exclu autant que l'État totalement neutre du point de vue des normes. Les normes ont un contenu et s'analysent une à une. Pour chaque norme à contenu religieux la question est donc de savoir dans quelle mesure celle-ci peut coexister avec une conception des valeurs démocratiques.

Si l'on considère la question d'un point de vue pratique, c'est-à-dire du point de vue de la Cour suprême et dans la perspective d'une déclaration éventuelle d'inconstitutionnalité, on s'aperçoit que la marge d'intervention de la Cour est relativement réduite [3]. Seules les nouvelles lois peuvent réellement faire l'objet d'un examen. Il en allait de même pour la conciliation du caractère démocratique et du caractère juif dans son

1. Un seul auteur (le Pr A. Levontin) exprime une vision que l'on qualifierait volontiers de pessimiste, qui exclut toute possibilité de coexistence entre les deux termes.

2. Tout au moins dans sa deuxième analyse, qui date de 1994.

3. Nous avons notamment souligné (dans la deuxième partie) que l'ensemble de la législation adoptée avant 1992 ne pouvait être contrôlée par la Cour et bénéficiait donc d'une protection particulière.

acception purement nationale (ainsi de la protection octroyée à la loi du retour). Encore faut-il remarquer que la Cour peut être amenée à construire une théorie de la conciliation entre le caractère juif et le caractère démocratique dans l'appréciation de légalité des actes administratifs. Il suffit de penser à l'exemple de la fermeture des rues à la circulation durant le *Chabbat*. Celle-ci découle-t-elle du caractère juif ? Le caractère juif peut-il suffire à justifier la fermeture alors même que celle-ci est une violation du caractère démocratique, c'est-à-dire de la liberté individuelle des uns et des autres (liberté d'aller et venir, liberté de la circulation) ? La Cour est amenée à utiliser ici les canons d'interprétation qu'elle a développés : « balance des intérêts ». Du point de vue de la Cour, les intérêts « en balance » peuvent être non pas ceux de la religion, c'est-à-dire les valeurs religieuses, mais plus simplement ceux d'une partie importante du public (le public religieux).

On peut résumer cette approche de la manière suivante : du point de vue laïque (démocratique), il faut déterminer les implications précises du caractère juif de l'État. Du point de vue religieux, il est évident que l'État (démocratique) n'est pas un État halakhique. En d'autres termes, la conciliation entre les deux termes n'est possible que d'un point de vue pragmatique. Solution sans doute décevante lorsqu'on se place au niveau de discussion initial, celui des grands principes. Pour permettre la nécessaire coexistence, il n'est d'autre approche que pragmatique, faite également des batailles législatives ou des contestations judiciaires incessantes. C'est la raison pour laquelle la Cour suprême continue d'être au centre des affrontements. Souvent, ceux-ci sont susceptibles d'entraîner directement des modifications dans la vie quotidienne. Il suffit de rappeler l'exemple de la décision du tribunal municipal de Jérusalem, relaxant un propriétaire de salle de cinéma qui avait décidé de projeter des films le vendredi soir, en dépit de l'arrêté municipal interdisant ces projections. Il n'est pas exagéré d'avancer que la vie de la capitale en a été transformée. D'autres fois, la Cour sert d'arène politique symbolique dans un pays où les représentations et les symboles remplissent une fonction capitale. Ce sont ces représentations et ces symboles que nous nous proposons de présenter maintenant, dans le dernier chapitre.

12

Les représentations et la démocratie : les nouvelles directions

Le caractère volontariste du sionisme a souvent été mis en évidence [1], de même qu'après 1973 et la guerre de Kippour, puis après l'alternance de 1977, certains auteurs ont porté l'accent sur la fin des mythes fondateurs [2] de l'État sioniste, ainsi que sur la nécessité de « repenser Israël », selon l'expression d'Ilan Greilsammer [3]. Comme beaucoup d'autres, la société israélienne s'est construite autour de certains récits et mythes fondateurs, qui sont autant de symboles unificateurs. Cet ensemble aboutit à une identité imaginée qui fut longtemps hégémonique. Or la grande crise morale et intellectuelle que traverse le pays se traduit précisément par une profonde remise en cause des éléments constituant cette identité. Plusieurs écoles de pensée viennent contester de manière très directe les fondements classiques de l'identité israélienne. Nous avons choisi de présenter les deux directions principales de cette critique de base : la première se situe dans les milieux religieux,

1. Cf. Haroun Jamous, *Israël et ses Juifs. Essai sur les limites du volontarisme*, Paris, Maspero, 1982.

2. Cf., par exemple, Amnon Kapeliuk, *La Fin des mythes*, Paris, Albin Michel, 1975. On remarquera que ce livre fut écrit à la suite de la guerre de 1973, qui provoqua un choc très grave en Israël, mais aussi avant 1977, c'est-à-dire avant l'alternance. Celle-ci représente une deuxième étape dans cette « fin des mythes » qui est évidemment conditionnée par la première.

3. C'est le titre d'un numéro de la revue *Autrement*, série « Monde », hors série, n° 70, *Morale et Politique dans l'État juif*, septembre 1993, sous la direction d'Ilan Greilsammer.

alors que la seconde est issue d'une critique radicale de gauche et affleure dans l'école dite des « nouveaux historiens ».

1. La critique religieuse radicale

a) La critique orthodoxe (haredite)

Nous avons déjà insisté à plusieurs reprises sur la cassure qui semble s'être installée en Israël, entre le monde haredi et le monde laïque, tel qu'il est représenté par les travaillistes et le parti Meretz[1]. Cette cassure a des racines anciennes, puisqu'elle remonte aux origines mêmes du sionisme et de la cristallisation d'une opposition orthodoxe[2]. Dès la période mandataire, plusieurs ruptures internes intervinrent dans le monde orthodoxe, à propos de l'attitude à adopter face aux sionistes. Dans ce monde orthodoxe, on perçoit clairement un jeu subtil qui allie le respect des principes et un pragmatisme politique.

Quelques exemples sont de nature à éclairer cette question :

Si les membres d'Agoudat Israël ont souvent participé à des coalitions gouvernementales, que ce soit avec les travaillistes ou plus récemment avec le Likoud[3], ils ont cependant toujours

1. Rappelons que le Meretz est une fédération de trois petits partis de gauche, profondément laïques. Il est devenu l'ennemi public des partis religieux. Pour ceux-ci, il n'est de pire accusation envers un homme politique que d'être inféodé au Meretz. Ainsi, la critique la plus violente adressée par certains dirigeants orthodoxes à la Cour suprême a-t-elle consisté à affirmer que celle-ci était devenue une « section du Meretz ».

2. Ainsi, le parti Agoudat Israël a-t-il été fondé en 1912, précisément pour faire contrepoids aux premiers succès sionistes dans les milieux religieux d'Europe orientale et centrale.

3. C'est notamment le cas dans le gouvernement Netanyahou. L'apport des 4 députés du groupe Judaïsme de la Thora (qui regroupe Agoudat Israël et Deguel Hathora) est fondamental pour la stabilité de ce gouvernement dont la majorité théorique est de 67 sièges. S'il devait se passer de ces 4 sièges, il serait à la merci de la moindre défection.

refusé d'accepter les portefeuilles ministériels auxquels leur poids dans la coalition leur donnait droit. Ils se « contentent » de postes de vice-ministres (ou de présidents de commissions à la Knesset). Ces décisions et ces attitudes sont imposées par les « Sages de la Thora », un groupe d'une dizaine de rabbins qui dirigent spirituellement et politiquement le monde haredi [1].

Ainsi, dans le gouvernement de M. Netanyahou, l'un des représentants d'Agoudat Israël, Meïr Porush, occupe-t-il le poste de vice-ministre de la Construction. Le poste de ministre n'a pas été attribué [2] et le vice-ministre a obtenu une délégation de pouvoirs très étendue. Cette technique curieuse évite au représentant de ce parti d'apparaître comme trop lié au pouvoir et à ses symboles. On comprend le choix du ministère de la Construction dans la mesure où le logement est l'un des problèmes les plus importants pour les *haredim*. On comprend également que parmi les commissions dont les *haredim* ont demandé la présidence figure celle des finances, l'une des plus importantes de la Knesset. Cette commission a certains pouvoirs statutaires en matière d'approbation de budget et de dépenses, de transfert budgétaire de ligne à ligne ou de subventions [3].

On doit souligner que ces attitudes sont avant tout celles de l'orthodoxie ashkénaze. L'orthodoxie sépharade, telle qu'elle se manifeste à travers le parti Shas, est certainement moins dogmatique. Le parti a toujours envoyé des représentants dans les gouvernements qu'il soutenait pour prendre en charge des portefeuilles aussi stratégiques que l'Intérieur ou les Affaires

1. Avant chaque décision importante ou avant chaque vote crucial, les Sages de la Thora sont appelés à formuler leurs instructions.

2. Constitutionnellement, le ministre de la Construction en titre est le Premier ministre lui-même (dans la mesure où tout portefeuille non attribué est détenu par le Premier ministre).

3. Le parti Judaïsme de la Thora a obtenu la présidence de la commission des finances de la 14e Knesset (il avait déjà occupé ce poste sous la 11e et la 12e Knesset).

sociales. Les décisions importantes sont du ressort du leader spirituel de ce parti, Ovadia Yosef, ancien grand rabbin sépharade d'Israël.

Le judaïsme haredi et Agoudat Israël refusent de s'associer à certains symboles de l'État. Ainsi, contrairement à une tradition politique, le parti Agoudat Israël s'abstient-il d'inviter le président de l'État à l'ouverture de ses congrès [1].

Cette distance à l'égard des symboles va plus loin encore et touche souvent à des questions délicates et sensibles. Le drapeau de l'État n'est jamais hissé sur les bâtiments publics dans les milieux d'Agoudat Israël. Au mois de septembre 1996, le vice-maire de Jérusalem, représentant de ce parti, fit scandale en reprenant une formule du Pr Leibowitz qui avait défini le drapeau (d'Israël) comme n'étant pas autre chose qu'un chiffon cloué sur un morceau de bois [2].

Plus curieux encore est le non-respect par les *haredim* de symboles qui peuvent paraître les moins contestés en Israël, à savoir les journées du Souvenir et le jour de l'Indépendance.

Ces trois journées se situent au printemps, en avril-mai [3]. La première est la journée du Souvenir de la *Shoah* [4], suivie, sept jours plus tard, de la journée du Souvenir des soldats d'Israël morts dans les différentes guerres [5]. Cette dernière journée s'achève par le passage à la journée de l'Indépendance, comme si les événements commémorés par les deux journées du

1. Par contre, le Premier ministre est régulièrement invité.
2. Menacé de révocation par le maire de Jérusalem (Likoud), il dut s'excuser.
3. Les dates exactes étant liées au calendrier hébraïque (un calendrier lunaire à correction solaire), elles varient, par rapport au calendrier grégorien, dans une limite qui ne peut dépasser vingt-huit jours. Ainsi, en 1996 (5756 selon le calendrier hébraïque), la journée du Souvenir de la *Shoah* fut-elle célébrée le 16 avril. La journée du Souvenir des soldats fut célébrée le 23 avril et la journée de l'Indépendance, le 24 avril.
4. Appelée officiellement « journée de la *Shoah* et de l'héroïsme ».
5. Au total, 19 000 soldats sont morts depuis la création de l'État, dont 6 000 durant la guerre d'indépendance (ce qui représentait 1 % de la population juive de l'époque) et 2 800 durant la guerre de Kippour.

Souvenir n'étaient que la préparation historique de l'indépendance recouvrée d'Israël.

Durant les journées du Souvenir, une sirène retentit à travers le pays[1] : l'usage est de cesser toute activité durant ces quelques minutes. Les passants s'immobilisent dans la rue, les automobilistes s'arrêtent et descendent de voiture. Or, en milieu haredi, cette coutume n'est pas respectée, ce qui provoque parfois de graves incidents, dans la mesure où cette attitude paraît choquante et relève pour certains de la provocation[2]. La raison invoquée par les *haredim* est simple : cette manière de commémorer des événements serait étrangère à l'esprit du judaïsme et ne constituerait qu'une imitation des « autres peuples ». Une commémoration juive devrait comprendre la prière et l'étude.

En réalité, il apparaît qu'au-delà de la portée des arguments d'ordre religieux, ces comportements marquent une profonde ambiguïté quant aux deux événements considérés. Le judaïsme orthodoxe n'a pas été en mesure de fournir une réponse théologique à la catastrophe qui s'est abattue sur le judaïsme européen à partir de 1933. Les diverses attitudes sont confuses et embarrassées. La même confusion et le même embarras règnent à l'égard de la signification des différentes guerres de l'État d'Israël.

Les éléments que nous venons de décrire constituent en quelque sorte des données permanentes, qui résultent de l'attitude théologique du monde orthodoxe envers l'État d'Israël. Cependant, l'expression politique de ce rejet total des mythes principaux de l'État et de la société par le monde haredi peut être datée et ramenée au grand discours du rabbin Eliezer Schach, le 26 mars 1990, que nous nous proposons de présenter maintenant.

---

1. Une sirène le jour de la *Shoah* et deux sirènes durant la journée du Souvenir des soldats.

2. Une attitude semblable est relevée en milieu arabe, mais elle provoque moins de réactions.

Rappelons les circonstances dans lesquelles cet important discours a été prononcé. Après que le gouvernement de M. Shamir eut été renversé, le 15 mars 1990, à la suite d'une manœuvre malheureuse de Shimon Peres [1], ce dernier avait été chargé de former un gouvernement. Il apparut très vite que M. Peres ne pourrait obtenir la majorité absolue qu'avec le concours des partis orthodoxes. On assista durant quelques semaines à des tentatives de débauchage de députés de droite ou religieux, qui contribuèrent au discrédit du régime parlementaire dans sa forme ancienne. C'est dans ce contexte que le rabbin Schach, l'un des plus importants leaders de l'orthodoxie haredite, prononça un discours devant un auditoire de plus de 10 000 personnes, réunies dans une salle de sport à Tel-Aviv. Le rabbin Schach, dont l'âge exact n'est pas connu (on pense qu'il est centenaire), dirige l'une des plus grandes *yechivot* du pays, à Bne-Brak, près de Tel-Aviv. Sa renommée lui vient surtout de sa très grande science. Le texte peut être considéré comme un véritable morceau d'anthologie, c'est la raison pour laquelle nous avons jugé utile d'en donner ici de larges extraits [2] :

> […] Nous vivons une période terrible. […] mais nous, le peuple d'Israël, nous sommes comme un agneau parmi soixante-dix loups. C'est pourquoi il y a une chose qui doit renforcer chaque Juif, où qu'il se trouve, et qui est plus forte que n'importe quelle arme. Cette chose est plus forte que les États les plus puissants. Le Juif qui veille sur son judaïsme est mille fois plus fort que les autres. Nous sommes passés d'un exil à l'autre, nous avons subi

1. Celui-ci, qui avec son parti était membre de la coalition au pouvoir, avait pensé être en mesure de remplacer M. Shamir à la tête du gouvernement en formant une équipe qui serait davantage disposée à une ouverture avec les Palestiniens et le monde arabe.

2. Ce discours ne fut prononcé que partiellement en hébreu, la langue habituelle du monde haredi étant le yiddish. Sur la pensée haredite concernant l'État d'Israël, on peut lire l'article très riche de Menahem Friedmann, « L'État d'Israël comme dilemme théologique », *Pardès*, n° 11, 1990, p. 15.

des mesures très dures et des conversions forcées ; il y a plus de mille ans, de grands peuples ont essayé de nous détruire ; nous sommes toujours là, les mains nues, sans armes. Quel est donc le secret de notre survie ; quelle est l'explication de ce miracle ? Il n'est pas possible de détruire le Juif. On le tue et ses fils continuent d'être fidèles à la Thora. Aussi longtemps que le Juif n'est pas détaché de la tradition de ses pères, qu'il reste lié aux *Tannaïm* et à tous les *Tssadikim*[1], à Abraham, Isaac et Jacob, il vit ; le monde entier disparaît, le Juif vit toujours, aussi longtemps qu'il maintient la tradition de ses pères et ne cherche pas des philosophies et des idéologies étrangères.

Qu'est-ce qui caractérise le Juif qui apprend des philosophies et des langues étrangères ? Ce qu'il apprend, tout non-Juif le sait. Mais s'il ne connaît pas la signification des mots qui figurent dans les livres de prières, quel est son lien avec ses pères ? Celui qui n'a plus de lien peut être perdu, à Dieu ne plaise. Un peuple qui n'a plus de lien avec ses ancêtres est par avance destiné à disparaître, il ne vivra pas.

On rencontre un élève dans une école qui rapporte que le maître lui a interprété le verset « Souviens-toi du *Chabbat* pour le sanctifier » comme s'il s'agissait d'une chose qui appartient à l'Histoire et qui ne nous concerne pas, qu'à Dieu ne plaise ! Il y a des *kibboutzim* qui ne savent pas ce qu'est *Yom Kippour*, le *Chabbat* ou le *Mikveh*[2]. Ils ne savent rien de tout cela. Ils élèvent des lapins et des porcs, et ils auraient encore un lien avec leurs ancêtres ? Quel peut être l'avenir de cette génération qui a vu ses pères manger à *Yom Kippour* ?

Deux membres d'un *kibboutz* qui se sont rapprochés du judaïsme sont venus me voir et m'ont raconté que jusqu'à très récemment ils ignoraient le *Chema Israël*[3] et craignaient d'entrer dans une synagogue : est-ce cela, le peuple juif ? C'est eux qu'il faut soutenir, ce sont leurs dettes qu'il faut payer, par les impôts ? Ils se battront en cas de guerre contre des peuples plus forts ?

---

1. *Tannaïm* : génération de rabbins qui rédigèrent le Talmud ; *Tssadikim* : les Justes d'Israël.

2. *Mikveh* : bain rituel pour la purification menstruelle des femmes. Les lois de la pureté sont considérées comme essentielles par les milieux religieux.

3. Rappel du verset : « Écoute Israël, l'Éternel est notre Dieu, l'Éternel est Un », Deutéronome 6,4, qui constitue l'article de foi fondamental du judaïsme. Il est répété plusieurs fois chaque jour.

> La Thora rapporte que le peuple d'Israël est devenu un peuple avant son entrée en *Eretz Israël* en concluant une alliance avec la Thora. On peut prendre une terre par la guerre, mais le peuple continue d'exister. [...] A la conférence de San Remo[1], il a fallu renoncer à tout *Eretz Israël*, y compris la Transjordanie. Que nous reste-t-il de tout cela ? Quelques petites villes[2].
> [...] La chose qui me réjouit le plus est de voir ce public qui veut entendre les paroles de Dieu, sans que la politique y soit mêlée. Les autres se tournent vers le *Maarakh.*[3] [...] Que pensent-ils pouvoir obtenir du *Maarakh* ? Le *Maarakh* représente-t-il quelque chose de saint ? Ne se sont-ils pas coupés de notre passé et ne cherchent-ils pas à établir une nouvelle Thora ? Si le *Chabbat* et *Yom Kippour* ne sont plus respectés, en quoi peut-on encore être considéré comme Juif ?
> [...] Il nous faut rompre avec tous les partis qui n'ont plus de lien avec le judaïsme. L'un est un peu meilleur, l'autre un peu moins bon, mais dans l'ensemble ils se ressemblent tous. Ils se sont coupés de nos pères et celui qui n'a plus de passé, en quoi est-il différent [des autres] ? Les autres peuples sont certainement plus forts que nous...

On doit faire abstraction de la rhétorique particulière des *haredim*. Ce discours a bien d'autres significations qu'il faut souligner.

Sur le plan pratique, le résultat fut clair : en refusant d'entrer dans la coalition que M. Peres tentait de mettre sur pied, le rabbin Schach provoqua l'échec des travaillistes : en fin de compte, M. Shamir fut chargé de former un nouveau gouvernement. Il réussit à gouverner d'avril 1990 à juin 1992.

Cet échec prit un moment des formes rocambolesques. Une partie des députés orthodoxes (représentant une autre branche)

---

1. Conférence des grandes puissances en 1920, au cours de laquelle il fut décidé d'attribuer le mandat sur la Palestine à la Grande-Bretagne, en y incluant la déclaration Balfour.

2. Dans la rhétorique judéo-israélienne, ce passage affirme une prise de position antisioniste et « colombe ». L'important n'est pas le territoire, mais l'âme juive du peuple.

3. *Maarakh :* « front ». Désigne le Parti travailliste et certains de ses alliés, vers lesquels se tournent quelques groupes orthodoxes.

avait signé un accord de coalition avec M. Peres, mais se dédit au dernier moment. Un député disparut pendant quelques heures, de manière à échapper aux pressions politiques des uns et des autres. Un autre député orthodoxe préféra présenter sa démission de la Knesset pour n'avoir pas à voter la confiance à M. Peres[1].

Ce discours peut être interprété comme une véritable rupture entre les travaillistes et le monde orthodoxe (ashkénaze). Cette rupture est restée en l'état depuis cette date : on a vu dans quelle mesure le monde orthodoxe (de tous bords) a contribué à l'élection de M. Netanyahou.

Au-delà de cette rupture, on notera le passage concernant les *kibboutzim*. Celui-ci nous paraît extrêmement important. A la critique sévère du *kibboutz*, qui débouche sur un refus de coopération avec le Parti travailliste, s'ajoute une deuxième critique, plus forte encore. En effet, le *kibboutz* représente certainement la tentative la plus intéressante de l'entreprise sioniste[2]. C'est même la seule contribution réellement originale du sionisme. Au-delà du socialisme, le *kibboutz* a progressivement développé une certaine philosophie de l'éducation, de mise en commun des moyens de production et même de commercialisation. La critique du rabbin Schach doit être comprise dans le contexte, généralement admis aujourd'hui, de la remise en cause, voire de l'échec du modèle kibboutzique.

L'échec du *kibboutz* peut se mesurer selon plusieurs paramètres :

– La transformation du système éducatif : il n'existe pratiquement plus de *kibboutzim* dans lesquels les enfants dorment hors de l'appartement familial (ce qui était le cas presque par-

1. Le vote n'eut pas lieu : le député put reprendre sa lettre de démission (rappelons qu'aux termes de la loi fondamentale un député dispose de quarante-huit heures pour reprendre sa lettre).

2. On peut faire abstraction des *kibboutzim* religieux (qui ne sont qu'une vingtaine sur plus de deux cents au total, y compris un *kibboutz* haredi). Fondamentalement, le *kibboutz* reste une entreprise laïque.

tout)[1]. De plus, les études préparent au baccalauréat, ce qui était exclu autrefois.

– L'adoption d'un système de salaire et de paiement des services tels que la nourriture : il s'agit là d'une véritable révolution dans l'ordre kibboutzique.

– Le travail salarié (appel à une main-d'œuvre extérieure rémunérée).

– L'échec financier du *kibboutz* : la plupart des *kibboutzim* traversent une très grave crise, due au surendettement. Le mouvement kibboutzique a négocié un moratoire, puis une réduction de la dette qui comprend, entre autres, l'obligation de vendre des terres.

Pour le rabbin Schach, cet échec, qui n'est pas explicitement abordé dans son discours, doit être mis en relation avec la déjudaïsation du *kibboutz* et d'une grande partie de la société israélienne, accusée d'avoir voulu établir une nouvelle Thora (Loi). Celle-ci ne pouvait aboutir car elle n'avait rien de particulier au judaïsme.

Les *kibboutzim* réagirent d'ailleurs vivement à ce discours, qui les rejetait hors de l'histoire et proclamait leur échec.

Le rabbin Schach exprime ici un véritable contre-modèle orthodoxe face à la tentative du *kibboutz*. C'est la raison pour laquelle l'attitude à l'égard du socialisme et du *kibboutz* est aussi radicale. De l'autre côté, le Likoud et les révisionnistes ne sont certainement pas à considérer comme religieux, à tout le moins cette école de pensée n'a-t-elle pas tenté la mise sur pied d'un nouveau modèle de vie juive en *Eretz Israël*. C'est la raison pour laquelle la collaboration des *haredim* est plus aisée avec eux.

Certes, la radicalisation orthodoxe peut aussi s'interpréter différemment, notamment à la mesure du retour à un fondamentalisme à l'échelle mondiale qui dépasse le seul cadre juif.

1. On trouve une intéressante analyse de cette question, sous la forme d'un roman policier, *in* Batya Gour, *Meurtre au kibboutz*, Paris, Fayard, 1995.

Cependant, elle trouve une application particulière dans le contexte israélien, car elle se cristallise peu après la mise en place de la renaissance étatique.

Il faut souligner que la radicalisation que l'on vient d'examiner ne touche qu'une fraction relativement faible de la population israélienne [1] et qu'elle constitue une minorité dans la population religieuse. Nous pouvons compléter le tableau présenté ici par quelques indications concernant l'idéologie religieuse-sioniste, dans sa formulation la plus radicale, que l'on peut qualifier de messianisante.

b) La critique religieuse (nationale) messianisante

L'analyse de cette forme de nationalisme religieux a été faite par plusieurs auteurs [2]. Nous nous contenterons de résumer certains points qui nous paraissent importants, en les opposant aux autres courants (*haredim* d'une part, laïcs d'autre part).

Par rapport à l'idéologie haredite, il est relativement aisé de mettre l'accent sur la différence théologique principale : on a vu que pour les *haredim* l'accent ne devait pas être mis sur la Terre d'Israël, mais sur la Thora. Exprimé de manière imagée, on peut dire que pour les *haredim* l'exil continue, alors même que certains vivent en *Eretz Israël*. Pour l'école sioniste religieuse, telle qu'elle se manifeste dans la pensée de Rav Cook, le retour à Sion est à considérer comme la première étape de la délivrance messianique. Dans ses écrits, Rav Cook, qui fut le premier grand rabbin ashkénaze de la Palestine mandataire [3],

---

1. Nous avons traité des aspects démographiques dans la première partie.

2. On trouvera des indications intéressantes dans l'article d'Alain Dieckhoff, « Le *Gouch Emounim* », *Pardès*, n° 11, 1990, p. 84, malheureusement déjà daté. Dans l'ouvrage du même auteur, *L'Invention d'une nation*, *op. cit.*, on trouvera également de nombreux éléments. Sur la pensée de Rav Cook (1865-1935), qui est le père spirituel de ce courant, on peut se reporter à Shlomo Avineri, *Histoire de la pensée sioniste*, *op. cit.*, p. 253.

3. Le titre ne fut créé qu'en 1920.

considère l'ensemble des événements que le monde juif vient de connaître comme annonçant l'ère messianique – notamment la déclaration Balfour[1], qui reconnaît le lien du peuple juif avec la Terre d'Israël. Peu avant sa mort, en 1935, il constata les progrès du nazisme, qui pouvaient également s'inscrire dans cette vision des convulsions de l'ère messianique.

Son fils[2] reprit le flambeau et développa cette approche, qui culmine dans plusieurs séries d'événements que l'on peut interpréter comme s'inscrivant dans une suite significative : la *Shoah,* la création de l'État d'Israël, la guerre dite des Six Jours et la guerre de Kippour. Dans cet ensemble, la colonisation juive des territoires « libérés » est une étape nécessaire, qui annonce la délivrance finale. La déviation messianique est claire, d'autant qu'elle s'accompagne de la volonté d'agir dans le cadre de ce grand dessein, dont il faut hâter le cours.

Du point de vue de l'orthodoxie, il y a dans ces éléments les germes d'un faux messianisme. « Hâter la fin » (*dehikat hakets*) est d'ailleurs une expression à forte connotation négative. Les accusations portées contre ces courants ne sont pas toujours clairement exprimées, mais elles sont constantes et peuvent aller jusqu'au reproche de pratiquer une nouvelle idolâtrie, celle de la terre.

La critique de ces groupes à l'endroit des laïcs est variée et profonde. Elle remet en cause tous les éléments de la démocratie classique : celle-ci n'est pas un but, mais un simple instrument, dans le cadre d'un grand dessein. C'est la raison pour laquelle certains de ces groupes sont extrêmement dangereux. L'assassinat d'Itzhak Rabin s'inscrit dans ce cadre, où l'on trouve un mélange de Halakha et de considérations politiques machiavéliques.

---

1. 2 novembre 1917.
2. Le rabbin Zvi Yehouda Cook, mort en 1982, avait dirigé une grande *yechiva* à Jérusalem (Merkaz Harav), où furent formés tous les leaders nationaux-religieux et les cadres actifs qui sont aujourd'hui les dirigeants des colons.

C'est ainsi que l'une des questions les plus débattues dans ces milieux fut celle de savoir s'il fallait considérer le Premier ministre comme *rodef* (tyran) ou *mosser* (traître qui livre à l'étranger). Une réponse positive entraîne l'application de la peine de mort. D'innombrables dissertations furent produites à ce sujet, rappelant les grands débats médiévaux sur le tyrannicide, mais rappelant également certains des arguments utilisés à la fin de la guerre d'Algérie par les groupes extrémistes. L'ensemble de l'argumentaire sur ce type de situation a été invoqué : limites du pouvoir légitime, droit à l'insurrection, droit sacré sur la terre, non-reconnaissance de l'étranger (les Arabes), etc. La démocratie n'est alors qu'un simple instrument qui peut être utilisé à volonté dans le cadre de l'entreprise messianique.

La critique portée sur les milieux laïques comprend en annexe une critique sociale et politique. La colonisation est présentée comme une œuvre pionnière qui rappelle celle des colons de l'époque héroïque du début du siècle. A la pureté du retour dans certains lieux sacrés (Hébron, Shiloh), on oppose la vie dépravée des grandes cités « déjudaïsées » comme Tel-Aviv, véritable Babel de perdition du XXe siècle.

On perçoit bien la double tentative de délégitimation du centre laïque qui émane ainsi des milieux religieux, les uns ultra-orthodoxes, les autres messianisants. On se doit cependant de remarquer qu'il existe de larges secteurs religieux qui n'appartiennent à aucun de ces deux groupes radicaux et ont développé une approche très pragmatique.

Il reste à examiner le dernier secteur de remise en cause radicale qui émane d'un milieu différent, voire opposé : une critique de gauche qui s'est cristallisée dans le groupe dit des « nouveaux historiens », ainsi qu'à travers une nouvelle école sociologique.

2. Les « nouveaux historiens » et la critique sociologique[1]

a) Les débats des historiens

Il faut replacer l'apparition de ce courant dans l'ensemble de la problématique de l'historiographie israélienne. Celle-ci a toujours été très marquée sur le plan idéologique.

Une première constatation méthodologique fondamentale s'impose : en tant que discipline scientifique, l'histoire telle qu'elle est conçue en Israël repose sur une approche bien particulière, à savoir la distinction entre l'histoire dite générale et l'histoire du peuple juif[2]. Cette distinction a un caractère axiomatique, elle est évidemment nettement teintée d'idéologie ou, à tout le moins, d'une certaine conception de l'historiographie juive[3].

Que l'enseignement de l'histoire, plus particulièrement de l'histoire du peuple juif, porte, en Israël, la marque de l'idéologie ne doit pas étonner. Une première étude d'ensemble du phénomène de l'idéologisation des manuels scolaires a été

---

1. Pour l'étude en français des « nouveaux historiens », on dispose du très bon recueil édité par Florence Heymann sous le titre *Les Nouveaux Enjeux de l'historiographie israélienne*, lettre d'information du Centre de recherche français de Jérusalem, n° 12, décembre 1995, qui comprend un échantillon d'articles représentatifs de cette nouvelle école, ainsi que quelques critiques.

2. Cf. notamment l'article d'Arielle Rein, « La genèse du partage entre sciences humaines et études juives à l'université hébraïque de Jérusalem. Le cas de l'histoire », *ibid.*, p. 23.

3. Cf. à ce sujet les essais rassemblées *in* Ada Rapoport-Albert (éd.), *Essays in Jewish Historiography*, série « History and Theory. Studies in the Philosophy of History (*in memoriam* Arnaldo Dante Momigliano) », Beiheft 27, Wesleyan University, 1988. On remarquera plus particulièrement l'article de Michel A. Meyer, « The Emergence of Modern Jewish Historiography. Motives and Motifs », et l'article de Robert Bonfil, « How Golden was the Age of the Renaissance in Jewish Historiography ? ».

faite dans une thèse soutenue en 1980[1]. Pour son auteur, l'idéologie sioniste ainsi véhiculée se ramène aux valeurs suivantes :

– la reconnaissance du peuple juif comme nation ;

– la reconnaissance d'une culture nationale ;

– la reconnaissance de la nécessité d'*Eretz Israël* comme territoire.

Selon cette étude, les idéologues d'une histoire sioniste du peuple juif ont ainsi été amenés à formuler une « loi », appelée « loi du salut » ou de la « libération » (*Hok Hagueoulah*), selon laquelle toute l'histoire juive peut s'expliquer par un déterminisme, par une tension conduisant à la réalisation sioniste[2]. Par ailleurs, la même étude conclut à une certaine réduction de la pression idéologique, notamment après 1967[3]. Il reste qu'on trouve là une amorce de ce que Bernard Lewis appelle une « histoire inventée[4] », dont le but est de réécrire le passé selon des schèmes préétablis.

L'idéologisation de l'enseignement de l'histoire est encore plus marquée dans le secteur de l'enseignement public religieux, qui s'est beaucoup radicalisé au cours des dernières années, sous l'influence des *haredim*. Ainsi, les enseignants chargés de l'histoire dans les écoles publiques religieuses ont reçu les instructions suivantes, pour les guider dans leur tâche :

> L'enseignement de cette matière dans les écoles religieuses publiques soulignera l'historiographie qui sous-tend la branche, laquelle est établie sous le contrôle du « maître de l'histoire » (*saar hahistoria*), qui garantit la continuité de l'existence du peuple d'Israël, en témoignage de la garde bienveillante de Dieu sur son peuple.

---

1. Ruth Firer, *L'Influence des valeurs sionistes dans les livres d'histoire du peuple juif, écrits en hébreu et utilisés en Israël entre 1900 et 1980*, thèse présentée à l'université hébraïque de Jérusalem, 1980, non publiée.

2. Cf. *ibid.*, chap. 9, p. 296 *sq.*

3. Depuis la publication de cette thèse, la « pression » idéologique s'est encore beaucoup réduite.

4. Bernard Lewis, *History Remembered, Recovered, Invented*, Princeton University Press, 1975.

> Il faut créer le sentiment suivant lequel la foi dans la délivrance messianique d'Israël et de l'humanité tout entière peut servir de clé pour la compréhension du passé et du présent [1].

On doit évidemment tenir compte, par ailleurs, de la grande importance des cérémonies du Souvenir dans l'ensemble des écoles publiques (qu'elles soient religieuses ou laïques), en particulier celle de la *Shoah* [2].

Ces remarques sur l'enseignement de l'histoire dans les écoles ne concernent en aucune manière la recherche historique dans les universités. Celle-ci est extrêmement diversifiée. Plusieurs courants contestent cette histoire qui se voudrait officielle, en particulier pour tout ce qui touche à l'histoire de la naissance de l'État d'Israël.

On ne traitera pas ici de la remise en cause, évidente, de l'historiographie sioniste par les Palestiniens. De même, on peut se contenter d'un simple rappel de l'historiographie de droite, qui cherche à valoriser l'importance des mouvements comme Etzel et Lehi dans le succès de l'entreprise sioniste [3]. Plus tard, sont apparues d'autres recherches visant à souligner le rôle du judaïsme oriental dans la création de l'État [4]. La vision féministe a elle aussi été vigoureusement énoncée [5]. Pour ces auteurs la critique était la même : certains secteurs auraient été exclus de la narration sioniste officielle et leurs parts respectives dans l'*ethos* national ignorées.

Peu à peu une critique fondamentale se développa, mettant en cause l'interprétation des débuts du sionisme politique. Ainsi les travaux de Baruch Kimmerling [6] et Guerchon

---

1. *L'Histoire dans les classes supérieures (de l'enseignement public religieux)*, p. 3.
2. Sauf en milieu haredi, ainsi que nous l'avons signalé.
3. Par exemple, Yossef Nedava et David Niv.
4. Par exemple, Sammy Smooha dans son ouvrage, *Pluralism and Conflict*, Berkeley University Press, 1978, et Shlomo Swirski.
5. Dvorah Bornstein et Barbara Swirski.
6. *Zionism and History. The Socio-Territorial Dimension of Zionist Politics*, Berkeley University Press, 1983.

Shafir[1], qui ont proposé une interprétation coloniale du sionisme et de son développement. Un effort particulier, de la part de ces auteurs, consiste à écrire l'histoire en s'abstenant d'avoir recours à une terminologie connotée comme *Aliah, Tkoumah* (« Renaissance »), *Geuolat Hakarkaot* (« Libération des terres »)[2].

Une nouvelle génération apparut à partir de la fin des années soixante-dix[3], autour de la critique historique de la version officielle de la guerre d'Indépendance, que la nouvelle école préfère appeler la « guerre de 1948 ». Parmi ces « nouveaux historiens », on trouve Benny Morris[4], Ilan Pappe[5] et Tom Seguev[6].

Les arguments les plus importants avancés par cette nouvelle école sont les suivants :

– la population juive de Palestine n'était nullement menacée de destruction en 1948 ;

---

1. *Land, Labor and the Origin of the Israeli-Palestinian Conflict, 1882-1914*, Cambridge University Press, 1983.

2. Ces diverses expressions sont très connotées en hébreu et font partie du vocabulaire sioniste élémentaire.

3. Ces recherches sont liées à l'ouverture de certaines archives nationales.

4. *The Birth of the Palestinian Refugee Problem, 1947-1949*, Cambrige University Press, 1987, et plus tard *1948 and After. Israel and the Palestinians*, Clarendon, Oxford University Press, 1990, que nous avons étudié dans l'édition revue de 1994. Dans ce dernier ouvrage, on lira surtout le premier chapitre, « The New Historiography. Israel and its Past », p. 1-48. Du même auteur, une importante étude sur la politique des représailles menée au début des années cinquante par Ben Gourion, sous le titre *Israel's Borders Wars, 1949-1956. Arab Infiltration, Israeli Retaliation and the Countdown to the Suez War*, Oxford University Press, 1993.

5. *The Making of the Arab-Israeli Conflict, 1947-1949*, Londres et New York, Tauris, 1992. Cf. également son article *in* Florence Heymann (éd.), *Les Nouveaux Enjeux de l'historiographie israélienne, op. cit.*, sous le titre « La nouvelle histoire de la guerre de 1948 », p. 87.

6. Outre son importante activité journalistique, Tom Seguev a publié deux ouvrages importants : *1949, les premiers Israéliens* (en hébreu), Jérusalem, Domino, 1984, trad. anglaise : *1949, the First Israelis,* New York, Free Press, et son ouvrage traduit en français : *Le Septième Million. Les Israéliens et le génocide*, Paris, Liana Lévi, 1993. Cf. également son article *in* Florence Heymann (éd.), *Les Nouveaux Enjeux de l'historiographie israélienne, op. cit.*, sous le titre « Les nouveaux historiens. Pourquoi sont-ils si agaçants ? », p. 119.

– la plus grande partie des victimes furent des civils au cours de la période dite de « guerre civile » (entre novembre 1947[1] et mai 1948) ;

– un accord secret entre l'Agence juive et le royaume de Transjordanie aurait neutralisé la Légion arabe, la mieux équipée et la mieux entraînée des armées arabes[2] ;

– la coalition du monde entier contre Israël est un mythe[3] : malgré la guerre froide qui débutait, les Israéliens étaient soutenus par l'URSS et par les États-Unis ; à la suite de la *Shoah*, un courant favorable existait dans le monde ;

– le départ de la puissance mandataire est imputable à des raisons économiques et stratégiques et non à l'action des organisations clandestines.

D'autres arguments avancés sont relatifs à quelques-uns des massacres perpétrés par des troupes juives durant cette période, ainsi qu'à certaines occasions de paix manquées.

Les polémiques autour de cette « nouvelle histoire » sont parmi les plus vigoureuses que le monde universitaire israélien ait connues. Les quelques colloques organisés sur ces thèmes ont provoqué des débats houleux et des séries d'articles dans la presse. Les « nouveaux historiens » font eux-mêmes l'objet de critiques très graves[4], touchant parfois à l'idéologie et souvent à la méthode.

On voit bien que le débat sur la « nouvelle histoire » touche

1. C'est-à-dire à partir du vote de la recommandation de l'Assemblée générale de l'ONU, le 29 novembre 1947, préconisant le partage de la Palestine en deux États.

2. Ce thème de la collusion a fait l'objet d'une étude monumentale d'Avi Schlaim, *Collusion across the Jordan. King Abdullah, the Zionist Movement and the Partition of Palestine*, New York, Columbia Press, 1988.

3. « *Haolam Koulo Negdenou* » : cette expression est l'un des éléments les plus courants du *credo* sioniste originel. Depuis longtemps, elle a été tournée en dérision.

4. Un exemple : Anita Shapira, « Politique et mémoire collective. Le débat sur les "nouveaux historiens" en Israël », *in* Florence Heymann (éd.), *Les Nouveaux Enjeux de l'historiographie israélienne*, *op. cit.*, p. 129.

à des éléments très profonds de la conscience nationale israélienne. Au-delà de cette école, on perçoit de nombreux courants critiques, dont certains débordent largement les problèmes historiques.

Le premier débat est celui des mythes véhiculés et transmis depuis le début du sionisme politique, en particulier au cours des premières années de l'État. Le plus important paraît être le débat autour du mythe de Massada[1].

La forteresse spectaculaire de Massada, construite au Ier siècle avant l'ère chrétienne, se trouve dans le désert de Judée, non loin de la mer Morte. Elle est construite sur un plateau rocheux qui surplombe l'ensemble de la région, lieu idéal de refuge et d'isolement. Après la conquête de Jérusalem et la destruction du Temple par Titus (en 70), un millier de personnes s'y réfugièrent et résistèrent pendant trois ans aux attaques des légions romaines. Menacés d'être submergés, les 960 survivants décidèrent de se suicider, après un discours « motivant » de leur chef, Eleazar Ben Yair[2].

Le mythe de Massada est l'un des plus ancrés dans la mémoire collective israélienne. En particulier, après les fouilles menées dans les années soixante, il ne s'agit plus seulement d'une épopée véhiculée par un poème récent[3], mais d'un lieu réel, reconstitué et souvent visité. Nombreuses sont les céré-

---

1. Plusieurs ouvrages viennent d'être consacrés à cette question. Le premier, qui traite exclusivement de Massada, est dû au sociologue Nachman Ben Yehuda, *The Masada Myth. Collective Memory and Myth Making in Israel*, The University of Wisconsin Press, 1995. Le deuxième, qui traite également d'autres mythes, est dû à Yael Zerubavel, *Recovered Roots, Collective Memory and the Making of Israeli National Tradition*, The University of Chicago Press, 1995. De Nachman Ben Yehuda, on peut lire avec profit l'ouvrage *Political Assassination by Jews. A Rhetorical Device for Justice*, State University of New York Press, 1993, dont on notera qu'il parut deux ans avant l'assassinat d'Itzhak Rabin. Cf. également Mireille Hadas-Lebel, *Massada, histoire et symbole*, Paris, Albin Michel, 1995.

2. Il va de soi que ce discours est purement hypothétique ; il est rapporté par Flavius Josèphe dans *La Guerre des Juifs*, livre VII.

3. Composé par Ithzak Lamdan (1899-1954) en 1923-1924.

monies qui y sont organisées dans une mise en scène théâtrale (remise de grades à des soldats) autour du thème « Massada ne sera pas détruite une deuxième fois », dans lequel l'allusion à l'État d'Israël considéré comme une forteresse assiégée est claire et a développé le « syndrome de Massada », qui comporte divers éléments parfois contradictoires : le thème de la résistance et du suicide[1] qu'accompagne celui de l'encerclement, mais aussi celui de la survie et du triomphe de la volonté[2].

Les discussions autour du mythe de Massada trouvent leur prolongation dans celles sur l'épopée de Bar Kochba, qui se situe soixante-dix ans plus tard[3]. En 132, une révolte dirigée par Bar Kochba réussit pendant un temps à libérer une partie de la Judée occupée par les Romains. En 135, la révolte fut écrasée. Un élément historique important, établi plus récemment, montre que Bar Kochba se présenta sans doute comme un nouveau Messie.

A partir de 1980, une controverse sur cette grande révolte se déclencha, sur la base d'un article de Yeochfat Harkabi, développé plus tard dans un livre[4], qui critiquait la pertinence politique de cette révolte. Harkabi soutient qu'il faut considérer cette tentative et les conséquences qui s'ensuivirent comme l'un des plus grands désastres de l'histoire juive : il conviendrait selon lui de commémorer l'événement comme tel et non comme un acte d'héroïsme.

Il est particulièrement intéressant de relever que Yeochfat Harkabi, professeur au département des relations internationales de l'université hébraïque de Jérusalem, spécialiste du

1. En relation avec la *Shoah* et l'extermination. La comparaison avec le ghetto de Varsovie et sa résistance s'impose d'elle-même.

2. Autour de Massada existe une véritable industrie de livres, de films et de cassettes.

3. Cf. Yael Zerubavel, *Recovered Roots…*, *op. cit.*, p. 48.

4. Traduit en anglais sous le titre *The Bar Kokhba Syndrome*, Chappaqua, New York, Rossel Books, 1983. Le titre hébraïque est plus éloquent : *Une vision et non pas une fantaisie. Le réalisme dans les relations internationales.*

monde arabe, est issu des rangs de l'armée. Il a reçu le grade de général et a dirigé le service des renseignements. De même, l'archéologue qui a contribué plus que tout autre à l'élaboration du mythe de Massada, Ygael Yadin, était lui aussi issu de l'armée (il fut le deuxième chef d'état-major entre 1949 et 1952). Yadin fut souvent appelé « l'inventeur de Massada ». Harkabi est devenu « colombe » et son analyse s'inscrit dans son propre retournement : face aux Palestiniens et au monde arabe, il convient d'adopter une attitude de réalisme et de rejeter une « fantaisie » susceptible de mener au désastre.

Tout comme le débat autour des « nouveaux historiens », ces thèses publiées alors que la droite et M. Begin étaient au pouvoir [1] furent à l'origine d'une controverse publique passionnée, qui montre qu'en Israël moins qu'ailleurs l'histoire n'est pas une science neutre. On remarque que ces débats peuvent porter sur l'histoire récente ou sur l'histoire ancienne.

Nous n'avons exposé que quelques-uns des mythes historiques : la liste en est bien plus longue et de nombreuses études leur ont été consacrées [2]. Nous avons voulu illustrer le rôle de ces mythes, ainsi que des débats qui se déroulent autour d'eux [3].

Si l'on considère que ce pays est encore en voie de « cristallisation », on comprend que les différents débats que nous avons signalés jouent un rôle dans la construction inachevée de l'identité israélienne.

1. Le débat se déroula en partie au moment de l'invasion du Liban (été 1982).

2. Cf. également Robert Wistrich et David Ohana (éd.), *The Shaping of Israeli Society. Myth, Memory and Trauma*, Londres, Frank Cass, 1995.

3. Dans son ouvrage, Yael Zerubavel analyse l'ensemble de ces mythes. Pour certains d'entre eux, elle présente, outre les critiques, les réactions parfois de dérision qu'ils provoquent aujourd'hui. (Ainsi le mythe de Tel-Hai, petite colonie en Haute-Galilée où, en 1920, périrent neuf pionniers, attaqués par des Arabes. Parmi les neuf figurait Yossef Trumpeldor, un ancien colonel de l'armée russe tzariste, héros de légende, qui aurait déclaré avant de mourir : « Il est bon de mourir pour la patrie. » Cette phrase – probablement apocryphe – a fait l'objet de nombreuses critiques.)

b) La nouvelle école sociologique

Terminons cette présentation de la remise en cause des mythes et des approches par quelques indications concernant les nouvelles tendances de la sociologie israélienne [1].

On perçoit clairement que l'évolution de la sociologie suit celle des grands mouvements sociaux et politiques. Ainsi, si l'on reprend l'analyse d'Uri Ram dans *The Changing Agenda of Israeli Sociology*, on voit très clairement le passage de la sociologie du *melting-pot* idéalisé à des courants plus critiques. Uri Ram rattache la première étape à la sociologie fonctionnaliste, telle qu'elle est représentée par S. N. Eisenstadt [2].

Le sociologue Yonathan Shapira [3], de l'université de Tel-Aviv, analyse quant à lui la prise du pouvoir par l'appareil du parti [4], ainsi que la mise en place d'une « oligarchie sans successeurs [5] ». Cet auteur, plus que tout autre, a contribué à la

---

1. On trouvera des indications précieuses *in* Uri Ram, *The Changing Agenda of Israeli Sociology. Theory, Sociology and Identity*, State University of University Press, 1994, encore que l'auteur se déclare lui-même très engagé (à l'extrême gauche) et soit très critique à l'égard du *main-stream* de la sociologie israélienne. L'ouvrage *Critical Essays on Israeli Social Issues and Scholarship*, édité par Russell A. Stone et Walter P. Zenner, vol. III, State University of New York Press, 1994, contient quelques analyses importantes.

2. S. N. Eisenstadt est certainement le plus connu des sociologues israéliens, disciple de Talcott Parsons ; il a publié d'innombrables ouvrages sur la société israélienne, dans une option consensuelle, soulignant surtout l'option d'intégration et de modernisation dominante. Ses travaux les plus récents sont plus nuancés. Cf. par exemple la nouvelle édition de son grand ouvrage sur la société israélienne *The Transformation of Israeli Society*, Londres, Weidenfeld and Nicolson, 1985.

3. *La Démocratie en Israël* (en hébreu), Massada, 1978.

4. Il s'agit évidemment des socialistes, sous leurs diverses appellations. Ces études ont été reprises et approfondies par Zeev Sternhell, *Aux origines d'Israël…*, *op. cit.*

5. C'est là le titre d'un deuxième ouvrage de Yonathan Shapira (en hébreu), *Les Élites sans successeurs. Les générations de dirigeants dans la société israélienne*, Tel-Aviv, Sifriat Hapoalim, 1984. Un autre ouvrage au titre évocateur parut en 1996 (en hébreu) : *La Société prisonnière de ses politiciens*, Tel-Aviv, Sifriat Hapoalim.

connaissance et à l'interprétation des voies et moyens de l'ancienne hégémonie travailliste.

D'autres directions sont plus particularistes : c'est le cas de l'école du pluralisme [1], notamment à travers les écrits de Sammy Smooha.

L'échec du *melting-pot* à l'israélienne est désormais patent : les nouvelles tendances de la sociologie n'en sont d'ailleurs qu'un reflet. Il est probable que les développements qui suivront les élections de 1996 provoqueront d'autres recherches, dans des directions qui s'éloigneront de plus en plus de l'ancien consensus. Cette question n'est pas celle de la seule sociologie, c'est celle de l'avenir de la démocratie d'Israël.

---

1. Que l'on peut, dans une certaine mesure, appeler l'« École de Haïfa ». Celle-ci connaît plusieurs variantes, dont l'une est marxiste.

Conclusion

Que la société israélienne soit en crise est une évidence. Tout au long de cet ouvrage, nous avons essayé de souligner les causes fondamentales du grand trouble qui la traverse.

Nous avons montré ce que nous avons appelé l'échec du *melting-pot*[1]. Remarquons que cette question fut posée dès les premières années. Ainsi, l'une des premières commissions d'enquête[2] fut-elle créée dès 1950, autour d'allégations de coercition religieuse et/ou antireligieuse en matière d'éducation dans les camps regroupant les nouveaux immigrants[3]. Sur certains points les conclusions de cette commission sont intéressantes à rappeler :

Tout en rejetant les accusations de coercition antireligieuse,

---

1. On remarquera que l'expression *melting-pot* a un équivalent hébraïque (*kur ha-hitoukh*) qui en constitue la traduction littérale (« creuset de fusion »). Celle-ci était autrefois très utilisée et a complètement disparu.

2. Cette commission fut créée bien avant la loi sur les commissions d'enquête de 1968. Elle était dépourvue des attributs judiciaires et des pouvoirs que confère la loi de 1968, mais néanmoins joua un très grand rôle. Le rapport de cette commission, connue sous le nom de « commission Frumkin », a fait l'objet d'une publication récente (en hébreu) suivie d'une analyse de Zvi Zameret : *Le Melting-Pot, la commission Frumkin sur l'éducation des enfants des immigrants (1950)*, Publications de l'université Ben-Gourion, 1993.

3. Au cours des premières années, les nouveaux immigrants furent installés dans d'immenses camps de toile ou de baraques (passés à la postérité sous le nom de *maabarot*). L'intégration des différents groupes à la société israélienne se mesurait notamment à la durée de séjour dans ces camps. Ainsi, les ashkénazes purent quitter ces camps plus rapidement (entre autres, du fait des réparations allemandes que nombre d'entre eux obtinrent).

la commission critiqua vivement le département de la culture du ministère de l'Éducation. En mettant en place un système d'éducation uniforme, le département de la culture aurait voulu accélérer l'intégration à Israël de ces jeunes, en leur inculquant les valeurs pionnières-ouvrières de la société. Ainsi, le département témoigna-t-il d'une méconnaissance totale des habitudes et des mentalités, ainsi que des besoins des nouveaux immigrants[1]. La commission parla même d'une volonté de rapprocher trop rapidement les jeunes du modèle idéal de l'Israélien nouveau.

Rien de neuf sous le soleil, pourrait-on avancer ! Signalons d'ailleurs que cette tentative fut remplacée rapidement par la philosophie dite du « statisme »[2].

Il s'agit d'une traduction de l'expression hébraïque *mamlakhti* et de *mamlakhtiout*. Ces mots viennent de *mamlakha* (le royaume), le substantif et l'adjectif construits à partir de ce terme signifient « étatique » dans le sens, par exemple, de l'attitude d'un homme d'État qui arrive à se situer au-dessus des contingences politiques et partisanes.

Cette phase fut marquée par la volonté, que l'on pourrait qualifier aujourd'hui de pathétique, de réaliser la dissolution des principes de survie diasporiques[3] pour construire une société nouvelle, groupée autour de certains symboles « éta-

1. On cite des cas, notamment en milieu yéménite, après la grande *Aliah* du Yémen, où les moniteurs coupèrent de force les papillotes des jeunes gens ou les logèrent dans des camps mixtes. De même, le rapport dénonce-t-il les tentatives de gêner les cours de Thora et de Talmud.

2. Le phénomène est étudié notamment par Charles S. Liebman et Eliezer Don-Yehiya dans leur important ouvrage *Civil Religion in Israel. Traditional Judaism and Political Culture in the Jewish State,* University of California Press, Berkeley, 1983. Le chapitre 4 est tout entier consacré à cette phase qui, selon les deux auteurs, commença avec la création de l'État et dura jusqu'à la fin des années cinquante.

3. On devrait dire « galouthiques ». La *galouth* est l'exil, alors que la Diaspora désigne la dispersion. On voit bien la différence : il fut un temps où l'expression « mentalité galouthique » représentait une condamnation sans appel.

tiques », tels le drapeau, l'armée, la journée de l'Indépendance[1], etc.

La deuxième étape commença au début des années soixante. Celle-ci allait intégrer la *Shoah,* qui jusque-là était restée relativement ignorée[2]. En même temps apparaissait le mythe de Massada[3]. Les hasards de l'histoire ont voulu que la guerre des Six Jours se déroule à la fin de cette période (1967).

A l'ivresse de la victoire succéda le désenchantement d'octobre 1973 (guerre de Kippour) où, pour la première fois, il apparaissait qu'Israël pouvait être en danger. Socialement et politiquement, la succession des remises en cause a été, depuis cette période, très rapide.

L'arrivée au pouvoir de M. Begin, en mai 1977, marqua bien davantage qu'une alternance politique, qui caractérise les démocraties[4] ; elle traduisit la remise en question de tous les mythes, qu'ils soient sociaux ou politiques.

Depuis lors, la démocratie et la société de ce pays sont dans une quête perpétuelle. Les uns, accrochés aux valeurs d'un nationalisme conquérant périmé, refusent d'assumer les réalités démographiques. Quelques autres, engagés dans une dérive messianique, ne reculent plus devant l'assassinat d'un Premier ministre pour imposer leur cours à l'histoire, ce qui ne manque pas de poser la question de l'acceptation de la règle démocratique. D'autres encore résistent dans un judaïsme traditionnel, sans doute par crainte d'affronter le monde dans ses réalités.

---

1. De nombreuses études passionnantes ont été effectuées autour de la célébration rituelle de la journée de l'Indépendance. Celle-ci comprenait, à l'époque, des fêtes populaires, ainsi qu'un concours biblique, un festival de chants, etc.

2. Le procès Eichman (1961) marqua un tournant dans le rapport à la *Shoah.* L'ouvrage de Tom Seguev, *Le Septième Million (op. cit.),* est à ce sujet d'une clarté parfaite. Les polémiques qu'il a pu provoquer portent sur d'autres points.

3. Les fouilles qui permirent l'ouverture du site commencèrent en 1963.

4. On a cependant pu avancer que les conditions de mise en œuvre de cette alternance, qui se fit institutionnellement sans le moindre heurt, témoignent précisément de la solidité de la démocratie israélienne. Ce phénomène d'alternance se poursuit depuis tout à fait normalement.

Il ne reste que … la majorité. Celle-ci, ici comme ailleurs, ne cherche qu'à vivre heureusement, tout en assumant un projet historique dans des conditions difficiles. Entre le terrorisme qui frappe sauvagement, à l'aveuglette, le mal-être de ceux qui ont été longtemps tenus à l'écart et la recherche d'une authentique vie juive qui ne signifie pas le retour au Moyen Age, il est difficile de gérer la démocratie.

La démocratie d'Israël semble encore tâtonner car elle se construit en même temps qu'elle essaie, tant bien que mal, de réaliser parallèlement une intégration sociale. Une nouvelle forme de démocratie se cherche à travers la prise de conscience des divers groupes qui forment cette société.

Annexe

Résultats électoraux 1949-1996

Résultats électoraux à la Knesset
1) 1949-1973
2) 1977-1996

Résultats électoraux à la Knesset (1949-1973)
(en % et en nombre de sièges)

	1949	1951	1955	1959	1961	1965	1969	1973
Suffrages exprimés et valables	434 684	687 492	853 219	969 337	1 006 964	1 206 728	1 367 743	1 601 098
Taux de participation	86,9%	75,1%	82,8%	81,6%	81,6%	83%	81,9%	78,6 %
Mapaï, puis Alignement puis Parti travailliste[1]	35,7% 46	37,3% 45	32,2% 40	38,2% 47	34,7% 42	36,7% 45	46,2% 56	39,6% 51
Unité du travail[2] (Ahdout Haavoda)			8,2 % 10	6 % 7	6,6% 8			
Mapam[3]	14,7% 19	12,5% 15	7,3% 9	7,2% 9	7,5% 9	6,6% 8		
Ratz[4]								2,2% 3
Rafi[5]						7,9% 10		
Liste étatique[6]							3,1% 4	
Haolam Haze[7]						1,2% 1	1,2% 2	
Maki puis Moked[8]						1,2% 1	1,1% 1	1,4% 1
Parti communiste	3,5% 4	4% 5	4,5% 6	4,8% 3	4,2% 5			
Rakah[9]						2,3% 3	2,8% 3	3,4% 4
Lehi[10]	1,2% 1							
Hérout[11] puis Gahal, puis Likoud	11,5% 14	6,6% 8	12,6% 15	13,5% 17	13,8% 17	21,3% 26	21,7% 26	30,2% 39
Progressistes puis libéraux indépendants[12]	4,1% 5	3,2 % 4	4,4% 5	4,6% 6		3,8% 5	3,2% 4	3,6% 4
Libéraux (sionistes généraux)[13]	5,2% 7	16,2% 20	10,2% 13	6,2% 8	13,6% 17			
Listes arabes[14] satellites	3,1% 2	4,7% 5	4,4% 5	3,9% 5	3,5% 4	3,8% 4	3,5% 4	3,1% 3
Centre libre[15]							1,2% 2	
Front de la Thora[16]	12,2% 16							
Parti national-religieux[17]		8,3 % 10	9,1% 11	9,9% 12	9,8% 12	8,9% 11	9,7% 12	8,3% 10

Agoudat Israël[18]		2% 3	4,7% 6	4,7% 6	3,7% 4	3,3% 4	3,2% 4	3,8% 5
Poale Agoudat Israël[19]		1,6 % 2			1,9% 2	1,3% 2	1,8% 2	
Liste sépharade	3,5% 4	1,8 % 2						
Wizo-femmes sionistes	1,2% 1							
Liste yéménite	1% 1	1,2 % 1						

NB : Seules les listes ayant franchi le seuil électoral de 1% figurent sur ce tableau.

1. Le parti eut plusieurs appellations et se présenta souvent en front commun avec d'autres partis. Jusqu'en 1969, son nom officiel a été Mapaï (acronyme hébraïque de Parti des ouvriers d'*Eretz Israël*). L'appellation de Parti travailliste date de 1969 (ce nouveau Parti travailliste regroupe les trois formations travaillistes suivantes : Mapaï, Rafi et Ahdout Haavoda).

2. Parti sioniste de gauche. Il se distinguait du Mapam (note suivante) par une idéologie plus sécuritaire. A plusieurs reprises il présenta une liste aux élections (1955, 1959, 1961). A partir de 1961, il forma un front commun avec le Mapaï et finit par se fondre dans le Parti travailliste, au moment de la grande fusion de 1969. Aux deux premiers scrutins (1949 et 1951), il faisait partie de la liste Mapam.

3. Parti sioniste de gauche, à l'origine très marqué idéologiquement (marxisant). Il allait former un front commun avec les travaillistes (en 1969, 1973, 1977, 1981 et 1984). Depuis 1992, il fait partie du front commun de gauche Meretz. A partir de 1955, il participa à toutes les coalitions gouvernementales dirigées par les travaillistes.

4. Liste des droits de l'homme dirigée par Shulamit Aloni. A partir de 1992, elle fusionna avec deux autres partis pour former le Meretz.

5. Acronyme hébraïque de Liste des ouvriers d'*Eretz Israël*. Cette liste fut celle menée par David Ben Gourion contre son propre parti qu'il avait quitté à la suite de l'affaire Lavon. Elle comprenait des « jeunes » comme Moshe Dayan et Shimon Peres. Sa réussite fut limitée. Elle n'empêcha pas le Mapaï de gouverner. La guerre des Six Jours qui survint pendant cette législature (juin 1967) mit fin à la dissidence : Moshe Dayan fut nommé ministre de la Défense dans le gouvernement d'union nationale formé au début de juin 1967. Le Rafi rejoignit officiellement le Parti travailliste en 1969.

6. Tentative de continuer la tradition du Rafi après la réunification de 1969.

7. Dirigée par le journaliste d'extrême gauche Uri Avneri.

8. Après la scission du Parti communiste, le Maki puis le Moked représentent la fraction communiste juive.

9. Après la scission (1965) au sein du Parti communiste, Rakah (liste communiste nouvelle) représente la fraction communiste arabe.

10. Tentative unique de continuer (sur les plans politique et électoral) la tradition du groupe (terroriste) Stern (du nom de son fondateur Abraham Stern). De fait, il comprenait une aile droite (dominante) et une aile gauche qui disparut rapidement. L'ancien Premier ministre Itzhak Shamir appartenait à ce groupe.

11. Herout (Liberté). C'est le parti de M. Begin, issu du mouvement clandestin Etzel (plus connu en France sous le nom d'Irgoun). A partir de 1965, il forma un bloc commun avec le Parti libéral sous le nom de Gahal. Celui-ci devint le Likoud (Coalition) à partir de 1973.

12. Ce petit parti libéral, au centre gauche, fonctionna sous l'appellation de Parti progressiste jusqu'aux élections de 1961. Il forma alors brièvement alliance avec le Parti libéral, mais le quitta rapidement pour devenir le Parti libéral indépendant, refusant de suivre le Parti libéral dans sa dérive droitière, qui le mena à la fusion dans le Likoud. Il disparut après les élections de 1977.

13. Ce parti est issu de la tradition des sionistes généraux qui était la tendance du centre droit au sein de l'Organisation sioniste mondiale avant la création de l'État. Peu avant 1961, les sionistes généraux formèrent le Parti libéral (avec le Parti progressiste). Cependant, en 1965, la majorité de ce nouveau parti accepta l'offre de M. Begin de former une alliance avec le Herout. Le parti n'existe plus.

14. Ces listes étaient liées au Parti travailliste. Les chiffres indiqués ici sont des totaux : à chaque tour de scrutin plusieurs listes de ce type étaient présentées. Elles disparurent après 1977.

15. Dissidence de droite, au sein du Herout (tentative unique de remettre en cause le *leadership* de M. Begin sur la droite nationaliste).

16. Aux élections à l'Assemblée constituante (la première Knesset) les trois partis religieux de l'époque formèrent un bloc unique. Cette expression unitaire du monde religieux ne fut plus jamais renouvelée.

17. Parti religieux sioniste.

18. Parti ultra-orthodoxe (ashkénaze).

19. Parti ultra-orthodoxe (ashkénaze), qui représente une tendance plus ouvrière. Il dispose d'un *kibboutz* et de plusieurs villages coopératifs. Sa tendance est plus nationaliste que celle d'Agoudat Israël, sous l'étiquette duquel il se présente souvent.

Résultats électoraux à la Knesset (1977-1996)
(en % et en nombre de sièges)

	1977	1981	1984	1988	1992	1996
Suffrages exprimés et valables	1 771 826	1 954 609	2 091402	2 305 567	2 637 943	3 052 130
Taux de participation	79,2%	78,5%	78,8%	79,7%	77,4%	79,3%
Parti travailliste	24,6% 32	36,6% 47	34,9% 44	30% 39	34,7% 44	26,9% 34
Mapam[1]				2,5% 3		
Dash[2]	11,6% 15					
Ratz[3]	1,2% 1	1,4% 1	2,4% 3	4,3% 5		
Chinoui[4]		1,9% 2	2,6% 3	1,7% 2		
Libéraux indépendants	1,2% 1					
Meretz					9,6% 12	7,4% 9
Cheli[5]	1,6% 2					
Rakah, puis Hadash	4,6% 5	3,3% 4	3,4% 4	3,8% 4	2,4% 3	4,2% 5
Satellites arabe des travaillistes	1,4% 1					
Liste progressiste pour la paix (arabe)[6]			1,8% 2	1,5% 1		
Parti démocratique arabe[7]				1,2% 1	1,6% 2	2,9% 4
Troisième Voix[8]						3,1% 4
Israël Be-Aliah[9]						5,7% 7
Ometz[10]			1,2% 1			
Shlomzion[11]	1,9% 2					
Yahad[12]			2,2% 3			
Telem[13]		1,58% 2				
Tsomet[14]				2% 2	6,4% 8	
Likoud	33,4% 43	37,1% 48	31,9% 41	31,8% 40	24,9% 32	25,1% 32
Tehya		2,3% 3	4% 5	3,1% 3		
Tami[15]		2,3% 3	1,5% 1			
Morasha[16]			1,6% 2			

Deguel Hathora[17]				1,5% 2		
Parti national-religieux	9,2% 12	4,9% 6	3,5% 4	3,9% 5	5% 6	7,8% 9
Agoudat Israël	3,4% 4	3,7% 4	1,7% 2	4,5% 5	3,3% 4	3,2% 4
Poale Agoudat Israël	1,3% 1					
Shas[18]			3,1% 4	4,7% 6	4,9 % 6	8,5% 10
Moledet[19]				1,2 % 2	2,4% 3	2,3% 2
Kah[20]			1,2% 1			
Flatto Sharon[21]	2% 1					

NB : Seules les listes ayant franchi le seuil électoral figurent sur ce tableau. Jusqu'en 1988, il était de 1%. Depuis 1992, il est de 1,5%.

1. Depuis 1992, il fait partie du bloc de gauche Meretz.

2. Véritable « parti météore » qui emporta un succès sans précédent, permettant l'alternance de 1977. Il disparut rapidement.

3. Liste des droits de l'homme. Depuis 1992, il fait partie du bloc de gauche Meretz.

4. Continue la tradition du mouvement Dash. Depuis 1992, il fait partie du bloc de gauche Meretz.

5. Liste d'extrême gauche. Fondue plus tard dans le Ratz.

6. A l'origine, une liste judéo-arabe de gauche.

7. Liste nationaliste arabe.

8. Apparue en 1996. Cette liste fut fondée par des dissidents du Parti travailliste, pour prévenir la restitution du Golan. Son succès en 1996 lui a valu un poste de ministre dans le gouvernement de M. Netanyahou.

9. Liste des immigrants de l'ex-URSS.

10. Continuation de la liste étatique.

11. Liste dirigée par Ariel Sharon, qui rejoignit plus tard le Likoud.

12. Liste du centre dirigée par Ezer Weizmann, transfuge du Likoud qui plus tard rejoignit le Parti travailliste. En 1992, E. Weizmann fut élu président de l'État.

13. Liste conduite par Moshe Dayan, transfuge du Parti travailliste qui avait accepté le poste des Affaires étrangères dans le cabinet de M. Begin, en 1977.

14. Parti de droite, dirigé par Rafael Eytan, ancien chef d'état-major de l'armée. Aux élections de 1996, il se présenta sur une liste commune avec le Likoud.

15. Parti religieux sépharade.

16. Liste religieuse de droite.

17. Liste ultra-orthodoxe ashkénaze, qui représente les mouvements dits « lituaniens » au sein de l'orthodoxie. En 1992 et 1996, liste commune avec Agoudat Israël.

18. Parti orthodoxe sépharade.

19. Extrême droite.

20. Parti religieux d'extrême droite raciste. Il a été interdit.

21. Succès pittoresque d'un homme d'affaires très contesté, recherché par la justice française. On remarque qu'ayant obtenu 2% des voix, il aurait eu droit à 2 sièges, mais il n'avait présenté qu'un seul candidat. Il fut condamné pour corruption et fraude électorales.

Statistiques électorales pour les élections du 29 mai 1996

Inscrits	3 933 350
Exprimés	3 121 270
Participation	79,3 %
Élections à la Knesset	
Valables	3 052 130
Blancs ou nuls	69 140
Élection du Premier ministre	
Valables	2 972 589
Blancs ou nuls	148 681
Benjamin Netanyahou	1 501 023
Shimon Peres	1 471 566

*

Schémas simplifiés des partis politiques israéliens

Les schémas qui suivent sont volontairement simplifiés à l'extrême et ont pour unique but de permettre au lecteur de situer rapidement les partis actuels, à partir de leurs origines historiques et à travers leurs principales mutations. Pour la lisibilité, les mini-scissions, fréquentes en Israël, n'ont pas été systématiquement intégrées.

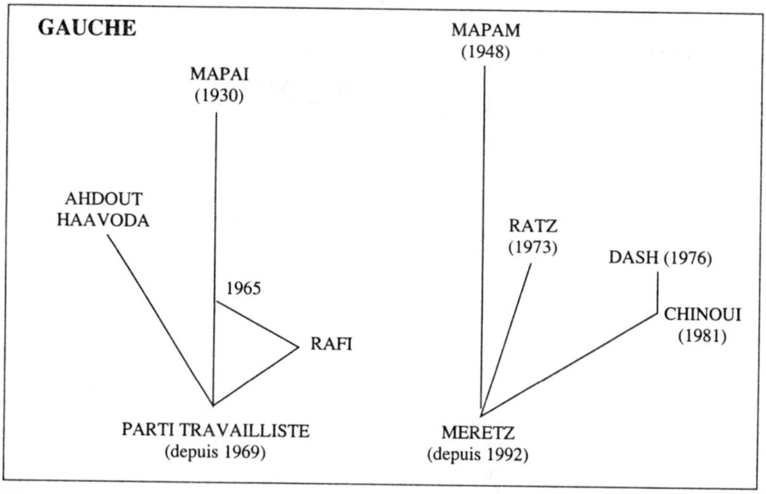
GAUCHE
MAPAI (1930)
MAPAM (1948)
AHDOUT HAAVODA
RATZ (1973)
DASH (1976)
1965
CHINOUI (1981)
RAFI
PARTI TRAVAILLISTE (depuis 1969)
MERETZ (depuis 1992)

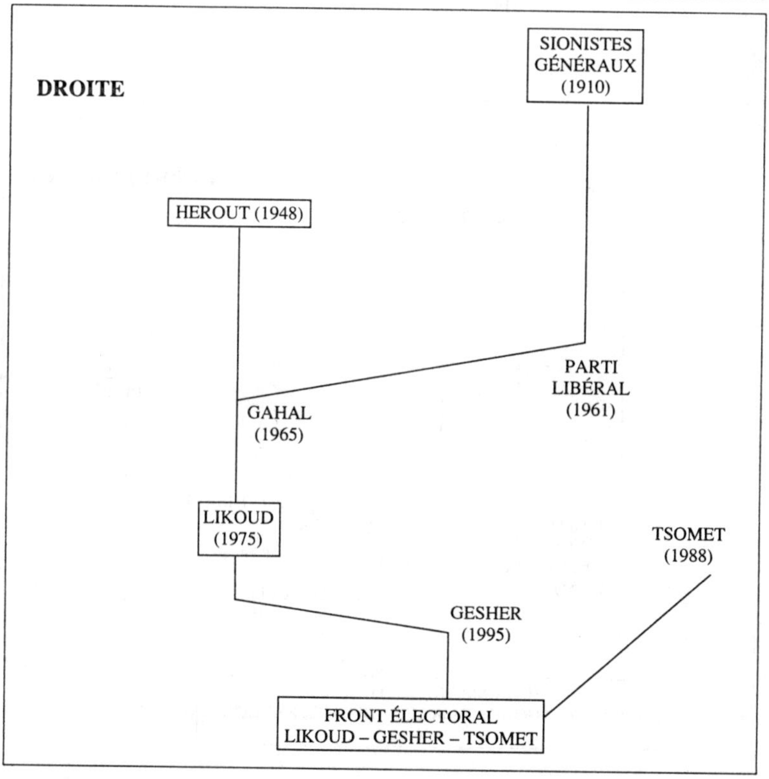
SIONISTES GÉNÉRAUX (1910)
DROITE
HEROUT (1948)
PARTI LIBÉRAL (1961)
GAHAL (1965)
LIKOUD (1975)
TSOMET (1988)
GESHER (1995)
FRONT ÉLECTORAL LIKOUD – GESHER – TSOMET

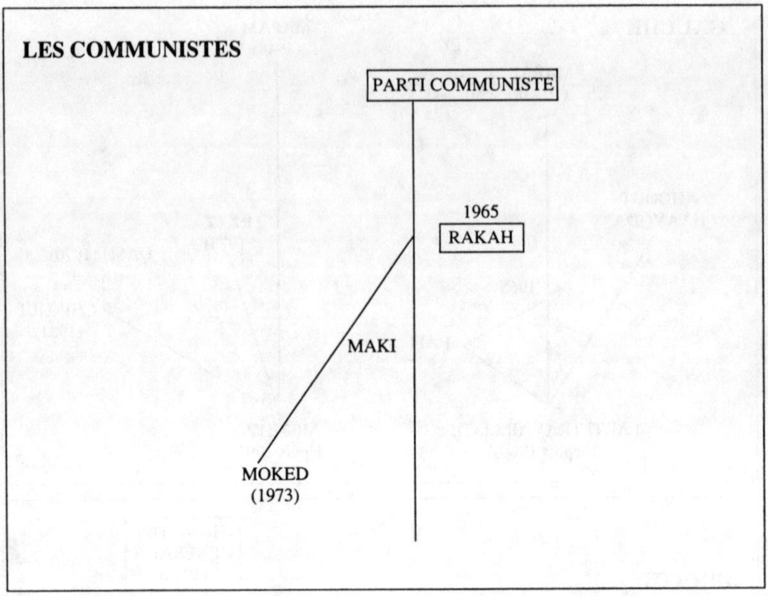
LES COMMUNISTES
PARTI COMMUNISTE
1965
RAKAH
MAKI
MOKED
(1973)

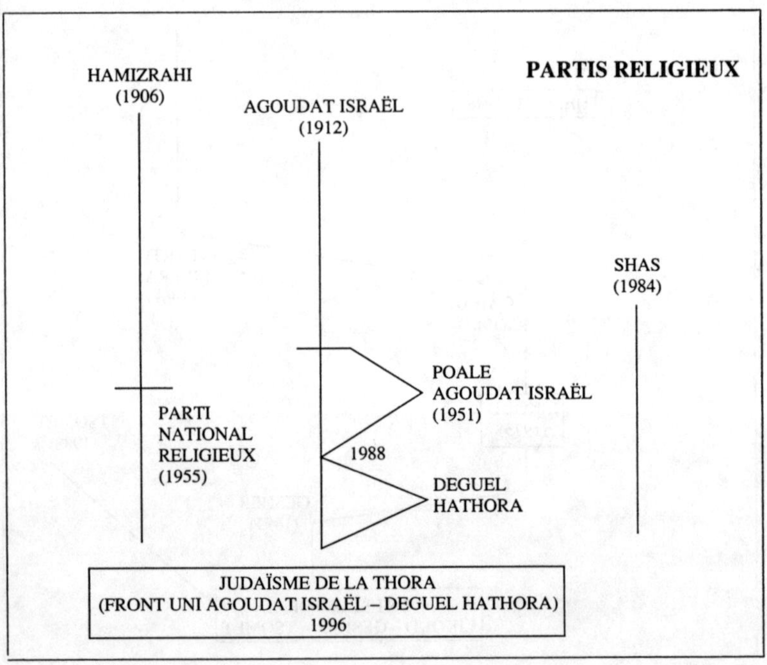
PARTIS RELIGIEUX
HAMIZRAHI
(1906)
AGOUDAT ISRAËL
(1912)
SHAS
(1984)
POALE
AGOUDAT ISRAËL
(1951)
PARTI
NATIONAL
RELIGIEUX
(1955)
1988
DEGUEL
HATHORA
JUDAÏSME DE LA THORA
(FRONT UNI AGOUDAT ISRAËL – DEGUEL HATHORA)
1996

Index

– A –

– B –

– C –

Liste des tableaux

Table

PREMIÈRE PARTIE

Démographie et démocratie : société de clivages ou mosaïque sociale ?

DEUXIÈME PARTIE

Le cadre constitutionnel et les institutions politiques

TROISIÈME PARTIE

Religion, identité, représentations

« SCIENCE POLITIQUE »
COLLECTION DIRIGÉE PAR
XAVIER BROWAEYS, OLIVIER DUHAMEL,
JEAN-LUC PARODI, HENRI WEBER

Olivier Duhamel
Le Pouvoir politique en France
1993

Olivier Duhamel
Les Démocraties
Régimes, histoire, exigences
1993

Olivier Duhamel
Droit constitutionnel et politique
1994

Fabrice Fries
Les Grands Débats européens
1995

Andrew Knapp
Le Gaullisme après de Gaulle
1996

RÉALISATION : PAO ÉDITIONS DU SEUIL
IMPRESSION : S.N. FIRMIN-DIDOT AU MESNIL-SUR-L'ESTRÉE
DÉPÔT LÉGAL : MARS 1997. N° 22778 (37537).